ELOGIOS PARA

LA VIDA ES UNA LIMONADA

"A lo largo de esta lectura, encontrarás sabiduría práctica, sincera y sencilla, aplicable a cualquier etapa laboral (o de la vida) en que te encuentres".
—Seth Godin, autor de *This Is Marketing*, *bestseller* de *The New York Times*

"Zack Friedman es un líder inspirador y su legado será de gran inspiración para las próximas generaciones. En *La vida es una limonada*, Zack te muestra claramente cómo cambiar tus perspectivas, comportamientos y acciones esenciales para construir tu vida con un propósito mayor. Si quieres experimentar una transformación poderosa, lee este libro".
—Marshall Goldsmith, autor de *Triggers*, *MOJO* y *What Got You Here Won't Get You There*, *bestsellers* de *The New York Times*

"La investigación es clara en cuanto a la enorme importancia que yace en el hecho de que estés totalmente convencido con respecto a que, tanto tu manera de pensar como tu comportamiento, ejercen un gran impacto en tu éxito a largo plazo. A través de sus principios e historias, *La vida es una limonada* te muestra una y otra vez que el cambio es posible si te mantienes positivo y experimentas la vida".
—Shawn Achor, autor de *Big Potential* y *Happiness Advantage*, *bestsellers* de *The New York Times*

"Todo cambio trae consigo nuevas perspectivas. Fácil de decir, pero no de hacer. En *La vida es una limonada* Zack Friedman nos muestra cómo hacer cambios duraderos. Su libro es rico en motivación y consejos prácticos. *La vida es una limonada* es una lectura transformadora de vidas".
—Beth Comstock, autora de *Imagine It Forward* y ex vicepresidenta de GE

"Zack Friedman tiene la mente de Tim Ferriss y la pasión de Gary Vaynerchuk. *La vida es una limonada* es la lectura obligada que todo emprendedor y líder necesita conocer de primera mano. Transformará tu forma de ver el mundo".

—Brian Roberts, CFO de Lyft

"El nuevo libro de Zack Friedman, *La vida es una limonada*, es un modelo inmensamente coherente en todo lo relacionado con encontrar ese difícil camino que conduce al éxito y a la felicidad. A diferencia de tantos otros libros, este nos da pautas específicas sobre cómo avanzar hacia una vida con sabor a limonada, disfrutando de ella".

—David S. Pottruck, ex CEO de Charles Schwab y autor de *Stacking the Deck*, bestseller de *The New York Times*

"El mensaje de *La vida es una limonada* me atrapó con fuerza: 'Todo el mundo tiene la oportunidad de alcanzar la grandeza'. Otros libros te hablan sobre ti; en cambio, este habla contigo. *La vida es una limonada* es una lectura inspiradora y cautivadora que genera el deseo de compromiso en cualquier persona que busque un cambio positivo en su vida".

—David Novak, cofundador, expresidente y CEO de Yum! Brands; director general de oGoLead; autor de *Taking People with You*, bestseller #1 de *The New York Times*

La vida es una
limonada

La vida es una **limonada**

El secreto de una vida extraordinaria
comienza con cinco cambios simples
que cualquiera puede hacer

ZACK FRIEDMAN

TALLER DEL ÉXITO

La vida es una limonada

Copyright © 2022 - Taller del Éxito

Título original: *The Lemonade Life. How to fuel success, create happiness and conquer anything.*
Copyright © Zack Friedman
All right reserved. This traslation published under license with the original publisher John Wiley & Sons, Inc.

Traducción al español: Copyright © 2022 Taller del Éxito, Inc.
Reservados todos los derechos. Ninguna parte de esta publicación puede ser reproducida, distribuida o transmitida por ninguna forma o medio, incluyendo: fotocopiado, grabación o cualquier otro método electrónico o mecánico, sin la autorización previa por escrito del autor o editor, excepto en el caso de breves reseñas utilizadas en críticas literarias y en ciertos usos no comerciales dispuestos por la Ley de Derechos de Autor.

Publicado por:
Taller del Éxito, Inc.
1669 N.W. 144 Terrace, Suite 210
Sunrise, Florida 33323
Estados Unidos
www.tallerdelexito.com

Editorial dedicada a la difusión de libros y audiolibros de desarrollo y crecimiento personal, liderazgo y motivación.

Traducción y corrección de estilo: Nancy Camargo Cáceres
Diseño de cubierta y diagramación: María Karla Castellanos

ISBN: 9781607388159

25 26 27 28 29 R|GIN 08 07 06 05 04

CONTENIDOS

Introducción 15
1. Cinco interruptores para cambiar tu vida 21
2. Identifica a los consumidores de jugo de limón 30
3. Cuando la vida te da limones 44
4. Escapa del abismo del "no puedo" 64
5. Acepta las recompensas del riesgo 80
6. Tu vida laboral depende del alfabeto griego......................... 99
7. Cómo ganar $110,237 dólares en menos de una hora 137
8. Tómalo a título personal 155
9. Recibe un no por respuesta.. 175
10. Nunca tengas un plan de respaldo 197
11. Ignora la distancia más corta 214
Conclusión... 239
Agradecimientos... 251
Notas 255
Sobre el autor.. 279

Para Sarah, Charlie y Drew
—mi sol y mi limonada

PREFACIO

¡Detente! No leas este libro si…

Tu vida es perfecta y no necesitas cambiar nada.
Estás buscando hacerte rico de la noche a la mañana.
Esperas que los problemas de la vida desaparezcan mañana
por la mañana.
Prefieres el estilo a la sustancia.
No puedes hacer cinco cosas simples.
No te gusta la limonada.

INTRODUCCIÓN
ALMUERZO CON WARREN BUFFETT

COME COMO UN NIÑO DE SEIS AÑOS

Son las 12:35 en Omaha, Nebraska, y estoy almorzando con Warren Buffett.

Estamos comiendo en Piccolo's, que es uno de sus restaurantes favoritos y donde él y Bill Gates también han cenado juntos. Por alguna razón, el nivel de la cerveza de raíz de Buffett es significativamente más alto que el nuestro, pero es lógico que así sea. Después de todo, estamos en su territorio y él es nada menos que Warren Buffett.

En 2016[1], un postor en eBay pagó $3,456,789 dólares para almorzar con el Oráculo de Omaha. En esta ocasión, fue Buffett quien pagó la cuenta. Temprano, esa mañana de nuestro encuentro en la sede de Berkshire Hathaway, Buffett nos recibió amablemente a mis compañeros de clase de Wharton Business School y a mí. Durante varias horas, respondió de manera abierta y directa a cualquier pregunta que le hiciéramos, inyectando de cuando en cuando su agudo sentido del humor en sus respuestas.

Señalando los productos de Coca-Cola en la parte trasera del lugar, Buffett bromeó: "Berkshire posee un poco más del 8% de Coca-Cola, de modo que obtenemos ganancia en una de cada 12 latas. Así que no importa si te la bebes, con que la abras es más que suficiente, siempre y cuando sea eso es lo que quieras hacer".

Todos buscábamos absorber la infinita sabiduría de Buffett, que esperábamos sería su visión con respecto a la economía, la inversión y los negocios. Sin embargo, cuanto más lo escuchaba, más me daba cuenta de que la verdadera "sabiduría" tiene que ver menos con los negocios y más con vivir tu vida con un propósito, en tus términos; con aquello que disfrutas, como una cerveza de raíz.

Buffett expresó una inmensa gratitud por todo lo que había logrado hasta el momento en su vida. Nos dijo que se siente agradecido de estar vivo. Que no está tratando de impresionar a nadie, ni de ser como los demás. Más bien, se enfoca en maximizar su felicidad por medio de su trabajo, sus donaciones, su amor por el bridge y su legendaria dieta de comida chatarra, la cual suele ser como la de un niño de seis años[2]. En otras palabras, Warren Buffett sabe quién es él y se siente cómodo siendo él mismo.

Después del almuerzo, Buffett posó para innumerables fotos. No me refiero a la típica foto grupal donde los presentes forman en filas y él se ubica en el medio del grupo en el último segundo. Durante casi dos horas, posó para tomarse fotos individuales con todos los presentes. Allí, no había guardaespaldas, ni asistentes. Además, él no estaba en deuda con nosotros por motivo alguno. Sin embargo, fue demasiado amable y generoso con respecto al tiempo que estuvo con nosotros.

Al final de nuestro almuerzo, Buffett caminó hasta su Cadillac y se alejó en medio de la tarde de Omaha.

Si bien es poco probable que alguien olvide un solo instante de algún día que pasó con Warren Buffett, yo siempre recordaré con especialidad algunos detalles acerca de este hombre y de la forma en que él afronta la vida:

Tiene una perspectiva alegre. En pocas palabras, Buffett es feliz. Su perspectiva a largo plazo sobre la vida y los negocios es positiva. No cabe duda de que es un tipo con confianza en sí mismo.

Una mente abierta significa tener acceso a más oportunidades.

Toma riesgos calculados. Como inversor de valores, Buffett se adhiere a ciertos principios que han guiado sus decisiones[3] de inversión y su enfoque en cuanto a la toma de riesgos. Sobre todo, le encanta el negocio de los seguros, el cual le ha enseñado cómo pagar menos de lo que cobra.

Cuando tienes un conjunto de principios, sabes cómo evaluar los riesgos.

Él es quien es. Warren Buffett no está tratando de ser nadie más que Warren Buffett. Eligió Omaha para vivir, no Nueva York, y ha vivido en la misma casa desde 1958[4], por la cual pagó $31,500 dólares. Le encantan las hamburguesas con queso y la cerveza de raíz. No le preocupan los movimientos del mercado de valores en el día a día; él sabe que está jugando un juego largo. En algún momento, manifestó que preferiría ser repartidor de periódicos que director ejecutivo.

La independencia trae consigo cierta libertad.

Él sabe en qué es bueno. Buffett es genuinamente bueno como inversionista, así que ahí es donde ha enfocado su tiempo y energía. Asimismo, no invierte en cosas que no entiende.

La vida es más eficiente cuando sabes quién eres realmente.

Él es un caballo de batalla. No se equivoquen: Warren Buffett es un caballo de batalla, no un líder que solo saluda de mano y pronuncia discursos. Él entiende todos y cada uno de los detalles de su negocio, sabe analizarlo y lo conoce por dentro y por fuera. Alcanzó la cima, porque hizo y sigue haciendo su trabajo.

No hay atajos camino hacia la grandeza, ni tampoco hay forma de escapar del trabajo duro.

Con frecuencia, me preguntaba por qué Warren Buffett tiene tanto éxito. Algunos dirán que tuvo suerte o que los tiempos eran más fáciles cuando él estaba comenzando. Sin embargo, aparte de su fortuna financiera, Warren Buffett no es diferente a ti, ni a mí. Él, al igual que tú y yo, también es el resultado de sus elecciones.

Al igual que Warren Buffett, tu vida actual es el resultado de elecciones. Algunas las hiciste tú y también es un hecho que otras las hicieron por ti.

¿Qué hay de tu vida mañana?

Desde el momento en que te despiertas hasta el momento en que te acuestas tienes la oportunidad de definir el próximo día de tu vida. A diario. Eso significa que cada día es una nueva oportunidad para elegir la vida que deseas. En los próximos capítulos, veremos en detalle cómo tomar ese tipo de decisiones que ampliarán tu perspectiva, cómo asumir riesgos calculados, cómo liberarte de la mentalidad de manada y, lo que es más importante, cómo decidirte y entrar acción.

Este libro trata sobre las elecciones que hacemos todos los días, tanto grandes como pequeñas, y que van construyendo la vida que tenemos y nos van convirtiendo en las personas que hoy somos. El poder de definir tu vida comienza con cinco interruptores simples.

Veamos por qué.

BIENVENIDO A

LA VIDA ES UNA LIMONADA

Todo mundo tiene acceso a la grandeza

*La única persona en la cual estás destinado
a convertirte es en la persona que decidas ser.*

—Ralph Waldo Emerson

1
CINCO INTERRUPTORES PARA CAMBIAR TU VIDA

Con frecuencia, medimos la vida mediante ciertos eventos anuales: cumpleaños, aniversarios, el año escolar, somos un año más viejos, por medio de nuestras resoluciones de Año Nuevo. Todo eso es genial, si lo que queremos es tener un marcador anual sobre el cual definir nuestra vida.

El hecho es que, cada año tenemos, al menos, 365 oportunidades para tomar el control y definir el camino a seguir.

Mucha gente ignora esta oportunidad de oro. ¿Por qué? Las razones son infinitas: *la vida se interpone en su camino; no tiene el dinero que necesita para emprender algo nuevo; está trabajando todo el tiempo; tiene una agenda repleta de cosas por hacer con sus hijos pequeños; piensa que ya es demasiado tarde para cambiar su ritmo de vida; hará lo que quiere hacer el próximo año.*

El caso es que, todos los días tienes la oportunidad de elegir uno de estos dos estilos de vida: *una vida con sabor a jugo de limón o una vida con sabor a limonada.*

Llevar *una vida con sabor a limón* significa que te conformaste con no explotar al máximo todo tu potencial. Por consiguiente, al conformarte, no controlas activamente el camino a seguir a lo largo de tu vida y permites que otros le den forma a tu destino. *Una vida con sabor a limón* es aceptar tu vida tal como es —el *statu quo* como un estado permanente—. Está basada en las excusas, en reclamar derechos sin cumplir deberes, dando la impresión de estar trabajando en pos de tus metas cuando en realidad estás fingiendo hacerlo, sin esforzarte en generar cambios positivos de manera activa y sustancial para alcanzar los resultados que tanto deseas. *Una vida con sabor a limón* es la diferencia entre una vida promedio y una sobresaliente.

La vida con sabor a limón

Tu vida pasada = Tu vida actual = Tu vida futura

Sin embargo, hay un camino mejor, a lo largo del cual es posible alcanzar el éxito sin necesidad de conformarte. Es *la vida con sabor a limonada*.

La vida con sabor a limonada consiste en vivir de acuerdo a tus propios términos, con propósito y posibilidad. El propósito es la inspiración subyacente a lo largo de tu viaje. Posibilidad implica oportunidad infinita. El nexo entre propósito y posibilidad es la acción. Por eso, cuando llevas una vida con propósito y posibilidad, logras superar proactivamente cualquier circunstancia.

En tu estilo de vida con sabor a limonada, lo que hiciste hace cinco años, la semana pasada y hoy es irrelevante para proseguir tu camino hacia el futuro.

La vida con sabor a limonada

Tu vida pasada = Tu vida actual ≠ Tu vida futura

Este libro trata sobre cómo dejar de vivir pasivamente, con ese amargo sabor a limón, para comenzar a liderar tu vida activamente, de tal modo que te sepa a limonada.

¿Elegirás hacer que la vida suceda según tú quieras o dejarás que, simplemente, transcurra sin que tú tengas una participación activa en ella? ¿Te darás a la tarea de construir tu legado o te sentarás a dejar que otros lo construyan por ti?

¿Vivirás de tal modo que la vida te sepa a limón? ¿O prefieres que te sepa a limonada?

La respuesta a estas dos preguntas está basada en tu capacidad para hacer cinco cosas.

PRISM (por sus iniciales en inglés): *La manera en que ven el mundo los amantes de la limonada*

Este libro te enseñará cómo cinco cambios simples te permitirán escapar de la amargura de una vida con sabor a limón y comenzar a construir una vida con delicioso sabor a limonada.

Cualquier persona tiene la capacidad de hacer estos cinco cambios, sin importar de dónde viene, ni a qué se dedica, ni cuánto dinero tiene. Cualquiera puede pensar en estos cambios como cinco interruptores de luz internos. Todos tenemos estos cinco interruptores y, cuando los activamos, ellos son el secreto para maximizar nuestro potencial, impulsar nuestro éxito y construir una vida más feliz.

Activar estos cinco interruptores cambiará tu punto de vista y tu perspectiva. Te convertirá en un mejor tomador de decisiones y te dará el poder y la libertad necesarios para controlar tu vida. Esta lectura te mostrará cómo encender todos y cada uno de estos interruptores, de tal modo que comiences a tener éxito, a desatar tu grandeza y a sacarle provecho a tu potencial ilimitado.

Entonces, ¿cuáles son estos cinco interruptores?

Los cinco interruptores son la lente (P-R-I-S-M) a través de la cual los amantes de la limonada, como Warren Buffett, ven el mundo:

P = Perspectiva (*Perspective*)
R = Riesgo (*Risk*)
I = Independencia (*Independence*)
S = Autoconciencia (*Self-Awareness*)
M = Movimiento (*Movement*)

Cuando estos cinco interruptores se juntan, generan un propósito y una posibilidad en tu vida.

Cuando activas tu *perspectiva*, cambias tus *posibilidades*.

Cuando activas tu capacidad de tomar un *riesgo*, cambias tu capacidad para *tomar decisiones*.

Cuando activas tu *independencia*, cambias tu *libertad*.

Cuando activas tu *autoconciencia*, cambias tu *autocomprensión*.

Cuando activas tu capacidad de *movimiento*, cambias tus *circunstancias*.

Estos cinco interruptores tienen la capacidad de generar cambios monumentales, porque:

Interruptor #1: P de Perspectiva

Activa tu perspectiva y cambiarás tus posibilidades.

Tu perspectiva es tu lente principal. A través de ella, estableces el tono y le das forma a todo lo que es posible en tu vida. Demasiadas personas son prisioneras de una perspectiva negativa, pero ni siquiera se dan cuenta de ello. En cambio, cuando tienes una perspectiva positiva, ves más claramente las oportunidades que se te presentan.

Interruptor #2: R de Riesgo

Comprende las recompensas de tomar riesgos y tomarás mejores decisiones.

Las barreras que te creas obstaculizan tu progreso y limitan tus oportunidades. Cuando eliminas estos obstáculos internos y comprendes mejor la relación entre riesgo y recompensa, despejas el camino para tomar más riesgos calculados y llevar una vida más plena.

Interruptor #3: I de Independencia

Evita la mentalidad de rebaño y actuarás con libertad de elección.

Con frecuencia, la independencia es elogiada como un rasgo del carácter que todos deseamos tener, pero que muy pocos asumen. Esto se debe a que es más seguro vivir en grupo y encontrar consuelo y solidaridad en la manada. Independencia significa rechazar la sabiduría común y atreverte a estar solo, incluso si estás equivocado. La independencia es la libertad de viajar por tu propio camino, a tu ritmo y en tus términos.

Interruptor #4: S es de Autoconciencia (*Self-awareness*)

Domínate a ti mismo y dominarás tu vida.

Cuando reflexionas sobre ti mismo, ves cosas que necesitas ver y no necesariamente las que quieres ver. Oyes cosas que necesitas oír y no necesariamente las que quieres oír. La retroalimentación honesta te brinda un diagnóstico preciso que te ayuda a comprenderte mejor a ti mismo, de modo que sepas cómo orientar los cambios necesarios para optimizar tu vida.

Interruptor #5: M de Movimiento

Haz limonada y cambiarás tus circunstancias.

Cuando "haces limonada", trabajas para construir la vida que deseas. Logras tener éxito con las habilidades y herramientas que ya tienes, siempre y cuando las uses para promover cambios.

Las personas que tienen más éxito, que maximizan su potencial y que nunca se conforman con algo menos que lo mejor de sí mismas, son, en esencia, felices. Su secreto, la razón subyacente por la cual ellas son felices, es que ellas activaron estos cinco interruptores. No todas son líderes mundiales, ni titanes de los negocios, ni atletas profesionales, ni celebridades de Hollywood. En muchos casos, son personas comunes y corrientes que tomaron la decisión afirmativa de construir la felicidad de la que ahora disfrutan.

En este momento, es posible que estés preguntándote: *¿cómo hago para accionar estos cinco interruptores?*

Todos hemos escuchado el viejo dicho de que no se le pueden enseñar trucos nuevos a un perro viejo. Lo que esto significa es que no es fácil cambiar a las personas cuando ellas están tan seguras en cuanto a su manera de ver y vivir la vida. No puedes convertirlas en quienes tú quieres que ellas sean o en quienes esperas que ellas se conviertan. Los hábitos, los comportamientos y las opiniones que las personas desarrollan durante muchos años están demasiado arraigados en ellas como para cambiarlas. Ni siquiera vale la pena intentarlo, porque es casi imposible cambiar tú mismo a otro, ¿verdad?

La cuestión es esta: es cierto que no puedes enseñarle nuevos trucos a un perro viejo si el perro no está dispuesto a aprender. En otras palabras, todos podemos argumentar infinidad de excusas de por qué no podemos cambiar, de por qué no cambiaremos o por qué nos es imposible cambiar.

Sin embargo, también tenemos la opción de elegir cambiar. Entonces, cuando activamos estos cinco interruptores, comenzamos a ver la vida a través de un nuevo PRISM y a llevar una vida con delicioso sabor a limonada.

Sea cual sea tu caso, la audaz verdad aquí es que no importa lo que te haya pasado antes, pues *hoy es tu día*. Hoy es tu día de tomar el control total de tu vida.

Ayer, fue el último día en que dijiste: "No puedo".

Hoy, es el primer día para decir: "Lo haré".

Cuando entiendes lo que significa tener el control de tu vida, comprendes que se trata de un poder y de una responsabilidad asombrosos. De emprender tu camino hacia la grandeza. Vives en una de las épocas más asombrosas de la Historia. Puede que no parezca el *mejor* momento. Ni siquiera, el momento *perfecto*. El hecho es que ahora mismo es el *mejor* momento, porque cada persona tiene la oportunidad de cumplir su destino. De modo que este es tu momento.

Si juegas contra otro equipo —ya sea en el de tus amigos, tus compañeros de trabajo, tus padres, tus hermanos o la sociedad—, estás jugando el juego equivocado; si crees que debes asistir a cierta escuela, trabajar en cierto trabajo, comprar en cierta tienda o pasar el rato con cierta multitud, estás jugando el juego equivocado. El único juego que deberías jugar es el juego uno a uno: tú contra ti mismo. Tú, y solo tú, tienes el control de tu vida. Solo tú estás trabajando en ti mismo, tomas tus propias decisiones en tus propios términos y tienes el poder de decidir tu futuro. De modo que, cuando caes en la trampa de la comparación social, ese es un juego perdido.

En nuestra cultura de gratificación instantánea demasiadas personas quieren obtener resultados inmediatos. Quieren los atajos y los resultados, pero carecen de la fuerza de voluntad y la determinación para hacer el trabajo más importante, que precede a los resultados. Así que, si tú no tienes la mentalidad y la ética de trabajo correctas para implementar estos cambios, los consejos son solo consejos. Muy pocos están dispuestos a hacer el trabajo duro por sí mismos. Todos deberíamos centrar nuestros esfuerzos en los hábitos que formamos y en las elecciones que hacemos. Ahí es donde todo comienza. Nuestra perspectiva, nuestra mentalidad, nuestros principios y nuestra autocomprensión guían nuestras decisiones. Por eso, es esencial comenzar con la construcción de una base adecuada antes de concentrarnos en el resultado.

Mi anhelo es que, a medida que leas este libro, tu vida cambie y sea cada vez mejor. Para algunos, el cambio puede ser incremental. Para otros, puede ser monumental. El hecho es que, sea cual sea el caso, mi deseo es que este se convierta en tu manual de juego para abordar cualquier situación que se te presente y sepas cómo manejarla con serenidad y mediante el enfoque adecuado; además, espero que te sirva para ser más feliz, a medida que navegas por la vida. Y ya sea que estés leyendo este libro bajo una sombrilla en la playa, en el asiento de un avión, debajo de un árbol en un parque, de pie entre la multitud en el metro, en tu sofá frente a la chimenea o en la cama tomando un té, recuerda que *hoy es tu día*.

Mi deseo para ti es que ganes frente a toda circunstancia. Que, a partir de este día, te veas a ti mismo y a quienes te rodean bajo una nueva luz. Si no llevas la vida que quieres, mi esperanza es que tengas el coraje de ponerte de pie y tomar lo que es tuyo. Me encantaría que derribes todos los obstáculos y conquistes todos los miedos; que reposiciones tu mente y tengas la convicción de pensar de manera poco convencional.

Las elecciones que hagas a partir de este día deberán estar basadas en ti. No en nadie más, sino en ti. Esta es tu vida. Cuídala con la dedicación y la atención que se merece. No necesitas el permiso de nadie más que el tuyo.

Tú tienes el poder de controlar tu destino, siempre y cuando estés dispuesto a trabajar. No sucederá de la noche a la mañana, ni mucho menos. Este es un proceso de por vida y un viaje en el que estás a punto de embarcarte. Disponte a sacrificarte y a luchar por tus sueños. Si aún no has llegado a la cima de esa añorada montaña, eso está a punto de cambiar. Este es tu momento de determinar quién eres y en quién quieres convertirte.

Este libro es para los exitosos que quieren tener más éxito. Es para los luchadores que quieren luchar menos. Es para los soñadores que quieren acción y para los actores que nunca dejan de soñar. Es para los creyentes que piensan que todo es posible y también para los incrédulos. Es para las personas que están atascadas en alguna parte del camino y para las que gozan de plena libertad. Es para aquellos que comienzan su viaje, para los que ya están en su viaje y también para los que piensan que su viaje ya terminó. Es para los emprendedores que al fin quieren dar el primer paso. Es para los estafadores hambrientos que nunca se dan por vencidos, así como para los que se rinden y los que nunca se apresuran. Es para cualquiera a quien le hayan dicho que no. Es para todos los que dan, pero sienten que los demás solo toman. Es para los cansados que necesitan más energía y para los energéticos que nunca se cansan. En síntesis, este libro es para todo el que quiera más felicidad, más grandeza y más plenitud en la vida.

En otras palabras, este libro es para *ti*.

Si estás dispuesto a comprometerte contigo mismo, a hacer todo lo que sea necesario para llegar al final de tus metas, a ir allá afuera a hacer historia, entonces, hagámosla.

Interruptor # 1

P de Perspectiva

Cambia tu perspectiva y cambiarás tus posibilidades

El ser humano no es más que el producto de sus pensamientos. Lo que piensa… en eso se convierte.

—Mahatma Gandhi

2
IDENTIFICA A LOS CONSUMIDORES DE JUGO DE LIMÓN

Quiero referirme a tres tipos de personas que tú ya conoces.

Ya te has encontrado con ellas, de alguna manera y en algún lugar: son tu vecino, tu colega, un padre de familia en la escuela de tu hijo, un amigo de un amigo en medio de una barbacoa en algún patio trasero; las has visto en un cóctel o en una reunión familiar; puede que las conozcas del gimnasio o de tu club de lectura; seguramente, has cenado con ellas.

Incluso tú puedes ser uno de ellas.

Estoy hablando de los consumidores asiduos al jugo de limón. Es fácil detectarlos, porque están *en todas partes*.

Hay tres tipos principales de ellos:

- Los expertos en excusas
- Los irremediablemente conformistas
- Los buscadores de cambios

Te invito a que nos reunamos con ellos una vez más.

Los expertos en excusas

Ellos siempre tienen infinitas razones por las cuales nunca podrán llevar una vida con sabor a limonada: implica demasiado trabajo, demasiado tiempo, es un estilo de vida solo para gente rica. Su mentalidad negativa es su propio peor enemigo. Quienes siempre sacan excusas pasan más tiempo preocupándose pensando en hacer algo que si se dedicaran a hacerlo.

En esencia, ellos son los que más se quejan. Son expertos en sacarle pretexto a todo. Ven nubes de lluvia en medio del día más soleado, les encuentran problemas a las soluciones que se les plantean y, por lo general, le atribuyen la victoria a la suerte.

De una manera u otra, para ellos, la acción jamás será una buena opción. ¡Eso, sí! Les encanta dar su opinión, sobre todo, cuando no se la están pidiendo. En cierto modo, son expertos en todo (o sea, en nada), pero, cuando es su turno de actuar, se acobardan al instante.

Los expertos en excusas tienen expectativas sobre cómo "debería" ser la vida. Y, cuando esas expectativas se quedan cortas, ellos se frustran. Como resultado, hasta que ellos eliminen sus obstáculos sicológicos y transformen su forma de pensar, no podrán tener una vida con sabor a limonada.

Perfil del experto en excusas

Quién es. Tu amigo, padre, colega o vecino cínico que nunca hará nada de lo que le propongan, porque argumenta que se requiere de demasiado tiempo, esfuerzo y dinero.

Su lema de vida es. "El sistema está en mi contra".

Su motivo de felicidad es. Los expertos en excusas obtienen consuelo de su mentalidad de "nosotros contra ellos" y ganan poder al criticar a otras personas, otros lugares y otras cosas desde la seguridad de su balcón o desde su silla de la oficina.

Primera pregunta que hace. No hace preguntas, porque no le importa lo que tengas para decirle. Sin embargo, es el primero en responder a tus opiniones, diciendo: "Sí, pero..." o "Yo también hubiera hecho eso, si tan solo...".

Lo más probable es que te diga. Que tienes más posibilidades de que te caiga un rayo que de ganarte la lotería. Sin embargo, el experto en excusas sí suele jugar lotería y no le ha caído ningún rayo (todavía).

Los expertos en excusas sacan todo tipo de ellas. Las siguientes, son las cinco más comunes.

Las cinco excusas más comunes del experto en excusas

Excusa #1. Es demasiado difícil

A los expertos en excusas les encanta renunciar antes de que comience la carrera. Dado que magnifican los obstáculos, hacen que las tareas fáciles sean difíciles y las difíciles todavía más difíciles. Todo para ellos es más desafiante de lo que en realidad es. Por esa misma razón, el peso de un verdadero desafío los aplasta fácil y rápidamente. La cuestión es esta: pocas cosas son tan difíciles como parecen. Incluso si piensas que algo es difícil, siempre hay una solución y depende de ti encontrarla.

Esta excusa suele ser falta de creatividad y determinación.

Excusa #2. Se requiere de demasiada energía

Los expertos en excusas operan con energía limitada. Ellos no afrontan la vida con vigor. Las colinas les parecen montañas y las montañas requieren de demasiada energía para escalarlas. Por lo general, tienen más energía de la que creen tener, pero solo logran liberarla cuando entienden todo su potencial.

Esta excusa demuestra falta de motivación.

Excusa #3. No fui a una buena escuela

La universidad a la que asististe o dejaste de asistir no es el predictor más diciente de tus logros profesionales. ¿Sabes cuántos millonarios, billonarios[1] y mucha otra gente exitosa no fueron a la universidad o asistieron a ella y en algún momento la abandonaron o no se inscribieron en la facultad "adecuada" para ellos? A los expertos en excusas les encanta encontrar razones por las cuales ellos no se consideran aptos para hacer algo. De modo que la falta de credenciales académicas formales es una excusa fácil en la cual ellos suelen refugiarse muy cómodamente.

Esta excusa tiene que ver con la falta de autoestima y respeto por uno mismo.

Excusa #4. No sé cómo hacer eso

¿Adivina qué? Muchos tampoco lo saben. Los expertos en excusas también acuden a crear barreras de conocimiento, como si los seres humanos naciéramos sabiéndolo todo, como Bill Gates cuando solía programar computadoras, siendo apenas un niño pequeño. Es un hecho que el mayor mito que existe sobre las personas inteligentes y exitosas es que ellas lo saben todo. Sin embargo, lo que las separa de los expertos en excusas es que ellas no tienen miedo de confiar en sí mismas cuando se trata de tomarse el trabajo de aprender más. En otras palabras, los triunfadores no tienen miedo de admitir que no lo saben todo o, si es el caso, nada, sobre un tema determinado. En tal caso, ellos leen, hacen preguntas, toman clases y, de ser necesario, se asesoran de un mentor que les ayude a nivelarse en el aspecto sobre el cual quieren o necesitan explorar. Es así como, con el tiempo, terminan manejando los temas de su interés con tanto o más conocimiento que el de quienes los rodean, aun cuando no sabían nada al respecto.

Esta excusa implica falta de confianza en sí mismo.

Excusa #5. Toma demasiado tiempo

Los expertos en excusas hacen del tiempo una excusa común, como si ellos tuvieran muchas otras cosas en su vida que merecen más atención. El caso es que todos los seres humanos operamos en el mismo marco de tiempo de 24 horas diarias. Sin embargo, lo que cuenta es cómo priorizas tu tiempo. ¿Lo valoras? Te aseguro que, si en verdad deseas algo lo suficiente, encontrarás el tiempo que se requiera para hacerlo realidad, ya sea que tengas que reorganizar tu agenda y reprogramar alguna actividad con tal de dedicarte a lograr eso que tanto te interesa. El hecho es que, sea como sea, invertirás el tiempo, la energía, el enfoque, la determinación y la dedicación para llegar a tu meta. Los expertos en excusas deberían preguntarse si están dedicándole la mayor cantidad de horas a todo aquello que más les interesa.

Esta excusa demuestra falta de prioridades claras y de autodisciplina.

Cinco señales de que eres un experto en excusas

Ahora que conoces cuales son las excusas favoritas de todo experto en ellas, te daré cinco señales para determinar si tú eres uno de ellos:

Son ellos, no tú

Todo lo que te pasa es por culpa de otras personas. Fueron los demás quienes te hicieron daño de alguna manera o te impidieron conseguir lo que tú quieres.

¿Cuál es el problema con esta mentalidad? Que no hay responsabilidad personal. Es decir, que tú no eres dueño de tu papel en la vida. No te haces responsable de tus acciones. Siempre es culpa de otra persona. De modo que, hasta que asumas la responsabilidad de tus elecciones y decisiones, el juego de la culpa será tu estrategia más fácil para desentenderte de ejercer los compromisos que te corresponda asumir. Esta no es otra cosa que una postura defensiva que te permite no tener que sobrellevar la carga del trabajo que debas desarrollar. La ironía de esta posición es que, cuando te responsabilizas y admites tus faltas, es cuando te quitas la carga de encima, pues tomar responsabilidad y tener que rendir cuentas de tus actos es la mayor forma de libertad. Solo de ese modo es que tienes el control de tu propio destino y eres responsable directo de todo lo que resulte de tus acciones.

A corto plazo, es más fácil señalar con el dedo a los demás que señalarte a ti mismo.

El pez grande siempre se come al más pequeño

Según esto, todo está controlado por fuerzas superiores. Absolutamente, todo. El mercado de valores. La política. Tu trabajo. Son estas fuerzas las que manejan el mundo y no tú; ellas son las que ganan todo el dinero y no te lo dejan ganar a ti; son los peces grandes los que se ganan todos los créditos, mientras que tú no obtienes ninguno; ellos son los que siempre ganan y tú el que siempre pierde. De modo que no tienes más opción que la de operar en su mundo.

Esta es una actitud derrotista, demasiado común. Es una mentalidad perdedora. Tanto, que preferiste disminuir tu propia importancia y convertirte en el pececillo indefenso al otro lado de la ecuación. Condicionaste tu mente de tal modo que te sientes más débil, más lento y menos poderoso de lo que en verdad eres. Tus quejas incesantes terminaron sofocando tu propio progreso y te enseñaste a ti mismo a aceptar cualquier cosa que la vida te depare. Por consiguiente, la vida te está dejando atrás, pues decidiste quedarte en un estado pasivo y no en uno en el cual tú seas el participante activo que le da dirección específica al rumbo de la vida.

No es que yo esté contra el mundo —es el mundo el que está contra mí.

Te gusta opinar, viendo los toros desde la barrera

Tienes mucho qué decir con respecto a todo. Crees que estás al día en cuanto al conocimiento y manejo de cualquier área de la que te hablen. Estás ansioso por compartir tus pensamientos con todo el que esté dispuesto a escucharte, pero tus puntos de vista rara vez se convierten en acciones. Más bien, prefieres criticar a los demás, comentar e incluso bromear sobre las decisiones y las acciones de quienes te rodean. Sin embargo, cuando es tu turno de actuar, te niegas a hacerlo, argumentando que ese no es tu asunto y que prefieres permanecer detrás de escena.

Es más seguro emitir un juicio desde la comodidad de tu silla.

Podrías haberlo hecho, pero no lo hiciste

Imagina todas las cosas que podrías haber hecho. Demasiado numerosas como para contarlas. Todas esas veces que ibas a montar un negocio; la ocasión aquella en que anunciaste que volverías a la escuela; cuando planeaste ir a ese viaje alrededor del mundo o cuando dijiste que estabas casi listo para mudarte a otro país.

Bueno, los tiempos son diferentes ahora. Hoy, eres mayor, ya no cuentas con el tiempo suficiente para hacerlo; además, tu agenda está demasiado ocupada; te sientes establecido; tu momento ya pasó, etc.

Si así fuera...

El área de descanso es tu sitio favorito

"¿Descansamos?" Acabaste de tomar un descanso hace 15 minutos, pero... bueno, aceptas. "Está bien, descansemos otro rato".

Ningún descanso es suficiente para ti. De hecho, te distraerás con casi cualquier cosa que te sirva de pretexto para no hacer tu trabajo.

"Ya solo nos quedan cinco horas y catorce minutos para regresar a casa", dices.

Los descansos son tu actividad favorita. Son tu momento para quejarte en la gerencia, con tus compañeros de trabajo y hasta con tu jefe. El trabajo no es realmente lo tuyo, pero brillas durante tu tiempo de descanso. Usas tu papel autoproclamado como jefe de toma de decisiones como tu púlpito para culpar a otros y lamentarte de todo lo que se te ocurra; y, por supuesto, el área de descanso es tu mejor lugar favorito.

Es más divertido charlar durante el horario de trabajo que trabajar.

Los irremediablemente conformistas

Los irremediablemente conformistas son aquellos que viven según lo que les digan los demás. Los que siguen el camino del consejo convencional, permitiendo que otros elijan por ellos —la sociedad, los amigos, los padres y hasta los vecinos—. Por lo tanto, son conformistas al máximo, prefiriendo resignarse a vivir los sueños de otras personas, no los suyos propios. Aparentemente, tienden a dar la impresión de estar orientados a la acción.

Sin embargo, eso no significa que estén haciendo un progreso significativo, avanzando hacia el estilo de vida que en verdad quieren tener. Además, le temen al riesgo, así que prefieren ir a la fija. ¿Por qué? Porque, aunque no lo admitan, le tienen miedo a lo desconocido y al fracaso. Los irremediablemente conformistas prefieren quedarse quietos con tal de "no perder"[2] que tener que arriesgarse para ganar. También prefieren la cautela, incluso cuando se hace necesario usar la creatividad.

Para ellos, las apariencias lo son todo. Les encanta que los demás piensen que ellos tienen una vida perfecta. (*Sus regalos navideños para los demás les ayudan a venderle esa idea a quienes los rodean*). Quieren que los demás piensen que ellos aman su trabajo. (*Han estado en la misma empresa durante 15 años y dicen: "Esta es una verdadera hazaña en la vida*). Hablan con frecuencia sobre su casa y sus otras propiedades. (*"Pasamos todos los veranos en nuestra casa de campo. Tú deberías ir"*). Y, a diferencia de los expertos en excusas, los conformistas no necesariamente van por la vida con la infelicidad bajo su manga. Sin embargo, ellos quieren que la gente piense que la vida que llevan es fantástica cuando la verdad es que están viviendo una mentira o, por lo menos, un compromiso incómodo.

Lo otro es que trabajan 85 horas a la semana y no tienen tiempo para ver a los hijos que presupuestaron que debían tener. Ahora, una cosa es que les guste su trabajo, pero, normalmente, no es así. Se quedan en él, porque les suena bien decir que tienen un cargo ojalá rimbombante y porque de paso tienen cómo pagar su hipoteca, por lo general, costosa y que además les ayuda a mantener su estatus social. Muchos conformistas piensan que están viviendo activamente, pero lo cierto es que la vida los está dejando a la deriva, flotando de un punto de la vida al siguiente, temerosos de desviarse de su camino. Para ellos, su trabajo actual era su siguiente paso lógico y, según su opinión, eso fue lo que asumieron que se esperaba de ellos. Y dado que se niegan a abandonar su zona de confort, no se hacen cargo de su propio destino. De manera que casi nunca logran sus sueños, pues están atrapados en esta vida complaciente e incluso artificial que llevan, en medio de un círculo interminable de apariencias.

Perfil del conformista

Quién es. Tu hermano, tu compañero de clase o ese padre de familia en la escuela de tu hijo que: (a) no soporta a quienes trabajan con él, ni su propio horario de trabajo, pero te dice con frecuencia que estarías loco si dejaras tu trabajo; (b) no le gusta su vecindario, pero no puede entender por qué tú quieres mudarte del tuyo; (c) alguien que preferiría estar más cerca de su ciudad natal, pero está convencido de que, si no trabaja en la oficina de Nueva York, nunca obtendrá el gran ascenso que tanto espera obtener.

Su lema de vida. "Yo también tendré lo que ellos tienen".

Su motivo de felicidad. Obtiene satisfacción de la seguridad que le brinda su zona de confort, incluso si no la soporta. Sigue jugando incluso cuando no le gusta el juego. Se siente satisfecho y validado en sus decisiones cuando estas cuentan con la aprobación de los demás.

Primera pregunta que hace. "Entonces, ¿dónde trabajas?".

Lo más probable es que te diga. El plural de "fiscal general" es "generales fiscales".

A pesar de sus fuentes de felicidad, los irremediablemente conformistas son, en esencia, infelices (aunque ellos piensen o digan lo contrario). Sin embargo, incluso si no les gusta su trabajo, experimentan una alegría anual, derivada de las promociones y bonificaciones financieras que reciben a final de cada año, las cuales satisfacen su necesidad fundamental de seguridad y estatus.

Además, no se sienten cómodos con el cambio. Ese es su principal inconveniente. El mundo que los rodea está evolucionando, pero ellos están tan enterrados en su propio círculo que pierden oportunidades y no logran adaptarse. Sin embargo, cuando se abren a las posibilidades de cambio, saben mantener su estructura familiar, su identidad personal, sus creencias fundamentales y sus valores.

Cinco señales de que eres irremediablemente conformista

¿Tienes la impresión de que quizá tú seas uno de ellos? Las siguientes son cinco señales que te confirmarán si lo eres.

La vida es una enorme lista de verificación

La vida para el conformista es algo así como esos calendarios que uno tiene a veces en la pared, excepto que para él no es un calendario, sino su lista de verificación de aquello que está logrando o dejando de lograr. Es el lienzo en el cual él marca cada logro, cada elogio; allí toma nota de cada adquisición que hace y de todo aquello que pierde.

Y a medida que ha ido alcanzando nuevas alturas en la cima de sus metas, el conformista ha invertido poco tiempo en desarrollar los hábitos y las habilidades que le ayuden a lograrlas. En otras palabras, pasa menos tiempo aprendiendo y experimentando y más tiempo coleccionando.

Algunas personas coleccionan arte. Pero mi perfil de LinkedIn es mi obra maestra.

Escuchen, escuchen, este es mi inigualable currículum

En el transcurso de los 30 primeros segundos de conocer a alguien, el típico conformista le anuncia a su interlocutor sin previo aviso que no desea su puesto de trabajo, ni a su empleador, ni su pedigrí, pues él se siente satisfecho con su trabajo. Por esa razón, quiere que todo mundo sepa lo que él hace, dónde trabaja, cómo llegó allí y lo fantástico que le va.

¿Entonces, en qué te ganas la vida?

El jardín infantil al que asiste tu hijo es de suma importancia

Según él, no puedes ingresar a Harvard a menos que vayas a la escuela secundaria adecuada. Tampoco puedes ir a la escuela secundaria adecuada a menos que vayas a la escuela intermedia adecuada, ni ir a la escuela intermedia adecuada a menos que vayas a la escuela primaria adecuada. Por ende, tampoco puedes ir a la escuela primaria adecuada a menos que vayas, lo adivinaste, al jardín infantil adecuado.

Así es. Para el conformista todo comienza con el jardín infantil. Para algunos comienza incluso desde antes, con la guardería adecuada.

Las apariencias importan. Tanto la tuya como la de tus hijos.

El comité de admisiones te está observando.

Amas (pero en realidad desprecias) tu trabajo

Seamos sinceros. El conformista odia su trabajo, pero sigue encontrando razones para no hacer nada al respecto, porque renunciar a él podría significar dejar su estilo de vida. Francamente, renunciar a su trabajo es un pensamiento aterrador para él.

¿De qué otra manera podría pagar el 95% del valor de su hipoteca?

Los sacrificios que hacemos.

La vida es genial —realmente, genial

No, no lo es. El que es irremediablemente conformista se resignó a la vida que cree que los demás quieren para él y no sabe cómo salir de ese círculo interminable de mantener las apariencias. En este momento de su vida, él no está donde quieres estar. Tal vez, aquí es donde deberían estar sus compañeros de clase o sus amigos de la infancia, pero no él. Sin embargo, nunca lo admitiría ante nadie, pues tiene miedo de que se rían de él, de que lo ridiculicen y de que su estatus social caiga en picada.

Muchos de sus amigos sienten lo mismo, pero, al igual que él, también tienen demasiado miedo de admitirlo y confesarlo.

Me encanta la vida con sabor a limón.

Los buscadores de cambios

Los buscadores de cambios harán cualquier cosa para mejorar su vida, pero tienen un problema. Dicen que anhelan algo más de la vida y, sin embargo, no están dispuestos a luchar por ello. Afirman que les gustan las metas, pero no quieren emprender el viaje necesario para llegar a ellas. Les gusta el título de "emprendedores", pero no practican lo que se requiere para serlo.

A diferencia de los expertos en excusas y de los irremediablemente conformistas, los buscadores de cambios son buscadores de riesgos. Aunque prefieren enfoques no convencionales, no invierten el tiempo necesario para aprender y prepararse antes de entrar en acción. Además, tienden a buscar qué está de moda, pues son seguidores de tendencias y compradores impulsivos que se centran únicamente en los fines, no en los medios. El miedo a perderse de algo (o FOMO[3] *Fear of missing out*) está en su ADN.

Perfil del buscador de cambios

Quién es. Tu tío loco, proponiendo otro de sus planes para hacerse rico rápidamente.

Su lema de vida es. "Los rebaños están destinados a seguir a su líder".

Su motivo de felicidad es. El buscador de cambios obtiene comodidad y estatus a través de sus búsquedas y se asegura de estar involucrado con las últimas y mejores tendencias.

Primera pregunta que hace. "Espera, ¿alguien acaba de decir 'el próximo gran invento'?".

Lo más probable es que te diga. "¿Cuánto dinero ganaste durante el apogeo de las monedas digitales?". (Mientras, de manera bastante conveniente, omite decir cuánto perdió él comerciando con este tipo de moneda).

En principio, los buscadores de cambios parecen independientes y emprendedores. Después de todo, viven en busca de ganar dinero en sus propios términos. Sin embargo, la realidad es muy diferente: en lugar de pensar de forma independiente, ellos siguen ciegamente tendencias fugaces. No hay duda de que la autonomía financiera es una buena motivación, pero es más importante saber cómo proyectarse hacia el éxito financiero. Y a pesar de su mentalidad orientada a la acción, los buscadores de cambios rara vez terminan lo que comienzan, pues, cuando no logran hacerse ricos tan rápido como pensaron, pierden su interés en lo que están haciendo y comienzan a buscar su siguiente gran proyecto. De modo que, muy pocas veces, llegan a las metas que se proponen cumplir.

Cinco señales de que eres un buscador de cambios

Existen cinco formas de saber si eres un buscador de cambios:

El mercado está en llamas

"El mercado está en pleno furor. Si no entran ahora mismo en este campo, se perderán esta magnífica oportunidad de triunfar. El momento es ahora, amigos. Esto no durará para siempre. Nunca había existido una oportunidad como esta. Cuando miren hacia atrás dentro de 20 años, estarán preguntándose por qué no formaron parte de esta oportunidad tan única en la vida".

La buena noticia es que el mercado siempre está en llamas. La mala noticia es que el mercado siempre está en llamas.

Aprovecha esta oportunidad tan única tan pronto como te sea posible.

Están, literalmente, imprimiendo dinero

"A cada paso, detrás de cada esquina, existen infinidad de oportunidades de ganar dinero".

Dado que todas las oportunidades que ves son una buena oportunidad financiera, tu filtro de inversión suele mantenerse apagado.

Es como volver a la fiebre del oro.

El truco está en entrar y salir

"Esto no va a durar para siempre. El truco es entrar y salir. No es algo a largo plazo. Solo hay un pequeño margen de oportunidad".

El compromiso requiere de tiempo y esfuerzo y esas son dos cosas con las que no puedes comprometerte.

La gente dice que no hay una forma real de ganar dinero rápido. Sin embargo, esta sí es una verdadera forma de volverte rico.

Tú inventaste Uber antes de que Uber inventara Uber

"Yo creé el *Cronut*®, el *fidget spinner* y *The Fresh Prince of Bel-Air* años antes de que alguien supiera quién era Carlton Banks".

Tienes un millón de ideas, pero no has implementado ninguna o quizás unas pocas. Eres creativo, pero no haces el trabajo necesario para seguir adelante hasta alcanzar tus metas. Te encanta empezar proyectos, pero no te enfocas en terminarlos. Cuando las cosas se ponen difíciles, pierdes el interés y cambias de proyecto.

Cuando estaba en séptimo grado, tuve la idea de poner cafeterías en cada esquina.

No calculas tus riesgos

"Si quieres ganar, tienes que arriesgarlo todo".

Crees que cada oportunidad justifica un gran riesgo. Eres muy bueno tomando riesgos, pero no muy bueno calculando lo que estos implican.

Salta, pero no mires hacia abajo.

Pues bien, estos son los tres tipos de personas que quería que conocieras. Sin embargo, hay un cuarto tipo que también me gustaría presentarte. Si ya conoces al experto en excusas, al conformista y al buscador de cambios, creo que *deberías* conocer también al siguiente grupo de personas.

3

CUANDO LA VIDA TE DA LIMONES

¿Cómo dividir un limón?

Esta fue la pregunta que nos hicieron durante nuestra primera semana de clase en Wharton Business School. Una de las primeras actividades consistió en que nos organizaron de a dos estudiantes y nos dieron un limón a cada equipo. Podíamos dividirlo como quisiéramos. ¿Como lo haríamos? ¿Qué elegiríamos hacer? ¿Sería posible llegar a un acuerdo sobre cómo dividirlo? ¿Qué pasaría si nuestras ideas eran diferentes? ¿Qué propondrían al respecto cada uno de los equipos?

El primer equipo dividió el limón por la mitad. Es decir, cada uno tomó la mitad. Ellos, simplemente, siguieron al pie de la letra las instrucciones y el reparto fue sencillo.

El segundo equipo peló el limón y un compañero se quedó con la cáscara, mientras que el otro se quedó con la fruta. Es decir, uno se enfocó en el interior del limón y el otro en su parte externa.

El tercer equipo peló y partió el limón de tal modo que un compañero se quedó con las semillas y el otro se quedó con el resto. Así, uno de ellos obtuvo la fruta, mientras el otro podría plantar un árbol.

Pero el último equipo hizo algo único: ambos decidieron cortar el limón por la mitad, quitarle las semillas y tomar una botella de agua medio llena. En seguida, uno de ellos exprimió con cuidado las mitades de limón en la botella y el otro le agregó el azúcar sobrante de su café de la mañana. Luego, agitaron varias veces el líquido, levantaron su creación frente al resto de la clase y pronunciaron la frase proverbial: *Cuando la vida te da limones, aprende a hacer limonada.*

Todos reímos, pero ese recuerdo se quedó conmigo. Hay muchas formas de dividir un limón. Puedes cortarlo, pelarlo, picarlo, exprimirlo. Sin embargo, aquellos dos estudiantes no pensaron como el resto de grupo, ni se limitaron a los ingredientes que tenían en sus manos, ni cumplieron con las instrucciones que les dieron, ni copiaron a los demás, sino que lo hicieron a su manera.

Ellos hicieron limonada.

Ahora, quiero que conozcas a alguien que es como estos estudiantes. Esta persona es alguien que vale la pena conocer, que deberías conocer: se trata del emprendedor creativo.

Un vistazo al emprendedor creativo

Quién es. El emprendedor creativo es el revolucionario que se deja llevar por la imaginación, la innovación y la transformación, y lo hace en sus propios términos. Es un pensador original que toma riesgos calculados de manera proactiva para alcanzar su máximo potencial.

Su lema de vida es. "Vive como si la vida fuera una limonada".

Su motivo de felicidad es. Ellos son gente ganadora, porque se atreven a ser audaces. Tienen éxito, porque piensan de manera poco convencional; logran sus metas, porque nunca dejan de aprender y sobresalen, porque toman riesgos con tal de aprovechar las oportunidades.

Primera pregunta que hace. "¿Qué y cómo podría aprender más sobre ti?".

Lo más probable es que te diga. Cómo le ayuda su rutina al comenzar el día a marcar el ritmo de su jornada. Con gusto te la compartirá para que tú también te beneficies de ella.

Cinco rutinas de un emprendedor creativo al comenzar el día

No todos los emprendedores creativos siguen la misma rutina. Si lo hicieran, serían conformistas empedernidos o buscadores de cambios. Los expertos en excusas no se molestan en implementar alguna, pues tendrían que levantarse más temprano; además, dirán que no tienen tiempo y, por lo general, no se les puede molestar. En cambio, los emprendedores creativos están convencidos de que comenzar su jornada haciendo sus rutinas contribuye a que el resto del día les funcione mejor. Algunos practican la meditación; para otros, su rutina consiste en trotar o nadar; otros hacen su lista de las actividades que realizarán durante el día. En cualquier caso, el objetivo es rejuvenecer el espíritu y despejar la mente para afrontar el resto del día. A continuación, encontrarás cinco de las mejores rutinas matutinas que los emprendedores creativos suelen incorporar a su vida:

Comer una rana viva a primera hora de la mañana

"Cómete una rana viva[1] a primera hora de la mañana y no te pasará nada peor durante el resto del día". Esta es una paráfrasis de Nicolas Chamfort que, posteriormente, le fue acreditada a Mark Twain. Consiste en que, antes de hacer cualquier otra cosa, te propongas realizar la actividad más difícil del día, de tal modo que después puedas pasar a realizar las más fáciles. Superar ese obstáculo inicial evitará que lo pospongas y hará que el resto de tus actividades te parezcan menos abrumadoras.

Si no te gusta comer ranas a primera hora de la mañana, trata de hacer lo contrario: guarda tu rana para el final de tu jornada[2]. Comienza tu mañana con las actividades que serán fáciles de realizar. Esto te permitirá obtener algunas victorias y te generará autoconfianza desde el inicio del día, así que lo más difícil de hacer no te parecerá tan desafiante. Según afirman los profesores Francesca Gino y Bradley Staats, de *Harvard Business Review*, realizar primero las actividades más sencillas no solo es sicológicamente gratificante, sino que suele aumentar tu capacidad para enfrentar desafíos más difíciles al final de tu jornada diaria. Cuando logras metas, así sean metas sencillas, como explican Gino y Staats, tu cerebro libera el neurotransmisor conocido como dopamina, que contribuye a mejorar la capacidad de atención, la memoria y la motivación que se necesitan para realizar tareas más difíciles.

Por esto, es esencial que identifiques cuál es tu propio ritmo y descubras lo que te motiva. Identifícalo, impleméntalo y apégate a ello.

Preguntar: "¿Qué bien haré hoy?"

La rutina favorita de comienzo del día de Ben Franklin[3] comenzaba con él preguntándose: "¿Qué bien haré hoy?"[4]. Tu día no tiene que ser una carga. Encuentra maneras de crear y aportarle cosas buenas al mundo, incluso si se trata de una contribución que pareciera pequeña. Deja dinero extra en algún tarro de propinas; deja una nota inspiradora en la mochila de tu hijo; aconseja a un amigo en necesidad. Procura que, sea cual sea la rutina que elijas, esta no solo sea para servirles a los demás, sino que sirva para generar cierto impacto y valor.

Mejor aún, conecta este comportamiento altruista con tu mayor propósito de vida. Cuando les das a los demás y le haces una contribución positiva al mundo, estás construyendo lo que los japoneses llaman *ikigai*[5], que se traduce algo así como "una vida que vale la pena vivir". Los investigadores emplearon el Estudio Ohsaki para preguntarles a 43.391 japoneses adultos: "¿Estás viviendo de modo *ikigai*?". Después de rastrear la salud de estos adultos durante siete años, los investigadores encontraron que aquellos sin *ikigai* tenían un riesgo muchísimo mayor de mortalidad, debido a múltiples causas, en comparación con aquellos que practican el *ikigai*.

Piensa en el *ikigai* como el propósito de tu vida. Como tu vocación y tu fuerza motriz. Como la razón subyacente por la que haces lo que haces. Cuando encuentras tu *ikigai*, esa es tu clave para construir una vida más feliz, más plena y más larga.

Conectar con un ser amado

Comienza tu día con felicidad, conectándote con alguien que ames. Desayuna con tu pareja; abraza y besa a tus hijos; envíales un mensaje de texto o llama a tus seres queridos y diles cuánto significan para ti. Investigadores de la Universidad de Carolina del Norte[6], en Chapel Hill, descubrieron que abrazar a tu pareja contribuye a reducir la frecuencia cardíaca y la presión arterial que, de otro modo, podrían elevarse, debido al estrés. En otras palabras, cuando das y recibes amor tan pronto como comienzas tu jornada diaria, tienes un impulso adicional para vivir tu día con un propósito.

Escribir tres razones para estar agradecido

Cada mañana, dedica cinco minutos a escribir tres cosas por las que estás agradecido. Por ejemplo, escribe sobre las personas que valoras, sobre tus características personales únicas o sobre algo que lograste el día anterior. Este ejercicio te pondrá con los pies sobre la tierra, te hará sentir agradecido y te dará una inyección de felicidad. Los investigadores han descubierto que escribir en un diario[7] las cosas por las cuales uno está agradecido, en comparación con las molestias o con un tema neutral, contribuye a mejorar el estado de ánimo, los sentimientos de felicidad y las emociones positivas. En síntesis, es reconfortante comenzar el día lleno de agradecimiento.

Llevar un diario de razones por las cuales estás agradecido es una forma clave de aumentar tu felicidad y tu bienestar. Maximizarás los beneficios de la gratitud[8], llevando tu diario un paso más allá: escribiéndole una nota de agradecimiento a un amigo, familiar o colega con el fin de expresarle cuánto lo aprecias. Podría ser al amigo que te ayudó en tu búsqueda de empleo; también podría ser a ese primo que pintó tu garaje o a tu compañero de trabajo que te ayudó a hacer una presentación. El caso es que tengas en cuenta que la calidad de tu escritura es menos importante que la sinceridad[9] con la que la escribas.

Mejor aún es dar las gracias cara a cara. Según una investigación de la Universidad de Chicago[10], expresar gratitud a través de notas de agradecimiento aumenta tanto tu bienestar como el del destinatario. Las investigaciones muestran que subestimamos[11] el valor de expresar nuestra gratitud y en cambio sobreestimamos lo incómodo que podría sentirse el destinatario. Un estudio realizado muestra que agradecerle por algo específico a alguien que mencionas en tu diario de agradecimientos[12] y luego reflexionar sobre tus propios sentimientos y sobre la reacción de la otra persona suele disminuir tus emociones negativas y hacer que te sientas menos deprimido.

La práctica de la gratitud ofrece múltiples beneficios positivos para la salud[13]. Según Robert A. Emmons, un destacado científico experto en la ciencia de la gratitud[14], esta "puede reducir la presión arterial y mejorar la función inmunológica, propiciar una mejor calidad de sueño y reducir de por vida el riesgo de sufrir de depresión, ansiedad y trastornos por abuso de sustancias. Además, es un factor clave de resiliencia en la prevención del suicidio".

Hacer lo que hizo Steve Jobs

En 2005, para el discurso de graduación que pronunció en Stanford[15], Steve Jobs compartió con el auditorio cuál solía ser su rutina de comienzo del día. Esta consistió en hacerse una pregunta todas las mañanas a lo largo de 33 años:

"'Si hoy fuera el último día de mi vida, ¿querría hacer lo que voy a hacer hoy?'. Y cada vez que la respuesta fue 'no' durante demasiados días seguidos, sabía que había algo que necesitaba cambiar en ese momento".

Cada mañana, tienes la opción de hacer lo que quieras y te haga sentir feliz. Sí, seguirás teniendo responsabilidades, pero tú puedes trazarte el camino a seguir. De manera que, si vas por el camino equivocado, también tienes el poder de cambiar de rumbo. Muchas personas dejan pasar meses y años sin ejercer el control de su felicidad, alegría y nivel de realización. No dejes que ese sea tu caso y revisa cada mañana cómo estás en estos aspectos.

Ahora que conoces a estos cuatro nuevos amigos, veamos por qué solo uno de ellos lleva una vida con sabor a limonada.

La vida con sabor a limonada: quién la está viviendo y por qué

La construcción de una vida con sabor a limonada está basada en dos rasgos del carácter: (1) la capacidad que tenga la persona para elegir un camino de vida convencional o no convencional. (2) Su capacidad para ser proactiva o reactiva cuando se trata de cambiar las circunstancias que la rodean.

Todas y cada una de las personas que decidieron que su vida sería una deliciosa limonada, a quienes llamaremos amantes de la limonada, también pueden evaluar su carácter con respecto a estos dos mismos rasgos.

- El experto en excusas: es convencional y reactivo
- El conformista empedernido: es proactivo, pero convencional
- El buscador de cambios: es poco convencional, pero reactivo

Ahora, sin cambiar estas conductas, ninguno de ellos llevará una vida con sabor a limonada.

Para llevarla, tú deberás ser poco convencional y proactivo.
Así es como operan las personas felizmente realizadas.

Donde tú quieres estar es en el cuadrante de la parte de arriba a la derecha:

Los felizmente realizados no dependen de cosas externas para sentir felicidad. Para ellos, la felicidad y la realización provienen de su interior y ambas están basadas tanto en su capacidad para determinar y definir el camino de su vida como en amar la vida que eligieron. Ahora, no quiero que pienses que los amantes de la limonada son felices todo el tiempo, porque no lo son. Lo que ocurre es que lo que los distingue a ellos de los consumidores de jugo de limón es su habilidad innata para usar los cinco interruptores para capotear las tormentas de la vida. O sea, por encima de todo, los amantes de la limonada son gente resiliente.

Aquí, quiero que aceptes una verdad fundamental y poderosa: la felicidad es una posibilidad enorme que hay en tu vida, puesto que esta ya está en tu interior. De modo que tú puedes lograr lo que quieras, cuando quieras, siempre y cuando elijas hacer fluir tu felicidad. Es un hecho que, cuando enfocas tu mentalidad hacia un propósito y una posibilidad, tu habilidad para experimentar la felicidad es infinitamente más tangible.

El poder de dar y recibir

¿Cómo cambiar nuestra perspectiva? ¿Cómo pasar de ser expertos en excusas o conformistas empedernidos o buscadores de cambios a convertirnos en personas felizmente realizadas? La transición es más fácil de lo que piensas y todo comienza con el poder de "dar y recibir".

Cuando hablamos de relaciones, todos hemos oído hablar de dar y recibir. Damos un poco y recibimos un poco. Hacemos cosas buenas y esas cosas buenas retornan a nosotros. Demasiadas personas se enfocan solo en los resultados, en lo que obtienen a cambio, pero el éxito es saber renunciar a lo que sea necesario renunciar con tal de ganar.

Por esto, te propongo que te centres, ante todo, en mantener una relación contigo mismo, mediante la cual la ecuación completa sea dar y recibir. Quiero que pienses que, por todo lo que dejes, obtendrás algo a cambio. Escribe cinco cosas en tu vida a las que quisieras renunciar y luego piensa en todo lo que ganarías con esa decisión. Este poderoso ejercicio te mostrará el valor de dejar ir las fuerzas destructivas y reemplazarlas por fuerzas edificantes que te brinden mayor autoconfianza y autodisciplina.

Veamos esta relación de dar y recibir en el contexto de los amantes de la vida con sabor a limonada.

Los expertos en excusas

Si renuncian a...	Su ganancia será...
Las excusas	Rendición de cuentas
Una perspectiva negativa	Mente más clara
Las quejas	Más energía
Culpar	Responsabilidad
Preocuparse	Confianza en sí mismos

Si los expertos en excusas dejan de usarlas, comenzarán a ser responsables de sus propias acciones. La rendición de cuentas no tiene por qué ser algo aterrador. Más bien, tiende a ser una conducta empoderadora; significa que es posible obtener control sobre tu vida. De manera similar, cuando eliminas una perspectiva negativa, abres tu mente y empiezas a pensar de manera más clara y abierta, lo que te ayuda a desarrollar una perspectiva más saludable. Además, cuando dejas de quejarte, ganas más energía. Es difícil apreciar cuánto tiempo y esfuerzo le dedican los expertos en excusas a la energía negativa, pero eliminarla de su vida liberará la energía positiva necesaria para realizar tareas más productivas y gratificantes.

Al igual que poner en práctica la rendición de cuentas, asumir la responsabilidad de tus acciones también aumenta tu nivel de libertad e independencia. Esto ocurre porque, cuando culpas a los demás, estás atado a ellos de alguna manera. A tal punto que tu sentimiento de satisfacción dependerá de ellos, incluso si ellos son el motivo de tus frustraciones. En cambio, cuando asumes la responsabilidad de tus propias acciones, eres tú quien estás a cargo de tu satisfacción, no los demás. De igual modo, cuando fracasas, también tú eres el responsable de tus errores y solo tú puedes corregirlos, de manera que es mejor que busques fortaleza en tu interior.

Finalmente, cuando dejas de preocuparte, te empoderas. Preocuparte significa que no confías lo suficiente en ti mismo para dar los pasos necesarios para avanzar hacia tus metas; demuestra que no confías en poder levantarte si tropiezas y te caes. En cambio, cuando dejas de preocuparte, comienzas a ganar confianza en ti mismo, en tus habilidades y en tus acciones.

Ahora, pasemos a los conformistas empedernidos.

Los conformistas empedernidos

Si renuncian a...	Su ganancia será...
El conformismo	Nuevas posibilidades
La aversión al riesgo	Más oportunidades
La precaución exagerada	Más creatividad
Los convencionalismos	Más independencia
La mentalidad obtusa	Más capacidad de adaptación

Cuando los conformistas empedernidos dejan de conformarse, un mundo de posibilidades se abre ante sus ojos. Conformarte es acortar tu vida y nunca alcanzar tu verdadero potencial. Es levantar barreras artificiales que inhiben tu progreso desde antes que hayas comenzado tu viaje por la vida. Los conformistas empedernidos se detienen antes de llegar a la cima, porque creen erróneamente que ya llegaron a ella. Ellos construyen su vida en medio de la menor cantidad de riesgos que les sea posible, lo cual les da una falsa sensación de seguridad. Sin embargo, cuando renuncian a una existencia libre de riesgos, ganan oportunidades que les abren nuevos caminos para lograr más en la vida. Y cuando se enfocan más en otras posibilidades, estas se convierten en una plataforma poderosa para salir de una mediocridad que fue autoimpuesta.

Además, los conformistas empedernidos siguen siendo demasiado cautelosos, lo cual no es una cuestión de seguridad o protección personal, sino una mentalidad y una perspectiva arraigadas en su interior. También es una excusa que les sirve para evitar expandir su visión del mundo. Ahora, cuando renuncian a tanta precaución innecesaria, ganan una creatividad que suele ayudarles a identificar nuevas oportunidades, a resolver los problemas más rápidamente y a lograr más en su vida.

Para los conformistas empedernidos, el camino más fácil de seguir es el de la sabiduría convencional. Se sienten cómodos siguiendo la vía más rápida, pues creen que esta siempre les ha funcionado y que les seguirá funcionando. Sin embargo, al aferrarse a este tipo de sabiduría, solo logran seguir conformándose. Se mezclan con otros conformistas y pierden su carácter único más rápido de lo que ellos mismos se dan cuenta. Por eso, cuando toman la decisión consciente de abandonar la conformidad, adquieren independencia. Es entonces cuando entienden que tener independencia es tener el poder y la libertad de elegir su propio destino. Los conformistas empedernidos cuentan con las herramientas internas necesarias para emprender un camino independiente, pero están demasiado enfocados en quedarse donde están y entre otras personas de ideas afines.

Finalmente, cuando deciden abandonar su mentalidad cerrada, desarrollan su capacidad de adaptarse. Comprenden que pierden oportunidades de avanzar, debido a este tipo de mentalidad de la que han estado rodeándose. Es apenas obvio que, cuando abres tu mente, aprovechas tu poder de adaptarte para cambiar tu perspectiva e interactuar con el mundo que te rodea.

Ahora, pasemos al último consumidor de jugo de limón: el buscador de cambios.

El buscador de cambios

Si renuncia a...	Su ganancia será...
Las apariencias	Independencia
Ir de aquí para allá	Instrospección
Seguir a los demás	Individualidad
Los atajos	Tenacidad
La gratificación inmediata	Crecimiento

Los buscadores de cambios trabajan tan duro para mantener las apariencias que su estatus depende de los demás. Sin embargo, cuando dejan de concentrarse en ellas, ganan independencia. Obviamente, hay independencia en su interior. Después de todo, se sienten motivados ante la posibilidad de ganar dinero rápido y suelen invertir, por lo menos, algo de tiempo, buscando formas de cambiar su estilo de vida.

El problema es que toda esta búsqueda les deja poco tiempo para hacer una introspección sustantiva. Ellos necesitan evaluar su vida y volver a aplicar su capacidad de cumplir sus metas, mirando, primeramente, en su interior.

Los buscadores de cambios se pierden en medio de sus búsquedas y gastan mucho tiempo y energía persiguiendo y siguiendo a otras personas. Por supuesto, cuando dejan de seguir a los demás, ganan individualidad. Lo curioso es que ellos anhelan tenerla, incluso si siguen a otros. De modo que, cuando logran expresar su individualidad, comienzan a llevar una vida con propósitos.

Los buscadores de cambios aman los atajos. Según ellos, la forma más rápida del punto A al punto B significa más dinero en sus bolsillos. Como resultado, son excelentes para comenzar nuevas tareas, pero también son expertos en abandonarlas cuando las cosas se ponen demasiado difíciles. Esta forma de vida basada en empezar y parar les deja muchos líos, sin mencionar su inconsistencia. Por esta razón, cuando renuncian a los atajos, comienzan a desarrollar tenacidad y aprenden que cumplir metas requiere de dedicación, propósito, convicción y dirección.

Por último, los buscadores de cambios quieren cambios inmediatos. Prosperar en cuestión de instantes. Sin embargo, los verdaderos cambios conllevan tiempo. El crecimiento es un proceso continuo y el camino hacia su superación personal surge cuando ellos se disponen a hacer su trayectoria a largo plazo.

Recuerda:

- Los expertos en excusas *esperan* que las cosas sucedan.
- Los conformistas empedernidos *ven pasar la vida* mientras las cosas suceden.
- Los buscadores de cambios *confían* en que las cosas sucedan.

En cambio, los felizmente realizados *hacen* que las cosas sucedan.

Una vez que conozcas a estos cuatro personajes —el experto en excusas, el conformista empedernido, el buscador de cambios y el felizmente realizado— y observes más de cerca a las personas que hacen parte de tu vida, identificarás en ellas cada vez con mayor claridad a estos personajes. Estás rodeado de adictos al jugo de limón. Ellos están por todas partes. Superan por un amplio margen a los amantes de la limonada. Piensa en las personas que hay en tu vida: amigos, familiares, conocidos, colegas, compañeros de clase e incluso en extraños. ¿Identificas a los adictos al jugo de limón? Te daré una forma de detectarlos sin fallar.

Algunos esperan toda la semana a que sea viernes

Los adictos al jugo de limón creen que el éxito genera felicidad. Es decir, que, cuando tienes éxito, te vuelves una persona feliz.

Sin embargo, sicólogos y neurocientíficos[16] han demostrado empíricamente que el modelo tradicional de que el éxito conduce a la felicidad está roto. Según Shawn Achor, el éxito no conduce a la felicidad, sino que la felicidad te impulsa hacia el éxito[17]. Eso es a lo que Achor llama la ventaja de la felicidad, pues dice que "la felicidad es el precursor del éxito y no solo el resultado de este". Según él, "la mayor ventaja competitiva[18] en la economía moderna es un cerebro positivo y comprometido". Por ejemplo, dice que la positividad en el trabajo conduce a un aumento del 31% en la productividad[19], a un 40% más de probabilidad de obtener un ascenso, a un 23% menos de síntomas relacionados con el estrés y a un 37% más de ventas. Múltiples estudios e investigaciones demuestran que un efecto positivo[20] nos hace más comprometidos, dinámicos, creativos y motivados. Los investigadores Sonja Lyubomirsky, Laura King y Ed Diener[21] realizaron un metaanálisis de 225 estudios con un total de 275.000 participantes y descubrieron que las personas felices tienen éxito en varias áreas de la vida, incluyendo su vida laboral[22], sus ingresos, la amistad, el matrimonio y la salud.

Los adictos al jugo de limón siguen la sabiduría convencional que dice que la felicidad es el resultado del éxito[23]. Su ecuación es esta:

Trabajar + Ganar dinero = Ser feliz

Con frecuencia, los expertos en excusas y los conformistas empedernidos les dan prioridad a sus trabajos por encima de sus familias, amigos y pasatiempos. ¿Por qué? Para poder disfrutar algún día de una feliz jubilación. Piensan algo así como:

Finalmente, llegó la hora. Llegamos a la etapa en que al fin seremos felices.

Por lo tanto, la felicidad llega —si es que les llega— al final de sus vidas. ¿Te parece que ese sea un buen negocio? La jubilación no suena tan perfecta cuando lo dices así.

Por su parte, los adictos al jugo de limón saben que los amantes de la limonada piensan lo opuesto con relación al éxito y a la felicidad. Saben que ellos no trabajan para ganar dinero y así poder ser felices. Por el contrario, los amantes de la limonada rechazan la felicidad como un proyecto a largo plazo, pues están convencidos de que sus años dorados no son solo los de su jubilación, pues, para ellos la felicidad comienza hoy. En su vida no hay un período de espera de 30 años para ser felices.

Los amantes de la limonada piensan que la vida funciona así[24]:

Ser feliz + Acceder a la libertad = Lograr el éxito

Cuando eres feliz[25], obtienes el poder y la libertad necesarios para lograr grandeza en tu vida, cualquiera que sea tu concepto de felicidad. Sin lugar a duda, la felicidad es el punto de partida para llegar a ser grande en lo que sea que te propongas; sin embargo, ser grande no es lo que te da felicidad, sino ser libre, puesto que la libertad fomenta tu coraje y tu confianza en ti mismo, lo cual te empodera para tomar decisiones independientes que te llevan a ser grande.

La felicidad a largo plazo no es felicidad diferida. Más bien, es hacer cambios estructurales, permanentes y a largo plazo en tus hábitos y comportamientos de hoy para así construir la vida que deseas para mañana.

Me refiero a cambios simples y permanentes. No es cuestión de sentirte feliz hoy (felicidad a corto plazo) y sentirte mal mañana. Tampoco es sentirte triste hoy (atravesar las trincheras ahora) para ser feliz mañana. Es hacer cambios hoy para que puedas sentirte feliz hoy y también mañana.

Entonces, ¿cómo "construir tu felicidad"?

Cinco formas sencillas de sentirte más feliz día tras día

¿Quieres saber cuáles son los secretos para construir felicidad? Te mostraré cinco maneras fáciles de sentirte más feliz:

Sonríe más

Todos sabemos que sonreímos cuando estamos felices. Por lo tanto, es sabiduría común el hecho de que la felicidad nos hace sonreír. Pero, según las sicólogas Tara Kraft y Sarah Pressman[26], sonreír también hace que nos sintamos mejor y reduce nuestro estrés. Por consiguiente, esta afirmación revierte la sabiduría convencional y sugiere que el acto de sonreír es generador de felicidad. El estudio que ellas publicaron en *Psychological Science* afirma que sonreír produce beneficios tanto sicológicos como fisiológicos.

Kraft y Pressman sostienen que sonreír te ayuda a superar una situación estresante, incluso si tu sonrisa no es genuina. Y si logras una sonrisa genuina (conocida como sonrisa de Duchenne o "sonreír con los ojos"), tu ritmo cardíaco puede disminuir durante momentos de estrés.

Pero hay más. Investigaciones siconeuroinmunológicas, las cuales analizan la conexión entre el cerebro y el sistema inmunitario, han descubierto que la felicidad puede estimular el sistema inmunitario del cuerpo. Sonreír también desencadena una reacción química en tu cerebro que libera hormonas como la dopamina, que tiende a aumentar tus sentimientos de felicidad, y como la serotonina, cuya liberación puede ayudar a reducir el estrés.

Sé agradecido

¿Cuáles son las Siete Maravillas del Mundo[27]? Originalmente, eran las estructuras naturales y artificiales más impresionantes del mundo antiguo. Para los antiguos griegos, el número siete representaba los cinco planetas conocidos en ese momento, más el Sol y la Luna.

Las Siete Maravillas del Mundo Antiguo fueron las siguientes:

- El Coloso de Rodas
- La Gran Pirámide de Guiza
- Los Jardines Colgantes de Babilonia
- El Faro de Alejandría
- El Mausoleo de Halicarnaso
- La Estatua de Zeus en Olimpia
- El Templo de Artemisa en Éfeso

Sin embargo, a lo largo de los años, ha habido otras maravillas del mundo: el Empire State Building, el Taj Mahal, el Puente Golden Gate, la Gran Muralla de China, el Coliseo de Roma, Hagia Sophia, Machu Picchu, Stonehenge, el Burj Khalifa y muchas otras.

Ahora, te pregunto: ¿cuáles son las siete maravillas de *tu* mundo? No tienen que ser estructuras físicas o naturales que hayas visto en tus viajes.

Piensa en aquellas siete razones o cosas que hacen parte de tu vida que te mueven, que te tocan, que te inspiran, que te traen esperanza y han cambiado tu forma de ver el mundo.

Quizá, sean tus hijos, tus padres, tu cónyuge. A lo mejor, se trata de un milagro en tu vida que no tienes cómo explicar que sucedió. Lo más probable es que sean esas siete cosas o eventos por los que estás más agradecido. El caso es que, elijas las que elijas, estas son las siete maravillas que hacen que tu vida sea completa.

Pues bien, te diré que, casi siempre, esas siete maravillas en la vida de las personas tienen que ver con la gratitud[28], que es un sentimiento considerado en gran medida como generador de más felicidad de la que ya te rodea. La gratitud es el antídoto contra sentirte con derecho a las cosas, a las personas, al bien y la bondad que recibes. De lo que se trata es de que seas agradecido de lo que tienes, de donde vienes y de tus amigos y familiares.

Compra experiencias, no cosas

¿Qué recordarás más, el último par de zapatos que compraste o la vez que estuviste en Alaska y diste un paseo en un trineo tirado por perros?

Investigadores de la Universidad de Cornell[29] y la Universidad de California, en San Francisco, descubrieron que las "compras experienciales" (que se definen como aquellas en las que invertimos el dinero en "*hacer* cosas") proporcionan una felicidad más duradera que las "compras materiales" (aquellas en las cuales invertimos el dinero para *tener* cosas). Además, ellos notaron que el entusiasmo previo a hacer una compra experiencial proporciona más felicidad que el que se genera antes de hacer una compra material.

Así que atesora experiencias que te acompañen toda la vida. Disfruta tanto de la alegría que sientes antes como durante y después de tus mejores momentos. Construye lazos con otras personas, compartiendo mutuamente sus aventuras. Verás que las experiencias de otros también te inspirarán, te desafiarán y te conmoverán.

En conclusión, obtendrás más de las emociones y de las interacciones sociales de lo que cualquier bien material te proporcionará.

Realiza actos de bondad

La próxima vez que estés en la fila del supermercado, del cine, del autoservicio o en cualquier otro lugar donde estés haciendo una compra, paga las compras de la persona que esté detrás de ti.

¿Quieres conectarte con alguien al instante? Ábrele la puerta y sosténsela, dejando pasar primero a esa persona.

¿Quieres alegrarle el día a un desconocido? Deposita dinero en un parquímetro a punto de expirar.

¿Quieres levantarle el ánimo a otra persona? Haz un paquete de cosas que veas que cierta persona está necesitando y dáselo.

Estos son solo algunos pequeños actos de bondad[30] que les alegrarán el día a los demás.

Cuando te conectas con otros y tocas sus corazones, no solo fortaleces a la Humanidad, sino que también fortaleces tu alma[31].

Una investigación realizada en la Universidad de Chicago y en la Universidad Northwestern muestra que, cuando se trata de nuestra felicidad, la alegría de dar dura más que la alegría de recibir[32]. Por lo general, la felicidad disminuye cada vez que experimentas el mismo evento o actividad, que es a lo que los sicólogos llaman "adaptación hedónica"[33]. Los estudios muestran que darle algo a los demás, en lugar de uno recibir siempre lo mismo, puede ser la excepción a este principio.

En un experimento, los investigadores les dieron a los participantes[34] en él $5 dólares al día durante cinco días. Unos gastaron el dinero en ellos mismos, mientras que otros lo gastaron en otras personas. Todos los participantes comenzaron el experimento con un nivel de felicidad similar. Después de cinco días, el grupo de los que gastaron su dinero en sí mismos experimentó una disminución en su felicidad día tras día, mientras que el otro grupo mostró el mismo nivel de felicidad entre los días uno y cinco. Los resultados tienen varias explicaciones posibles, pero la razón más probable, según los investigadores, es que, cuando las personas se enfocan en sí mismas, hacen comparaciones sociales, lo que puede hacer que cada experiencia sea menos significativa. Por el contrario, cuando las personas dejan dinero en un bote de propinas o donan dinero por caridad, se centran menos en las comparaciones y más en la experiencia individual de dar, hecho que genera felicidad.

Empodera a otras personas

El padre de Dolly Parton[35] no sabía leer, ni escribir. Sus circunstancias requirieron que él comenzara a trabajar a una edad temprana para ayudar a mantener a su familia. Aunque él era el hombre más inteligente que ella conocía, Dolly creía que la imposibilidad de leer de su padre le impidió alcanzar sus sueños. Ella, que es un ícono mundial de la música country y una empresaria exitosa, no quería ver que otros que no supieran leer fracasaran en la realización de sus sueños. Así que fundó The Imagination Library[36] en honor a su padre, Lee Parton, para promover la alfabetización infantil.

La organización es un programa que se encarga de obsequiarles y enviarles a los niños —desde que nacen hasta que empiezan la escuela— libros de alta calidad, sin tener en cuenta cuál sea el nivel de ingresos de sus familias. The Imagination Library entrega más de un millón de libros cada mes y les ha entregado más de 100 millones de libros a niños de todo el mundo.

El poder de leer es el poder de soñar, de ampliar tus posibilidades y de acceder a nuevas oportunidades. Para Dolly, eso significa que su labor contribuirá a brindarles a millones de niños una vida y un futuro mejores.

Cuando lideras como Dolly, difundes felicidad, obtienes felicidad y empoderas a otros de maneras inconmensurables.

Estos cinco pasos despertarán en ti una felicidad que luego deberás cultivar. Cada uno de nosotros tiene una definición diferente de felicidad y satisfacción, de modo que cada uno deberá identificar qué es aquello que lo hace sentir más feliz. Una vez lo sepas, no necesitas esperar: comienza a vivir y a disfrutar tu felicidad en ese mismo instante.

Importancia de la perspectiva

La felicidad, la prosperidad y la confianza provienen de tener la perspectiva correcta. Si tú encajas en la descripción que hago a lo largo de estas páginas con relación a quienes llevan una vida con sabor a limón, esta es tu oportunidad para transformarte y adoptar una nueva perspectiva. Nunca es demasiado tarde para hacerlo. Lo único que necesitas es tener una mente abierta y el coraje para cambiar. Bienvenidos los expertos en excusas que decidan dejar de usarlas; también son de admirar y apoyar los conformistas empedernidos que se esfuerzan por ser más independientes, junto con los buscadores de cambios que están dispuestos a comprometerse a largo plazo. Si bien es cierto que los felizmente realizados son el club exclusivo y definitivo de triunfadores, el camino hacia obtener esta membresía está abierto para todos. El poder de cambiar tu vida, sin importar cuándo decidas encender el interruptor de la perspectiva, reside solo en ti.

Interruptor #2

R de Riesgo

**Para tomar mejores decisiones,
sopesa cuáles son las recompensas de cada riesgo**

No es porque las cosas sean difíciles que no nos atrevemos a aventurarnos. Es porque no nos atrevemos a aventurarnos que las cosas son difíciles.

—Séneca

4
ESCAPA DEL ABISMO DEL "NO PUEDO"

¿QUÉ ES EL ABISMO DEL NO PODER?

El abismo del no poder es ese entorno en el que las personas que te rodean pretenden levantar barreras que te impidan avanzar hacia tu éxito y poner obstáculos en tu camino a la consecución de tus logros.

Surge en todos los aspectos de la vida: con la familia, con los amigos y en el trabajo. En este abismo, los detractores son quienes toman las decisiones por ti o pretenden tomarlas. Son ellos quienes controlan las reglas, limitan tus posibilidades y, en algunos casos, hasta te definen. En general, es todo ese tipo de personas que intenta imponerte límites, que hace que tu progreso se estanque y que tus resultados sean limitados.

El abismo del no poder es la fuerza motriz que genera una vida con sabor a limón y es además la razón principal por la cual la gente pone excusas, se conforma, busca cambios y no logra construir una vida que le sepa a limonada, sucumbiendo al miedo de arriesgarse y anteponiendo los juicios de los demás a los propios. Por lo tanto, al no controlar activamente el rumbo de su vida, muchos permiten que otros le den forma a su destino. Como es natural, esto afecta su capacidad para desarrollar todo su potencial.

El hecho es que, sin importar de dónde vengas, ni cuánto dinero tengas, ni en qué punto de la vida te encuentres, lo más probable es que ya alguien te haya dicho que tú no puedes conseguir lo que quieres.

"No puedes ir a esta escuela, porque es imposible ingresar a ella".
"No puedes conseguir ese trabajo, porque no estás todo lo calificado que se requiere para desempeñarte en él".
"No puedes mudarte allí, porque no conoces a nadie".
"No puedes iniciar ese negocio, porque hay mucha competencia en ese campo de acción".

¿Has oído esto antes? Yo, sí. ¿Cuántas veces te han dicho que no puedes? ¿Cuántas veces se han reído de tus sueños? ¿Cuántas veces han dudado de tus habilidades? ¿Cuántas veces no han creído en ti?

Por eso, cuando vemos que los demás no creen en nuestras capacidades, nos sentimos asfixiados y limitados. Sin embargo, recuerda que, cada vez que otros te dicen que no puedes hacer algo, es muy frecuente que su negatividad no tenga nada que ver contigo y que ellos estén proyectando sus propios miedos en ti.

Entonces:
Tienen miedo de postularse a un buen cargo, porque no quieren ser rechazados.
Tienen miedo de cambiar de trabajo, porque temen que no los contraten en otro lugar.
Tienen miedo de mudarse a otro lugar, porque no saben cómo darse a conocer en un ambiente desconocido para ellos.
Tienen miedo de abrir una empresa propia, porque no saben cómo competir.

Lo cierto es que, quienes te dicen eso o piensan de esa manera bien podrían ser expertos en excusas. Ten presente que ellos están en todas partes: pueden ser tus padres, maestros, jefes, amigos, cónyuges o familiares.

Cualquiera puede quedar atrapado en el abismo del "no puedo", pero los expertos en excusas son los más susceptibles de caer en él. Irónicamente, ese abismo es su lugar feliz. Es donde ellos se sienten más cómodos. En su mentalidad hay una valla, una cerca eléctrica alta y fortificada que los rodea en todas las direcciones. Alguien les puso ese obstáculo allí y, hasta ahora, ellos no han hecho el más mínimo intento de quitarlo. Más bien, con el tiempo, han ido aprendiendo a no treparlo, a no quitarlo, ni a acercarse a él. ¿Por qué? Porque se requeriría de demasiado tiempo y además les implicaría demasiado esfuerzo.

Sin embargo, la realidad suele ser muy diferente de la percepción que tienen estos expertos en excusas. De cerca, la valla es mucho más pequeña, no es resistente y es seguro que no es eléctrica. Si ellos caminaran paralelamente a ella, descubrirían que ni siquiera se trata de una valla continua y que hay puntos para abrirse paso y continuar hacia el otro lado de la vía. Pero, para su desventaja, los expertos en excusas no ven la valla que tienen frente a sí de esta manera y, hasta que lo hagan, si alguna vez lo intentan, estarán atascados, atrapados viviendo dentro de esa limitación. Ese es su mundo, restringido por ellos mismos, razón por la cual pretenden que tú también vivas dentro de una valla.

Por lo tanto, no dejes que otros te afecten con sus inseguridades. Pocas cosas en la vida tienen requisitos previos estrictos. Sí, es cierto que, si no puedes lanzar una bola rápida a 90 millas por hora, no serás un lanzador de las Grandes Ligas del Béisbol. Sin embargo, no existen requisitos previos para convertirte en un empresario exitoso. Las mejores ideas ganan y es bastante posible que tú tengas la mejor de todas. No necesitas ir a una escuela de negocios para convertirte en CEO, del mismo modo que no necesitas experiencia política para ganar una elección.

Recuerda esto: habrá personas en tu vida que te alentarán, te apoyarán y te amarán. En cambio, otras querrán controlarte. Es un hecho de la vida que, sin importar lo que hagas, ni lo amable que seas, ni lo bien que procedas, muchos no estarán de tu lado. Aunque te esfuerces al máximo para contar con su beneplácito, lo cierto es que, hagas lo que hagas, no te darán mérito alguno. Tal vez, hasta te envidien. Quizá, se trate de sus propias frustraciones y no de lo que tú hagas o dejes de hacer por agradarlos. O, a lo mejor, sí seas tú.

Sin embargo, ¿adivina qué?

¡No importa!

Recuperarás mucho tiempo y energía en tu vida si aceptas esta verdad. Y cuando la vivas día tras día, todos los días de tu vida, estarás disfrutando cada paso del camino en tus propios términos. No buscarás aprobación, ni permiso de nadie, ni te preocuparás por lo que piensen los demás, pues estarás enfocado en llevar un ritmo de vida mucho mejor y te sentirás genial.

Por el contrario, cuando permites que el abismo del no puedo te dicte tu camino, estás creando límites autoimpuestos que restringirán tu vida y esas limitaciones serán como caminar con sacos de arena atados a los tobillos.

No puedes correr, ni saltar, ni escalar. Por el contrario, empiezas a entrar en zona de peligro cuando este diálogo exterior (alguien que te dice que no puedes) se convierte en un monólogo interior basado en la duda ("Bueno, tal vez no puedo"). Cuando empezamos a decirnos a nosotros mismos que no podemos, o cuando las probabilidades están en nuestra contra, es ahí cuando cedemos al abismo del no puedo.

Pongamos ese abismo en un contexto financiero: "No puedo vivir la vida de mis sueños, porque no gano suficiente dinero".

Ahora, pongámoslo en un contexto profesional: "No puedo conseguir ese trabajo, porque nunca me contratarán".

Como verás, los límites no solo nos definen, sino que también nos confinan, encajonándonos. Hablando de encajonar, toma una hoja de papel y un lápiz. Luego, dibuja un recuadro de 2x2 pulgadas y asegúrate de que sus bordes sean gruesos.

Ahora, escribe dentro de él todas las metas de tu vida: lo que quieres lograr a nivel personal, profesional, financiero y espiritual.

¿Cómo fue tratar de encajonar todas esas metas que tienes para tu vida en ese recuadro?

Habrás notado que es difícil, por no decir que imposible, ya que el recuadro resulta demasiado estrecho para hacer caber allí todo lo quisieras acomodar dentro. Los bordes gruesos representan todas las limitaciones que hay en tu vida. Esas son las mismas vallas dentro de las cuales viven día tras día los expertos en excusas. Es un hecho que, cuando les ponemos límites a nuestros objetivos, también estamos estableciendo límites para alcanzarlos, así que no hay forma de cumplirlos, porque están rodeados por fuertes limitaciones.

Ahora, borra el recuadro. Mientras lo borras, piensa en los obstáculos que estás eliminando en tu propia vida. Borra aquello que te ha estado frenando, lo que ha sido un desafío en tu vida. A medida que el papel queda en blanco, piensa en todo lo que estás borrando. Estás eliminando tus barreras. Estás haciendo borrón y cuenta nueva para lograr tus objetivos. A partir de este momento, todo será mucho más fácil. Tendrás más espacio, más libertad para escribir, pensar, visualizar. En síntesis, cuando los límites desaparecen, dejan de existir encajonamientos y solo hay espacio libre y campo abierto. De modo que, a lo largo de tu vida, quiero que tengas esto presente: despeja siempre los obstáculos que impidan tu progreso.

¿Cómo eliminas esos obstáculos? Implementando estas tres estrategias:

1. Analiza tu manada

2. Gira el cheque millonario

3. Descubre en qué consiste el secreto del inventor

La primera forma de escapar del abismo del no puedo es analizando tu manada.

Analiza tu manada

Tu manada está compuesta por tu círculo íntimo. Son aquellas personas a las que les dedicas tu tiempo, energía y atención. Suelen ser tus familiares, amigos, compañeros de trabajo o cualquier otra persona que desempeñe un papel central en tu vida. El autor Jim Rohn afirma que todos somos el promedio de las cinco personas[1] con las que más nos relacionamos. Su afirmación está relacionada, al menos en parte, con la Ley de los Promedios, que afirma que el resultado final será el promedio de todos los resultados. Por lo tanto, piensa en tu manada como tu grupo más importante de personas influyentes[2]; las que influyen en tus perspectivas, en tus comportamientos, en tu estado de ánimo e incluso en tu salud. Un estudio realizado entre más de 300 mil adultos[3] de todas las edades mostró que tener la manada adecuada tiende a aumentar nuestra longevidad en un 50%[4]. La investigación también demostró que estar en la manada equivocada[5] tiende a aumentar el riesgo de problemas cardíacos, presión arterial alta y obesidad.

¿Cuándo fue la última vez que analizaste con detenimiento a tu grupo más influyente?

¿Quiénes hacen parte de tu manada? Nómbralos en voz alta.

Observa esos nombres que hay en tu lista. ¿Son esas las personas que real y sinceramente quieres a tu alrededor? Pregúntate: ¿mi manada me levanta o me derriba? Más importante aún, ¿eres una mejor persona al pasar tu tiempo e invertir tu energía con cada una de ellas? ¿Te están ayudando a alcanzar tus sueños o bloquean tu camino?

Si una o más personas te están derribando, es hora de que ellas dejen de ser tu manada. No hay espacio en tu vida para equipaje innecesario. Tú quieres activos, no pasivos. Mejor, invierte tu tiempo con personas a las que admires, que te orienten y aconsejen, que te desafíen y te motiven a dar lo mejor de ti mismo. Entonces, si quieres trabajar en marketing, pasa tiempo con expertos en ese campo que entiendan a las personas de manera orgánica, que conozcan sus productos y su mercado; si deseas aprender más sobre música, pasa tiempo con compositores, intérpretes y productores que compartan contigo su creatividad musical; si deseas trabajar en el campo médico, frecuenta médicos, enfermeras y socorristas que te ayuden a comprender en qué consiste la resolución de problemas y la toma de decisiones en ese campo de acción.

Compartir con tu manada no es una interacción unidireccional, sino una relación simbiótica. Por cada persona que te ayude, te enseñe y te cambie, asegúrate de retribuirles y ayudarles a otros a realizar sus sueños.

Los expertos en excusas no le aportan a su manada. Más bien, encuentran a otros expertos en excusas, de ideas afines, con quienes puedan quejarse y autocompadecerse mutuamente. Sin embargo, los felizmente exitosos entienden el poder de aportar y valoran su capacidad de analizar y elegir quién se queda en su círculo íntimo y de quién dependen para avanzar hacia sus metas.

Por consiguiente, depurar tu manada, así como tu forma de pasar tu tiempo, requiere de poco esfuerzo, pero hacerlo tendrá un enorme impacto en tu vida. Cuando tienes la manada adecuada es más fácil escapar del abismo del no puedo, pues tu manada está ahí para apoyarte y levantarte, no para bloquearte o limitarte.

Aun así, tu manada no puede hacer el trabajo por ti. Puede guiarte, aconsejarte y animarte a atreverte a realizar tus planes. Te genera la energía positiva necesaria para avanzar, pero tú eres quien debes saltar la valla. Los límites establecidos por otros son solo eso: límites establecidos por otros, así que no tienes que aceptarlos. Solo tú eres responsable de tus propias limitaciones.

Ahora, una vez depurada tu manada, el paso siguiente es formar una segunda manada. A diferencia de la primera, tu segunda manada debe estar compuesta por personas que no conoces, pero que desearías conocer. Piensa en ella como el equipo de estrellas más grande de la Historia que tendrás a tu favor. Si pudieras reunir a esas cinco personas más importantes para ti, ¿a quiénes elegirías y por qué? Deben ser personas a las que admires y que querrías escuchar. Pregúntate: ¿qué haría Nelson Mandela en esta situación? ¿Cómo enfrentaría Elizabeth Cady Stanton a los detractores? ¿Cómo te inspiraría Martin Luther King Jr.? Te garantizo que la diversidad de ideas, habilidades y talentos en tu equipo de ensueño ampliará tu alcance y te proporcionará una mayor profundidad en ese conjunto de herramientas que necesitas tener a tu disposición para enfrentar hasta los desafíos más grandes. Así que, ahora, tienes dos manadas: la de tus familiares, amigos y mentores de todos los días y la de los pioneros que te han precedido y ya son o fueron como tú aspiras llegar a ser. Es decir, aplica la Regla 5X, una sencilla herramienta para identificar, evaluar y solucionar de inmediato los aspectos clave de tu vida. Además, no tienes por qué estancarte junto con tu manada.

Llevemos esta "Ley de los Cinco" un paso más allá para ver cómo funciona la Regla 5X en la práctica.

En una hoja de papel, dibuja cinco cuadros grandes. En cada uno, enumere cinco elementos.

- Cuadro 1. Haz una lista de los cinco miembros de tu manada más importantes para ti.

- Cuadro 2. Enumera las cinco personas con las que pasas la mayor parte del tiempo en el trabajo.

- Cuadro 3. Enumera las cinco actividades que realizas con más frecuencia.

- Cuadro 4. Haz una lista de las cinco veces durante este último año en que fuiste realmente feliz.

- Cuadro 5. Enumera las cinco veces en el último año en que arriesgaste algo.

Ahora, analiza tus respuestas. La Regla 5X te ayudará a responder esta pregunta esencial: ¿es esto lo que quiero ser? ¿Estas listas, al ponerlas juntas, reflejan lo mejor de mí? Si no es así, es hora de actualizar tu forma de invertir tu tiempo, tu energía y tu enfoque. Esta Regla 5X es útil para analizar cualquier aspecto de tu vida. Al igual que tu manada, estas listas tampoco son permanentes. Puedes cambiarlas y hacer que reflejen exactamente la vida que quieres llevar, no la vida que estás llevando.

Verás que, sin lugar a dudas, cuando cambias los límites por posibilidades, ensanchas tu camino y construyes un estilo de vida más amplio. Esas posibilidades se definen mejor cuando implementas la segunda estrategia, que es girar el cheque millonario.

Gira tu cheque millonario: ese que tú y Jim Carrey están a punto de tener en común

Tu mentalidad te posiciona para expandir tus posibilidades. Tu compromiso e impulso te motivan a alcanzar tus metas. Demasiadas personas quieren centrarse primero en la acción, porque piensan que la acción es la que hace que el trabajo sea realizado. Eso es cierto, pero, antes de actuar, necesitas tener la base adecuada para ello. Tú puedes ser la persona más orientada del mundo en lo referente a ejecutar, pero, si estás operando desde una mentalidad equivocada, nunca despegarás. Por eso, primero que todo, desarrolla la mentalidad correcta; verás que todo lo demás fluye a partir de ahí.

Las personas felizmente exitosas alcanzan su potencial, porque cada paso que dan comienza con lo que ellas pueden hacer, no con lo que no pueden. Ante todo, ellas eliminan los obstáculos y generan las oportunidades necesarias para ir construyendo y disfrutando de la vida que desean. No tienen miedo de soñar en grande, ni de ir más allá de los límites impuestos. De modo que, esos grandes sueños, comienzan girando el cheque millonario.

Para esto, toma tu talonario de cheques y arranca uno. Escribe allí tu nombre… y gíralo por $10 millones de dólares.

Sí, $10 millones de dólares.

No te preocupes, no te costará nada, ni tendrá un valor efectivo. Después, guárdalo en un lugar seguro en el cual lo veas todos los días. Este cheque debe ser tu recordatorio de todas las posibilidades que hay en tu vida; es un símbolo de lo que esta podría llegar a ser.

Cuando Jim Carrey[6] intentó triunfar en Hollywood por primera vez, no fue fácil. Tenía poco dinero y los papeles de actuación que él anhelaba hacer seguían siendo esquivos para él. Carrey solía estacionar todas las noches en Mulholland Drive, Los Ángeles, y sostenía consigo mismo una charla de carácter motivador. Como él le dijo a Oprah Winfrey años después, solía convencerse de que los directores lo amaban, de que las personas que él admiraba lo respetaban y de que iba a ser famoso. Carrey usó el poder de la visualización para mantener presente en su mente su habilidad innata de hacer reír a la gente. Así, al final de cada día, lograba sentirse más cerca a la realización de sus sueños y con la fortaleza suficiente para seguir adelante al día siguiente.

"Bueno, tengo estos [papeles]"[7], se decía a sí mismo, como luego le contó a Oprah. "Están allá afuera en alguna parte. Simplemente, no los tengo todavía".

En cierto momento, Carrey decidió girar un cheque a su nombre por $10 millones de dólares en pago a "sus servicios de actuación" y posfecharlo para el Día de Acción de Gracias de 1995. Después, lo guardó en su billetera. En los años siguientes, Carrey comenzó a construir su carrera en Hollywood y a perfeccionar su arte cómico. Cada proyecto televisivo y cinematográfico le recordaba el cheque que tenía guardado en su billetera y nunca perdía de vista ese objetivo.

Después de su éxito de taquilla en *Ace Ventura: Pet Detective, The Mask y Dumb and Dumber*, Carrey superó su objetivo cuando, según algunos informes financieros, recibió un anticipo de $20 millones de dólares[8] por la realización de la película de 1996, *The Cable Guy*.

Haz como Jim Carrey: aprovecha el poder de la visualización. Usa el cheque que acabas de girar a tu nombre para que te recuerde todo lo que es posible hacer en la vida. Es importante destacar que el cheque representa las metas audaces con las que muchas personas sueñan, pero aun así no quieren hacer el trabajo que se requiere para alcanzarlas. Por cierto, tu objetivo primordial no tiene que ser el dinero. Para muchas personas, no lo es. Así que encuentra el mejor "motivo" que tengas y que se adapte a tus necesidades a tal punto que te dé la certeza que necesitas para girar ese cheque.

Depende de ti, y solo de ti, decidir si el abismo del no puedo prosperará en tu vida. Carrey tomó la decisión por sí mismo, no basado en lo que le decían los agentes de casting, ni los directores que lo rechazaban. Todo comienza cuando te permites comprometerte con una meta más grande que tus circunstancias. Después, continúa cuando esa meta es central en tu vida. Florece cuando te recuerdas a ti mismo a diario que lo que parece imposible para los demás es posible para ti.

Los adictos al jugo de limón no entienden esto, pero tú, sí.

Descubre en qué consiste el secreto del inventor

Alguien más que también entiende el poder de generar posibilidades en la vida es un inventor. Los inventores viven siempre en un mundo de posibilidades: su magia consiste en redefinir lo que es posible. Su capacidad para pensar de manera poco convencional y sin limitaciones les permite alterar y cambiar el panorama. Aprenderás mucho estudiando a los inventores.

Quiero que conozcas a dos de ellos, pues sé que cambiarán para siempre tu forma de abordar la vida. Ambos prosperaron gracias al secreto del inventor.

Estoy a punto de decirte una de las cosas más esenciales que necesitas hacer para asegurar el éxito en tu vida, pero quizá no sea lo que piensas:

Está en ti fracasar. La decisión es tuya.

Suena extraño, porque no muchas personas están esperando fracasar. Después todo, el acto de ganar está arraigado en nuestro interior. Por supuesto, hay ganadores y perdedores. La elección siempre ha sido binaria y todo el mundo quiere ser ganador. Desde pequeños queremos ganar el partido de fútbol, así como las discusiones que tenemos con nuestros hermanos. En el trabajo, queremos ganar con nuestro argumento de venta y vencer a la competencia. Intrínsecamente, queremos que las cosas salgan bien. Es inclinación humana evitar el fracaso. A nadie le gusta perder. El fracaso está asociado con la decepción, la humillación y el ridículo. Al mismo tiempo, debido a estos miedos, evitamos dar saltos que de otro modo daríamos sin pensarlo dos veces, siempre y cuando cambiemos nuestra perspectiva y comprensión de lo que significa fracasar.

Esto es algo que entienden los inventores, pero muchos otros no lo ven de ese modo.

Otra forma de escapar del abismo del no puedo es no huir del fracaso, sino aceptarlo. Sé que suena contradictorio, pues, si el objetivo siempre es ganar, ¿por qué deberíamos aceptar el fracaso? Fundamentalmente, *la vida con sabor a limonada* se trata de ganar. Ganar es siempre la primera y mejor opción. Sin embargo, no por eso, necesitamos escondernos, ni avergonzarnos del fracaso. Si estás dispuesto a ganar, también debes estar dispuesto a perder. Lo que necesitas es disponerte a ser audaz y a tomar medidas sin las cuales quizá fallarías en lugar de ganar. ¿Por qué?

Porque perdemos cuando no aspiramos a correr riesgos con tal de ganar. Perdemos cuando no vamos más allá de nuestra zona de confort en busca de la oportunidad de ser mejores. Perdemos cuando no tomamos riesgos para alcanzar la grandeza. Por lo tanto, el fracaso no está en fallar; está en no atreverse, en no aspirar, en no actuar con el ánimo de progresar. Además, es contrario a la intuición pensar en el fracaso como tu amigo, porque fracasar significa que no ganaste. Perdiste, ¿verdad? No funcionó. Te equivocaste. Esa es la visión común del fracaso. Así es como se ve el fracaso para quienes llevan *una vida con sabor a limón*. Si lo dudas, pregúntale a un experto en excusas.

Los expertos en excusas se dan por vencidos incluso desde antes de dar el paso. Sin moverse un milímetro, ya han predicho el resultado. Pierden la carrera antes de que se haya disparado la pistola. Al igual que los conformistas, los expertos en excusas tienen miedo al fracaso, debido a la manera en que serán percibidos por los demás si fallan en su intento. Por lo tanto, no aceptan riesgos, ni salen de sus zonas de confort por temor al ridículo o al juicio.

Ahora, veamos el fracaso desde la perspectiva de *una vida con sabor a limonada*. A los ojos de los felizmente exitosos, el fracaso no es un callejón sin salida, sino un camino. La gente exitosa actúa por convicción propia, no para impresionar a los demás. Con el tiempo, esa mentalidad independiente *aumenta* su capital reputacional. ¿Por qué? Porque ellos están dispuestos a exponerse y hacer que las cosas sucedan; a recibir golpes, rasguños y magulladuras con tal de lograr sus propósitos. Ellos también le temen al fracaso. Después de todo, no son sobrehumanos y es normal tenerle miedo a lo desconocido. La diferencia es que, para la gente exitosa, el miedo al fracaso no es un impedimento para triunfar, ni un obstáculo para entrar en acción, puesto que saben y aceptan que es normal fracasar.

El fracaso consiste en tomar un riesgo y salirte fuera de tu zona de confort, solo para obtener un resultado que no es el deseado. Sin embargo, si tú eres un triunfador, el fracaso no ocurre en tu vida para llevarte hasta el fondo del abismo, sino que es una oportunidad para levantarte. Es algo que ocurre en tu camino hacia el éxito. Lo más importante no es lo malo que te suceda, sino cómo respondas a ello. Así que, a pesar de la sabiduría común, el fracaso no es la antítesis del éxito. Más bien, tiene que ver con el aprendizaje y la experimentación.

Pregúntale a James Dyson.

Este inventor fracasó 5.000 veces, solo para diseñar una aspiradora mejor

James Dyson pasó 15 años[9], diseñando 5.126 prototipos antes de inventar su aspiradora sin bolsa de ciclo dual más vendida.

En ese momento, la idea de una aspiradora sin bolsa era impensable y extraña. ¿Cómo podría una aspiradora sin bolsa recoger toda clase de basura? ¿A dónde iría todo lo recogido? ¿Te imaginas la cantidad de expertos en excusas que se rieron de la idea de Dyson? En ese momento, las aspiradoras tenían bolsas. El caso es que él no estaba tratando de hacer una aspiradora mejor. Solo buscaba cambiar las aspiradoras tal como las conocíamos, de modo que se centró en las posibilidades de cambio que tenía para lograr su propósito, no en los límites.

La gente exitosa promueve la innovación, estimula el crecimiento tecnológico y genera avances que redefinen la forma en que vivimos. Cuando los inventores como Dyson sueñan en grande, casi siempre sueñan más que otros soñadores. Esto no significa que los sueños más grandes sean los que ganan. Lo que significa es que hay soñadores que tienen una visión de cómo las cosas podrían llegar a ser, sin tener en cuenta cómo son en el momento.

A menudo, junto con los grandes sueños surge un largo camino hacia su realización. Por lo general, el proceso creativo incluye prueba y error, giros y vueltas, y un fracaso total. Como bien lo sabe todo inventor como Dyson, el fracaso es un proceso iterativo[10] que deberá impulsar a cada inventor a dar el siguiente paso, por un camino mejor y diferente. La gente exitosa sabe que el fracaso conlleva a alguna parte y que el éxito rara vez es inmediato e indiscutible. Si así es, entonces, no te estás fijando metas lo suficientemente grandes.

Como inventor, Dyson pasó toda su vida fracasando. Lo conocemos ahora como un famoso multimillonario y admiramos su destreza creativa y su historial de éxito. Pero fueron sus fracasos los que lo llevaron allí. Entonces, es común que la gente exitosa fracase más que la cantidad de veces que tiene éxito. Al igual que Dyson, en ocasiones, hacer las cosas de manera incorrecta te ayuda a descubrir algo que otras personas no han descubierto. Solo así tienes la opción de probar, desafiar, cuestionar y entender por qué algo falla. Ese "por qué" es el que te lleva a buscar soluciones. Con frecuencia, el fracaso no es un impedimento para buscar nuevas oportunidades, sino un posible trampolín hacia algo mejor. Aquellos que no tienen miedo de saltar y lastimarse son quienes lo intentarán hasta obtener respuestas.

También puede que haya momentos en los que hagas todo lo que crees que debes hacer, pero fracases de todos modos. A diferencia de los expertos en excusas, los felizmente exitosos no se preocupan si la vida es injusta. Si las cosas no les salen "como ellos esperaban", su forma de responder al fracaso es siempre positiva.

El multimillonario en potencia que lo perdió todo

A los 27 años, Sam Walton abrió su primera tienda de variedades Ben Franklin, en Newport, Arkansas. En cinco años, Walton triplicó los ingresos anuales de la tienda, pasando de $72,000 dólares a $250,000[11]. Sin embargo, cuando Walton quiso renovar su contrato de arrendamiento, sucedió lo inesperado.

Walton se enteró de que este no tenía cláusula de renovación[12], detalle que pasó por alto al firmar el contrato. A pesar de su éxito, el arrendador del local, P. K. Holmes, se negó a renovárselo, pues pensó que su hijo podría operar la exitosa tienda en lugar de Walton, quien no tenía ninguna otra alternativa en Newport para reubicar su tienda y Holmes lo sabía. Así las cosas, Holmes lo obligó a venderle el negocio. Hasta ese momento, Walton estaba convencido de que había construido la mejor tienda del área y que había hecho todo bien.

Sin embargo, lo había perdido todo.

¿Qué hubieras hecho tú en la situación de Walton? Mucha gente en su posición buscaría un trabajo o habría abierto un nuevo tipo de negocio en Newport.

¿Qué hizo Walton?

Se reinventó. Abrió una tienda de variedades tipo autoservicio a unas 275 millas de distancia, en Bentonville, Arkansas. Con el tiempo, se convirtió en el mayor operador independiente de tiendas de variedades en los Estados Unidos. ¿Cómo lo hizo? Fue proactivo y adoptó un enfoque poco convencional.

A diferencia de la mayoría de las cadenas minoristas, Walton se centró en abrir sus tiendas en las ciudades más pequeñas, ubicándolas más cerca de las bodegas regionales de su empresa. Además, instituyó un nuevo modelo de autoservicio que provocó que los compradores gastaran más dinero[13]. Como señala Richard Tedlow en *Giants of Enterprise*, Walton compró mercadería en grandes volúmenes para ofrecer precios más bajos y optó por tener un solo cajero para reducir los costos de nómina[14]. Con estos cambios, Walton pudo transferirles más ahorros a los consumidores, lo que ayudó a hacer crecer su negocio. Este es un ejemplo irrefutable de cómo, a veces, tu punto más bajo puede llegar a convertirse en el más alto.

Estos principios se convirtieron en la columna vertebral de su siguiente negocio. A los 44 años, en busca de una nueva idea con mayor volumen e ingresos, Walton inició una empresa a la que llamó Walmart y que lo convirtió en multimillonario.

¿Cómo se recuperó Walton del fracaso? Había firmado un mal contrato, perdió su negocio y se vio obligado a abandonar la ciudad. Bueno, la situación era más compleja que el hecho de levantarse al día siguiente a continuar luchando. Los triunfadores como Walton entienden que insistir en los errores del pasado es inútil y que hacerlo solo convertirá el fracaso en un obstáculo persistente.

La gente exitosa aborda los problemas de frente y no permite que otros los definan. En efecto, Holmes llevó a Walton a la quiebra en Newport, pero Walton sabía que los obstáculos temporales se pueden superar y que las circunstancias se pueden cambiar. Los felizmente exitosos también saben reinventarse. Walton tuvo la precaución de reconstruir su negocio en una ubicación poco convencional y de pensar críticamente sobre la logística, la comercialización y el inventario de su nuevo emprendimiento. Además, confió en su intuición para construir uno de los imperios minoristas más grandes del mundo.

Después de 19 años[15] de haberse ido de allí, Walton regresó a Newport cuando abrió allí su tienda #18. Pronto, los consumidores de Newport prefirieron Walmart y la antigua tienda Ben Franklin de Walton, que todavía era operada por el hijo del propietario del local, se vio obligada a cerrar.

Aceptar el fracaso no significa ceder ante él. Dyson y Walton demostraron cómo la gente felizmente exitosa hace que el fracaso sea temporal. Ocurrió. No hay nada qué hacer al respecto. Sin embargo, es la forma en que cambias de rumbo y la manera en que enfrentas el fracaso lo que determina tu próximo capítulo en la vida.

5
ACEPTA LAS RECOMPENSAS DEL RIESGO

Imagina que tienes frente a ti un plato de galletas de chocolate caseras, recién horneadas y todavía calientes, y que son para ti.

Sin embargo, para disfrutar de ellas, lo único que tienes que hacer es caminar durante 10 minutos, cuesta arriba.

¿Lo harías?

Mientras tú reflexiona sobre esa pregunta, los adictos al jugo de limón ya tienen sus respuestas.

Tan pronto los buscadores de cambios escuchan las palabras "galletas de chocolate caseras", aceptan el reto.

Por su parte, los expertos en excusas, cuando escuchan las palabras "cuesta arriba", desisten del premio.

Eso se debe a que los adictos al jugo de limón toman decisiones basadas en su temor al riesgo y *no* en la recompensa.

Hay una gran recompensa ("¿A quién no le gustan las galletas de chocolate?"), pero, al evaluar la oportunidad y ver que hay demasiado riesgo, (como el de subir por una colina), prefieren evitarlo que aprovechar la oportunidad.

Por su parte, los buscadores de cambios se centran principalmente en la recompensa, a tal punto que, a menudo, pasan por alto los riesgos.

En cuanto a los expertos en excusas, ellos se centran principalmente en evitar los riesgos, perdiendo así la posibilidad de disfrutar de las recompensas. Por el contrario, los felizmente exitosos abordan los riesgos y las recompensas, basándose en tres principios:

1. Utilizan la relación riesgo-recompensa.

2. Se protegen de los riesgos.

3. Aceptan las recompensas por haber corrido el riesgo.

Para evaluar el riesgo y la recompensa, los felizmente exitosos suelen buscar información por adelantado, por ejemplo, miran qué tan empinada es la colina, qué tan larga es la caminata y cuántas galletas de chocolate recibirán.

Utiliza la relación riesgo-recompensa

Los triunfadores no toman decisiones a través de la lente del riesgo o la recompensa. Más bien, se enfocan en la relación existente entre riesgo y recompensa, que es clave para una mejor toma de decisiones.

Observa las diferencias entre los expertos en excusas, los buscadores de cambios y los felizmente exitosos al evaluar una oportunidad de inversión:

- Los expertos en excusas dicen: "Oh, yo no invierto. No ganarás dinero en eso". Es otras, palabras, *infravaloran la recompensa y sobrevaloran el riesgo.*

- Los buscadores de cambios opinan: "Este stock de biotecnología tiene el potencial de aumentar un 50% en cuestión de dos meses. Eso es seguro". Por supuesto, *sobrevaloran la recompensa y subestiman el riesgo.*

- Los felizmente exitosos afirman: "Esta acción podría triplicarse para fin de año, pero también podría disminuir un 25%". Esto significa que, cuando comprendes el potencial tanto de las ventajas como de las desventajas, cuentas con los elementos necesarios para tomar una decisión más informada".

Para tomar mejores decisiones, los triunfadores utilizan una herramienta llamada relación riesgo-recompensa, o relación recompensa-riesgo, si enumeras la recompensa primero —que es el nivel de riesgo que estás dispuesto a asumir en relación con la recompensa en potencia que podrías ganar—. En una relación riesgo-recompensa, los dos están inextricablemente vinculados. Es importante destacar que este no es un enfoque pesimista o adverso al riesgo. Más bien, se trata de comprender las implicaciones totales de cualquier decisión para que puedas tomar decisiones completamente informadas que conduzcan a mejores resultados.

Entonces, ¿cómo utilizar la relación riesgo-recompensa para tomar mejores decisiones? Una relación riesgo-recompensa implica que, por cada oportunidad en la que podrías perder, tu recompensa potencial debería ser un múltiplo de esa pérdida potencial. Tradicionalmente, la relación riesgo-recompensa se usa en un contexto financiero en el cual es posible evaluar los méritos de una decisión financiera al cuantificar la ventaja (de cuánto sería la ganancia) y el potencial negativo (de cuánto sería la pérdida) de la oportunidad subyacente. Sin embargo, también se puede utilizar la relación riesgo-recompensa en otros contextos. Por ejemplo, la siguiente es una forma rápida de evaluar una nueva oferta de trabajo, aplicando la relación riesgo-recompensa. Comienza haciendo un inventario tradicional de los pros y los contras, enumerando todos los aspectos positivos y negativos de ese posible trabajo y luego califica cada aspecto del 1 al 5, siendo 5 el más alto y 1 el más bajo.

La sumatoria de los atributos positivos o recompensas del trabajo es 18. La de los atributos negativos, o riesgos, es 6, lo cual significa una relación riesgo-recompensa de 18:6. Cuando divides 18 por 6, la relación riesgo-recompensa se reduce a 3:1. Una buena regla general es buscar oportunidades en las que observes que tienes, como mínimo, una relación riesgo-recompensa de 3:1, que muestra que tu "ganancia" potencial (recompensa) sería tres veces la cantidad de tu "pérdida" potencial (riesgo). Dado que tu tolerancia hacia el riesgo es personal y única, es posible que desees una relación recompensa-riesgo más alta, que te brinde más comodidad. Por ejemplo, para una relación riesgo-recompensa de 5:1, tu ganancia potencial debe ser al menos cinco veces tu pérdida potencial. Ahora, independientemente de cuál sea la relación recompensa-riesgo que determines, este es solo un punto entre todos los datos que harán parte de tu evaluación general y siempre es una conjetura, no una ciencia exacta.

Tu lista podría ser algo así como esto:

¿Debo aceptar este trabajo?

Aspecto positivo	Puntaje	Aspecto negativo	Puntaje
Salario	5	Desbalance entre trabajo y vida personal	3
Beneficios	4	Tiempo de desplazamiento del lugar de trabajo al lugar de habitación y viceversa	3
Cultura empresarial	5		
Equipo	4		
Total	**18**	**Total**	**6**

Cuando evalúes una decisión, analiza las ventajas y desventajas, dándoles el mismo nivel de importancia. Lo digo, porque así es como mucha gente piensa acerca de la forma de tomar decisiones: "Quiero ir a Hollywood y ser una estrella de cine, como Leonardo DiCaprio o Scarlett Johansson. Para mí, será un magnífico descanso y, si no funciona, entonces, al menos, viví mi vida sin frustraciones".

No. Esa no es la forma de tomar decisiones.

Lo que este análisis demuestra es que todavía no has pensado de manera equilibrada en la ecuación riesgo-recompensa. Has entendido bien la parte de la recompensa, eso es fácil. Todo el mundo sabe a ciencia cierta cuál es el lado positivo: serás rico y famoso. Sin embargo, ¿qué pasa con la toma de riesgos? ¿A qué cosas fundamentales estás renunciando al tomar esa decisión? Es bueno vivir sin remordimientos, ni frustraciones, como también es bueno arriesgarse y no tener miedo a lograr cosas. Sin embargo, potencialmente, estás perdiendo años de tu vida, tiempo con tu familia y tendrás que afrontar la falta de un flujo de ingresos constante.

¿Es ese un riesgo que estás dispuesto a aceptar? Para algunas personas, la respuesta es sí. Para otras, no vale la pena ese riesgo a pesar de la posible recompensa.

Si vas a sopesar los beneficios y los riesgos, hazlo de una manera equilibrada y auténtica, de tal modo que tengas cómo tomar una decisión más informada. Eso significa cuantificar las desventajas de la misma manera que cuantificas las ventajas. De lo contrario, te estás engañando a ti mismo, creyendo que entiendes la totalidad del riesgo-recompensa, pero solo estás viendo la recompensa. Siempre es más fácil pensar en el lado positivo; ahí es donde gravitan los optimistas. Sin embargo, de esa manera, solo estás haciendo una elección sesgada. Ese es un argumento fácil para autoconvencerte de que estás tomando una decisión correcta, pero es evidente que estás haciendo una comparación desigual.

Una estrategia para aportarle más claridad a tu enfoque en cuanto a la toma de decisiones es proyectarte al futuro y mirar desde allí hacia atrás. Imagina que intentas ser actor y pasas 30 años, haciendo audiciones aquí y allá, pero no obtienes una verdadera gran oportunidad. ¿Cómo te sentirías? Cuando tengas 50 años y todavía no te hayan contratado para un papel principal, ¿habrá valido la pena la lucha? Te aseguro que tendrás más claridad si piensas en tus metas desde la culminación de ellas, mirando hacia atrás.

El hecho es que, bien sea que estés evaluando una inversión o eligiendo tu próximo trabajo, tu dominio de la relación riesgo-recompensa te ayudará a obtener mejores resultados.

Cuidado con el lado negativo

Es parte de la naturaleza humana concentrarte en cuánto dinero podrías ganar. Sin embargo, es crucial que también te centres en la cantidad de dinero que podrías *perder* en relación con la cantidad de dinero que podrías ganar. Una de las reglas más importantes de la toma de decisiones es prestarles la debida atención a las desventajas, lo que significa disminuir tus riesgos. Demasiadas personas dejan que su entusiasmo por una oportunidad nuble su capacidad de juicio con respecto a los verdaderos riesgos que estaría enfrentando una vez tomada la decisión.

Recuerda, la ecuación riesgo-recompensa tiene dos componentes: un lado positivo (la recompensa) y un lado negativo (el riesgo). Centrarte en el lado positivo es la parte fácil, pero, en lo que más cuidado necesitas tener, que es el lado negativo, suele ser considerado como la parte secundaria de la ecuación. ¿Por qué tanto cuidado? Porque el riesgo es la parte que contiene el potencial de dañar tu recompensa. Cuando controlas o delimitas los riesgos, estás contribuyendo a proteger el fruto de tu trabajo.

Entonces, ¿cómo protegerte del lado negativo? A continuación, te daré tres formas simples y procesables, mediante las cuales es posible disminuir riesgos:

- Obtén tu ganancia en el momento de hacer la compra.
- Controla tus decisiones.
- Aprende a identificar cuándo ha llegado el momento de parar.

Obtén tu ganancia en el momento de hacer la compra

La mayoría de la gente piensa que gana dinero cuando *vende*. Ahí es cuando muchos cobran y cuentan sus ganancias.

Sin embargo, el dinero se hace es en el momento de hacer la *compra*. Tus ganancias son el resultado del trabajo de campo que haces antes de cerrar el negocio. Por ejemplo, piensa en lo que ocurre al comprar una casa. Si conoces su condición estructural, el nivel de seguridad del vecindario y la calidad de las escuelas antes de comprometerte a comprarla, entonces, habrás entendido más que la mayoría de los "compradores" los motivos favorables para comprar la casa. Es más fácil decir que no antes de comprometerte que después de haber hecho la compra. Nunca tendrás toda la información completa, ni podrás predecir todos los riesgos que podrías estar tomando, pero sí puedes hacer tu trabajo de investigación, realizar las diligencias necesarias y tener la mayor y mejor comprensión posible de lo que estás "comprando". Entonces, cuando aparezcan los riesgos, estarás más preparado para afrontarlos.

Muchos piensan que centrarse en el punto de inicio del negocio (la compra) parece un pensamiento a corto plazo. Por el contrario, estás invirtiendo por adelantado para luego hacer un cierre exitoso (la venta). Se trata de prestar atención a corto plazo para proteger tu trayecto a largo plazo. Entonces, sin importar cual sea la decisión que tomes, ten siempre presente que la venta nunca será tu momento crucial para obtener tu ganancia, así que asegúrate de obtenerla durante la compra.

Controla tus decisiones

Controlar tus decisiones tiene todo que ver con clasificar y poner en orden de prioridades todo aquello que es más importante para ti y luego dedicarle tu tiempo, tu energía y todos tus esfuerzos.

Al invertir, controlas tus decisiones financieras, poniendo más dinero en ese tipo de inversiones sobre las cuales tú sabes que tienes mayor convicción (con las que sientes mayor confianza) y menos dinero en las que, relativamente, tienes menos convicción (con las que sientes menos confianza). De ese modo, irás desarrollando más confianza en tus decisiones al hacer tu trabajo de investigación por adelantado. Si ves que aciertas en tus inversiones más grandes, es obvio que mayor será el rendimiento que obtendrás de tu inversión; ahora, si te equivocas en tus inversiones más pequeñas, el impacto que experimentarás será relativamente menor. ¿Podría suceder lo contrario y ocurrir que te equivoques en tus inversiones más grandes y aciertes en las más pequeñas? Por supuesto, pero el punto es que habrás limitado las posibilidades de riesgo, invirtiendo en tus ideas de mayor convicción, de modo que las posibilidades de obtener el resultado inverso fueran menores. Los triunfadores invierten más en lo que saben y menos en lo que no saben. Contrario a lo que hacen los buscadores de cambios que, en nombre de la especulación, invierten en todo lo que tengan en un solo emprendimiento. Ahora, saber controlar el tamaño de tu inversión es diferente a poner en práctica la diversificación. Diversificar consiste en repartir tu dinero en diferentes tipos de inversiones con el fin de no tener todos los huevos en una sola canasta.

En la vida, puedes controlar el tamaño de tus inversiones al pasar más tiempo con gente que te motive y te impulse a esforzarte más en buscar e identificar las mejores oportunidades de éxito. Concéntrate en las personas y las oportunidades que te generan los mayores beneficios, ya sea a nivel personal, profesional, financiero, emocional o en lo que sea que te sientas beneficiado con su compañía y experiencia. Asimismo, dedícales menos tiempo y esfuerzos a las personas y circunstancias que te desmotiven. Suena simple, pero ¿con qué frecuencia practicas esta regla de manera sistemática?

El hecho es que estarás en capacidad de hacer esta clase de análisis y juicios solo después de haberte preparado, trabajando para informarte deliberadamente con respecto a todas y cada una de las oportunidades que vayan surgiendo en tu camino. Dado que estás organizando la forma en que inviertes tu tiempo y esfuerzo, no tienes que tomar todas las decisiones correctas, ya que, por mucho que te prepares, ninguna decisión es una apuesta segura. El objetivo aquí es hacer tu tarea desde el principio y luego dedicarles más tiempo y esfuerzo a las personas y a las oportunidades con las que te sientas más seguro de que le agregarán valor a tu vida, aumentando así tus posibilidades de éxito y minimizando el riesgo de fracasar. Cuando clasifiques y les des prioridades a tus decisiones y concentres más tiempo y esfuerzo en aquellas que te generan mayor convicción, más organizado estarás y mayor control tendrás sobre tu destino.

Aprende a identificar cuándo ha llegado el momento de parar

Se nos enseña a nunca rendirnos, a hacer las cosas hasta el final y a nunca dejarlas abandonadas por el camino.

Sin embargo, rendirnos y saber cuándo retirarnos no es lo mismo. La forma más rápida de seguir perdiendo es aferrándonos a una circunstancia o persona desgastante. Quizá, se trate de ese trabajo estresante que no nos está conduciendo a ninguna parte; tal vez, sea esa relación que debería haberse acabado desde hace años o ese miembro de la manada que jamás nos motiva, pero sí nos desconsuela. El caso es que, a pesar de la dificultad, no queremos rendirnos, así que aceptamos, aguantamos y seguimos en lo mismo. Después de todo, eso es lo que nos enseñaron a hacer. Pues bien, es eso precisamente lo que hace que le tengamos miedo al fracaso, a lo que pensarán los demás y a ser etiquetados como aquellos que se rinden. Por tanto, en lugar de centrarnos en nuestra propia felicidad, nos centramos en la posible reacción negativa que recibiremos por parte de los demás a causa de ponerles fin a situaciones que en nada nos favorecen y sí nos desgastan; preferimos llevar la pesada carga, continuar con el *status quo* e incluso insistimos en encender y mantener encendida una llama cuya vela se nos apaga una y otra vez.

"Oh, es tan solo un contratiempo temporal".
"Las cosas mejorarán".
"No fue su culpa".

Lo cierto es que, digas lo que digas, es posible que el perdedor o la situación compleja a los que te aferras nunca mejoren. Se necesita disciplina para escapar de una situación o de una persona generadora de pérdidas, sobre todo, cuando le hemos invertido tiempo, energía y/o dinero. Es ahí cuando saber en qué momento dejar de intentarlo es una de las mejores maneras de protegernos y maximizar la ventaja de saber parar. Si bien, cuanto antes suele ser mejor, nunca es demasiado tarde para cambiar la posición de la brújula y emprender otro camino antes de tener que seguir enfrentando más inconvenientes.

Acepta las recompensas del riesgo

Cuidarte del lado negativo de la vida es la mitad del rompecabezas. La otra mitad consiste en identificar cuáles son esos riesgos que vale la pena tomar. ¿Dónde es adecuado buscar oportunidades?

Sé como el inventor de la máquina de palitos de paleta[1]

Es fácil acudir a Silicon Valley o a Wall Street en busca de oportunidades, porque estos son centros de riqueza y poder. Es fácil elegir una empresa startup de corte tecnológico, porque podrías hacerte rico en ese campo de conocimiento que dominas. En cambio, ir en una dirección diferente a la de la mayoría suele parecer extraño y hace que te destaques. Por supuesto, algunas personas te verán hacerlo y negarán con la cabeza, pensando que eres un tonto que ha desperdiciado una oportunidad.

El hecho es que te tengo una noticia: para triunfar, no es necesario empezar una empresa de tecnología, ni un fondo de cobertura, ni nada por el estilo. No tienes que ser Thomas Edison, ni Albert Einstein para generar impacto. Tan es así que, para hacerte rico durante la fiebre del oro de California, no tenías que ser minero. Los emprendedores de la época tenían la opción de abrir hoteles (los mineros necesitaban refugio), fundar restaurantes (los mineros necesitaban alimentos) o vender herramientas (los mineros necesitaban suministros).

Casi todo el mundo sabe quiénes son Bill Gates, Jeff Bezos y Steve Jobs. Sus nombres nos son familiares hoy en día, pero solo porque ellos hicieron algo que nadie más ya estuviera haciendo. Los riesgos que ellos asumieron dieron origen a las industrias de las que hoy tantos quieren ser parte. Sin embargo, cuando comenzaron, no todos sus compañeros de clase acudían en masa a Palo Alto, ni a Seattle. Recuerda esa verdad cuando surja tu próxima oportunidad y comiences a trabajar en ella hasta hacerla florecer; los siguientes inventores la tuvieron presente, aunque lo más probable sea que nunca hayas escuchado sus nombres, pero sí hayas usado sus inventos.

Ernie Fraze: inventor de la lata de aluminio Pop-Top

Es uno de los sonidos más reconocibles y refrescantes del mundo, y todo gracias a Ernie Fraze[2]. En 1959, estando en un picnic, Fraze, siendo ingeniero, se dio cuenta de que había olvidado su abrelatas para las bebidas. Sí, las bebidas solían abrirse con abrelatas o incluso con llaves, porque necesitabas una herramienta para abrirlas. ¿Su solución ese día? Al igual que muchos piratas informáticos, encontró un abrelatas alternativo: el parachoques de un automóvil.

Meses después, durante una noche de inquietud e insomnio, Fraze seguía pensando cada vez más en cómo solucionar el dilema del abrelatas. Otros ya habían intentado solucionarlo, pero fallaban. Entonces, Fraze se dio cuenta de que el secreto estaba en poder implantar en la lata, mediante un buen remache, una especie de argolla que sirviera de agarre. Así, si la tapa de la lata estaba unida a una argolla con un tramo premarcado, ubicado en el centro de la lata, esta serviría de palanca y la tapa se abriría sin romperla.

Fraze le vendió el invento a Alcoa y luego construyó un proveedor de maquinaria para tapas de latas que le generó más de $500 millones de dólares en ingresos anuales.

Lección. Busca oportunidades para ser audaz en medio de la cotidianidad de la vida. Si otros expertos ya lo han intentado y han fallado, agradéceles por ayudarte a determinar qué es aquello que no funciona para así concentrarte en descubrir lo que sí funciona.

Sam Born: inventor de la máquina automática de palitos de paletas

Si bien él no inventó ni las paletas, ni el palito para agarrarlas, Sam Born[3], un inmigrante ruso, vio la oportunidad de generar mayor eficiencia en el proceso de fabricación. En 1912, Born inventó la máquina homónima Born Sucker, que inserta mecánicamente el palito en cada paleta.

Born fundó Just Born, una fábrica de dulces de propiedad familiar que distribuye marcas de dulces reconocibles como Peeps, Mike and Ike, y Hot Tamales. El caso es que, por su máquina de insertar palitos en las paletas, Born recibió la llave de la ciudad de San Francisco en 1916.

Lección. Puedes encontrar una manera mejor, más rápida y más fácil de generar eficiencia. Eso es lo que hacen los felizmente exitosos.

Hymen Lipman: inventor del borrador de lápiz moderno

En la década de 1850, ya había lápices y borradores. Sin embargo, no había lápices con gomas de borrar. Hymen Lipman[4], un papelero, cambió esa modalidad en 1858, cuando registró la primera patente de un lápiz con borrador adjunto. Una vez listo su invento, le vendió la patente a Joseph Reckendorfer por $100.000 dólares.

Ya en 1875[5], la Corte Suprema de los Estados Unidos dictaminó en *Reckendorfer vs. Faber* que la combinación de lápiz y borrador no era una invención legítima. Al presentar la opinión de la Corte, el juez Ward Hunt escribió: "La combinación, para ser patentable, debe producir una función o un efecto diferentes o dar como resultado funciones o procesos combinados de los que dan sus partes por separado. Debe haber un nuevo resultado producido por su unión; si no es así, es solo una agregación de elementos separados". Como resultado, los fabricantes de lápices como A. W. Faber podían vender sus combinaciones de lápiz y borrador sin tener que compensar a Reckendorfer.

Lección. Aquí, dos empresarios jugaron el juego. Uno ganó y otro perdió. Pero ambos se atrevieron y enfrentar riesgos.

Charles Brannock: inventor del dispositivo Brannock para medir el tamaño del zapato

En 1925, Charles F. Brannock[6], hijo de un empresario de la industria del calzado, inventó el dispositivo Brannock para medir el largo, el ancho y el arco del pie, con el fin de determinar el tamaño correcto del zapato de cada cliente. Brannock, que asistió a la Universidad de Syracuse, pasó dos años desarrollando su invento, el cual se convirtió en el dispositivo estándar para medir zapatos en los Estados Unidos durante casi un siglo.

Antes de la invención de Brannock, los clientes tenían que conformarse con un bloque de madera, mediante el cual les tomaban las medidas de sus zapatos. El dispositivo de Brannock hizo maravillas en la zapatería de su padre, *Park-Brannock Shoe Co.*, en Syracuse.

Lego, durante la Segunda Guerra Mundial, el Ejército de EE. UU. contrató a Brannock para asegurarse de que las botas y los zapatos de dotación tuvieran el tamaño adecuado para todos y cada uno de sus miembros.

Lección. Cuando tengas la oportunidad de hacer algo mejor que lo que ya existe, hazlo. Cuando la forma antigua de hacer las cosas sea imprecisa, busca innovar hasta generar precisión.

Bette Nesmith Graham: inventora del líquido para corregir errores tipográficos

Bette Nesmith Graham[7], quien abandonó la escuela secundaria, fue secretaria ejecutiva del presidente de la junta directiva de Texas

Bank and Trust. Con la llegada de las máquinas de escribir eléctricas, Nesmith y sus colegas secretarias cometían cada vez más errores tipográficos, mientras aprendían a usar las nuevas máquinas. De modo que, siendo artista en su tiempo libre, Nesmith sabía que los pintores suelen pintar sobre sus errores. ¿Por qué no hacer lo mismo con los errores tipográficos?

En 1956, Nesmith creó su propia mezcla de pintura blanca a base de témpera, bajo el nombre de Mistake Out, la cual mezcló con tinte en su licuadora de cocina, para luego combinarla con el uso de los suplementos de papelería que había disponibles en su lugar de trabajo. Una vez lista su mezcla, con la ayuda de un pincel pequeño, Nesmith comenzó a cubrir cada error tipográfico en el papel para así ocultar sus errores. Y, cuando comenzó a dedicarle más tiempo a su trabajo secundario, incluida la entrega de muestras a otras secretarias en el trabajo, su jefe la despidió inesperadamente.

Sin inmutarse, su pequeño ajetreo se le fue convirtiendo en una labor de tiempo completo. Con el tiempo, Nesmith cambió el nombre de su producto a Liquid Paper. Durante los siguientes 20 años, Nesmith pasó de vender 100 botellas al mes a venderle la empresa a Gillette por $47,5 millones de dólares.

Lección. Perder tu trabajo bien podría ser lo mejor que pudiera pasarte.

Como verás, para lograr impactar, tu nombre no tiene por qué volverse famoso.

Recuerda: sé siempre como el tipo que inventó la máquina de palitos de paleta.

Te revelaré otro secreto: para sentirte satisfecho, no tienes que ganar dinero de manera ilimitada. Convertirte en multimillonario no tiene que ser el punto de referencia. Nuestra sociedad le otorga gran importancia a la riqueza. Para muchas personas, las recompensas de la vida se han convertido exclusivamente en tener un óptimo estado de bienestar financiero. Pero tu vida no necesita ser definida solo por el dinero. El punto de referencia multimillonario no tiene que ser tu punto de referencia. Hay muchos otros caminos que nos permiten generar impacto y encontrar la satisfacción que cumpla con nuestra propia definición de éxito.

Por eso, no vivas la versión de felicidad de otras personas. Los riesgos que tú tomas son únicamente tuyos y, por lo tanto, las recompensas que disfrutas deben ser las que tú buscas. Construir una vida con sabor a limonada consiste en disfrutar de tu felicidad, no de la de la de los demás. La mayoría de las personas ya sabe lo que la hace feliz. Simplemente, no le presta atención.

Sin lugar a duda, la realización proviene de tus esfuerzos, ideas y acciones. Eres reconocido por lo que hayas sabido generar y por cómo cambiaste con ello la vida de los demás.

Existen muchas maneras de impactar que no están relacionadas con ganancias financieras. La magnitud de tu impacto es menos importante que el hecho de estar generándolo. Puedes curar una enfermedad potencialmente mortal como también puedes salvar la vida de un solo paciente; puedes desarrollar un nuevo método de enseñanza que les ayude a millones de estudiantes a aprender más fácilmente, pero también podrías tocar la vida de un solo estudiante que quedará inspirado para siempre, gracias a tu aporte; podrías inventar la próxima tecnología para simplificar la vida de mil millones de personas o ayudarles a unas pocas personas a aprender a usar internet. Lo esencial aquí es que encuentres tu nicho; que mires donde otros no. Enfócate en generar impacto. Así es como vale la pena tomar riesgos.

Pero, ¿qué hacer cuando los riesgos que tomas no producen los beneficios que deseas? Traducción: ¿Qué pasa cuando fracasas? El fracaso le aporta a tu vida más de lo que te imaginas. Todos hemos escuchado que está bien fracasar, porque hacerlo es parte de la vida, pero esa es una verdad difícil de aceptar en la práctica. Sin embargo, el fracaso no es una nube oscura a la cual debemos obligarnos a acoger y aceptar. Si le preguntas a un triunfador, te dirá que él trata el fracaso no como un enemigo, sino como un amigo.

Cinco razones por las que el fracaso puede ser tu amigo

Existen muchas razones por las que a menudo no tomamos riesgos. A veces, no creemos que el resultado valga la pena nuestro tiempo, esfuerzo o dinero. Otras veces, la ganancia a obtener no vale la pena el riesgo. La razón más llamativa es que, con bastante frecuencia, asociamos el riesgo con el fracaso. Este puede tener consecuencias duraderas, no solo financieras, sino también emocionales o mentales. El fracaso duele. Sin embargo, ten presente que también te fortalece y te proporciona una gran cantidad de información y conclusiones que te beneficiarán tanto, si no más, que cualquier éxito. Sin lugar a duda, el éxito te ayuda a probar tu grandeza. En cambio, el fracaso te recuerda todo lo que es posible lograr cada vez que tienes éxito.

Recuerda esto: todo el mundo tiene la oportunidad de redimirse. Es lo que haces con el fracaso lo que te define.

A continuación, encontrarás cinco razones por las que el fracaso puede ser tu amigo. Así es como piensan los triunfadores sobre el fracaso y cómo tú también deberías pensar.

El fracaso proporciona claridad

Usa el fracaso para analizar por qué fallaste y para aprender sobre ti mismo de maneras que no podrías si siempre tuvieras éxito. A propósito, cuando tienes éxito, ¿con qué frecuencia te sientas y examinas por qué lo tuviste? Creo que casi nunca, porque, cuando ganamos, estamos contentos y satisfechos. Así viven los conformistas empedernidos. El hecho es que el éxito tiende a llevarte a una menor introspección, porque todo lo que hiciste funcionó. En cambio, cuando fallas, es más frecuente que te interese saber por qué. Tal vez, no te esforzaste lo suficiente, no practicaste lo suficiente, no tuviste un plan de juego competitivo o simplemente tuviste un mal día. Sin embargo, te interesa evaluar qué salió mal y diagnosticar cuáles fueron las causas fundamentales de tu preparación y de tus acciones, cómo fue tu desempeño, cuáles fueron tus pasos en falso y las razones de los resultados obtenidos. En todo caso, no se trata de culparse a uno mismo. Se trata de desistir de los malos hábitos, de las elecciones equivocadas y de las estrategias desacertadas.

Por tanto, enfrenta tus fracasos. No huyas de ellos. No te sumerjas en ellos. Estúdialos. Aprende de ellos. Investiga qué salió mal, por qué crees que salió mal y cómo salió mal.

Recuerda esto: puede que te sientas derrotado cuando te sometas a este proceso introspectivo, pero habrás recibido datos invaluables que podrás usar para reprogramarte para tu próxima batalla.

El fracaso te ayuda a tomar nuevos riesgos

Cuando fallas, aprendes, creces, muestras coraje y tomas riesgos. Si siempre tienes éxito, algo estás haciendo mal. No estás siendo atrevido o audaz o tomando riesgos. Más bien, estás siendo conformista, pasando por la vida, jugando a la fija.

¿Por qué? Porque sientes que es mejor evitar el fracaso, pues este es la confirmación de las limitaciones humanas. Es por eso que necesitas caerte, lastimarte, recibir algunos golpes, caer en arenas movedizas. Es bueno ensuciarse.

Recuerda esto: no hay vergüenza en el hecho de fracasar. Lo importante es dar ese primer paso. Comprometerte a intentarlo. Cuanto más lo intentes, más oportunidades de éxito tendrás.

El fracaso es un trampolín para nuevos comienzos

Pensamos que, cuando fracasamos, la vida se acaba. Que es el fin. Que perdimos el juego. No ganamos la partida. Nos equivocamos en el argumento de venta. No nos ascendieron. Derrochamos nuestra inversión.

¡Pues, bien! No es tan así.

Cuando esto ocurre, los momentos que vivimos son difíciles. Nadie nos aplaude cuando perdemos. La reacción natural al fracaso suele incluir vergüenza, derrota y frustración.

Pero, si lo miras, el fracaso también es una ventana a nuevos comienzos. Si identificas el porqué de este, quizá se convierta en la plataforma de lanzamiento que necesitabas para reinventarte. Nunca es la última oportunidad. Vivirás días nuevos y la próxima vez estarás mejor preparado para cosechar los resultados que esperas. Piensa en tu fracaso anterior como en una especie de práctica. Probaste las aguas y pudiste ver qué funcionó y qué no.

Recuerda esto: el fracaso es una retroalimentación gratuita sobre qué hacer mejor la próxima vez.

El fracaso te enseña a ser humilde

Si siempre ganas, te vuelves autocomplaciente. ¿Por qué intentar cosas nuevas o asumir nuevos desafíos, si todo lo que haces ahora funciona? Después de un tiempo de éxitos, no solo te acomodas en tu zona de comodidad, sino que también te da miedo fallar o hacer cualquier cosa que ponga en peligro tu estado actual de tranquilidad. Esto ocurre porque, cuando no expandes tu alcance o desafías tu estilo de vida, te vuelves perezoso; te quedas atascado en medio de las rutinas diarias de la vida y esos días pronto se convierten en meses y años. Poco a poco, sin darte cuenta, comienzas a llevar una vida con sabor a limón. En cambio, en el mundo de los amantes de la limonada, ves más claramente cuando observas para arriba y también para abajo. Es obvio que, si siempre estás sentado en tu zona de confort, no piensas en caerte. Y si no piensas en caer, entonces, en el fondo, no estás pensando en las posibilidades que te ofrece la vida.

Demasiados preferirían estar en la cima. Creen que la vida es más fácil desde allí. Ignoran que el problema de estar en la cima es doble. Primero, porque, cuando siempre estás en la cima, sueles perder de vista la realidad y, junto con ella, tus beneficios, tus ventajas. En segundo lugar, porque, cuando estás en la cima, puedes mantener allí tu posición o puedes rodar cuesta abajo. Pero, cuando estás abajo, ves todo el espectro. La única forma de mirar es hacia arriba.

Recuerda esto: cuando estás abajo, es posible que las cosas se queden así, pero no empeorarán más. Entonces, levanta la cabeza. Verás que, a partir de ahí, solo queda comenzar a ascender.

El fracaso es menos aterrador en la medida en que más fracases

Casi siempre, el miedo al fracaso es peor que el fracaso mismo.

Cuando tienes miedo, pierdes oportunidades. Los expertos en excusas y los conformistas empedernidos entran en esta categoría. Su cálculo consciente o inconsciente es que el hecho de aprovechar la oportunidad trae consigo menos ventajas que el riesgo de intentarlo. Por lo tanto, ellos eligen la inacción sobre la acción y proclaman su derrota desde antes de siquiera pisar el terreno de juego.

Quizá, fracases la primera vez. Aun así, aprender a lidiar con el fracaso te hará sentir menos temeroso la próxima vez. A lo mejor, fracases otra vez, pero tendrás menos miedo después del segundo intento que antes del primero. Aunque no lo creas, el fracaso suele extenderte su mano para ayudarte a medida que avanzas por el camino. Así que, si te derriban, agárrate de esa mano abierta y vuelve a levantarte.

Recuerda esto: una vez que estás en el suelo, lo desconocido deja de parecerte desconocido y se va volviendo cada vez más familiar. Esa es la razón por la cual, una vez caes la primera vez, no te dará tanto miedo si cayeras una segunda. Entonces:

Cuanto más a menudo fallas, menos temeroso te vuelves.

Cuanto menos temeroso te vuelves, más confianza adquieres.

Cuanta más confianza adquieras, más se abrirán tus ojos a otras oportunidades.

Cuantas más veces abras los ojos a otras oportunidades, más oportunidades tendrás de hacer que tu vida te sepa a limonada.

El interruptor del riesgo

Los riesgos que tomas deben ser adecuados para ti. Centrarte en el riesgo o en la recompensa terminará por conducirte a tomar decisiones imperfectas. Eso es lo que suele sucederles a los conformistas empedernidos y a los buscadores de cambios. Conformarte con algo menos de lo que puedes hace con todo tu potencial sesgará tu trayectoria y es bastante probable que recibas menos de lo que deberías recibir. Cuando piensas en los riesgos dentro del contexto de las recompensas, tus habilidades para tomar decisiones se agudizan. A lo mejor, la información que tengas sea escasa y falta de transparencia, pero, si haces tu tarea de investigación, descubrirás innumerables oportunidades para cosechar las recompensas.

Interruptor # 3

I de Independencia

Evita la mentalidad de rebaño y ganarás libertad de elección

Por lo general, el que sigue a la multitud, no llegará más lejos que la multitud a la que sigue. En cambio, es probable que el que camina solo llegue a lugares a los que nadie ha llegado antes.

—Albert Einstein

6
TU VIDA LABORAL DEPENDE DEL ALFABETO GRIEGO

El alfabeto griego juega un papel muy importante en el éxito de tu vida laboral y es posible que ni siquiera te des cuenta.

Alfa y beta, las dos primeras letras del alfabeto griego, también son dos medidas que los inversores usan para calcular, comparar y predecir los rendimientos de las inversiones. Por eso mismo, son herramientas esenciales en el éxito de tu vida laboral.

Así es como los inversores piensan sobre alfa y beta en el contexto del mercado de valores:

La beta de una acción es *qué tan volátil* se espera que esta se comporte en relación con un índice bursátil.

Por ejemplo, una empresa de tecnología en etapa inicial tiende a tener una beta alta en relación con un índice bursátil. Dado que la empresa podría tener nueva tecnología o un historial no probado, la empresa subyacente es muy volátil.

Por su parte, el alfa de una acción es qué tan bien esa acción *supera* a un índice bursátil.

Por ejemplo, si eres un administrador de capital, tu trabajo suele ser evaluado en función del rendimiento de tu cartera de inversiones en relación con un índice bursátil. El rendimiento superior que tú generas es tu alfa. Entonces, si el índice bursátil generó el 10% y tú generaste el 15%, entonces, tu alfa es del 5%. Ese punto es importante: alfa no existe por sí solo, sino que debe crearse activamente.

Si bien ambos son términos financieros, no es necesario ser un genio del mercado de valores para usar alfa y beta. Lo cierto es que es así como las dos mejorarán drásticamente tu carrera.

Alpha, beta y tu vida laboral

Cuando pienses en qué carrera o campo de acción son los adecuados para ti, comienza con alfa y beta. Es necesario entender la "beta" de tu trabajo, pero el "alfa" es el que realmente importa. En pocas palabras: *no te concentres en el trabajo. Concéntrate en el trabajo en el que sobresalgas.*

El alpha tiene que ver *contigo*: con qué tanto y tan bien superas a los demás. No te limites a elegir un trabajo emocionante o el que eligen tus amigos. Más bien, elige el trabajo que coincida con tus talentos y habilidades únicos. Así es como deberías pensar al crear tu alfa en el trabajo:

- ¿Es este trabajo tu verdadera vocación?

- ¿Eres bueno en lo que haces?

- ¿Superas a tus colegas?

- ¿Es este trabajo el mejor uso que podrías darles a tus principales fortalezas y talentos?

Por otra parte, la beta no se trata de ti, sino del *trabajo en sí mismo* en relación con otros trabajos.

- ¿Qué compensación recibirás?

- ¿Cuántas horas trabajarás?

- ¿Cuáles son los beneficios para los empleados como tú?

- ¿Cuál sería tu cargo?

Los buscadores de cambios, los conformistas irremediables y los expertos en excusas se centran en la versión beta; están más interesados en el trabajo en sí. Gravitan alrededor de un trabajo que les genere un jugoso cheque de pago o de una empresa de marca. Si trabajan en la industria que está de moda o en un cargo prestigioso, piensan que el trabajo en sí los llevará hacia el éxito.

En cambio, los felizmente exitosos se enfocan en el alpha, en las oportunidades en las que puedan sobresalir, superar a sus pares y crear el mayor impacto. No quiere decir que sean ciegos a una magnífica remuneración, ni a los cargos atractivos, pero, para ellos, la creación alpha comienza con un principio de coincidencia: se trata de hacer coincidir sus habilidades y talentos con el trabajo indicado para ponerlos en práctica. No es cuestión de desempeñarte en el trabajo en el que se supone que debes trabajar, en el que tengas el salario más alto o en el que aparezcas en los titulares de la prensa.

Los buscadores de cambios son buscadores de especulación y cazadores beta. Es decir, buscan carreras con alta volatilidad. Trabajan por obtener grandes ganancias y gastarán su dinero en actividades especulativas que potencialmente puedan generarles rendimientos descomunales, como el comercio diario.

Los conformistas empedernidos quieren una carrera y un sueldo estables. Están felices de lograr el "rendimiento del mercado" en una carrera segura. No quieren nada que sea demasiado arriesgado, ni demasiado volátil, como ser abogados.

Los expertos en excusas no se enfocan en el trabajo. Más bien, se centran en quejarse del trabajo. Se quejan de la empresa, de la dirección y de los compañeros. Como resultado, obtienen un rendimiento inferior al de sus compañeros y no detectan oportunidades profesionales más importantes. Su energía está mal dirigida a derribar a la gente, no a edificarla. El progreso profesional se les escapa y están atrapados en cualquier trabajo de 9:00 a 5:00 con el que puedan cubrir sus cuentas.

Por su parte, los felizmente exitosos se enfocan en alpha, no en beta. No siguen ciegamente la trayectoria profesional de conformistas, ni persiguen la versión beta como los buscadores de cambios, que quieren trabajar en Wall Street o en Silicon Valley, no porque esa sea su pasión o porque nacieron para invertir o construir grandes empresas tecnológicas, sino porque en ello ven el signo dólar.

Los felizmente exitosos aplican estos tres principios para generar alpha, sin importar el tipo de carrera que tengan. Ellos saben cómo:

1. Aprender a sobreponerse incluso cuando los rechazan en Harvard.

2. Aprovechar las oportunidades que otros pierden.

3. Aplicar las habilidades y destrezas personales para escalar rascacielos.

¿Cómo lograr un nivel alpha en el trabajo? Sigue estas tres reglas.

Aprende a sobreponerte incluso cuando te rechacen en Harvard

Jack Ma era un maestro[1] que asistía, según sus palabras, "a la peor universidad de mi ciudad". Cuando solicitó trabajo en el sector privado, nadie lo contrató. Cuando KFC llegó a su ciudad, 24 personas se postularon y 23 fueron contratadas, excepto Ma. La Policía contrató a cuatro personas de su ciudad. Él fue el único postulante rechazado. Reprobó su examen de ingreso a la universidad tres veces y fue rechazado 10 veces en Harvard.

¿Sabes cómo habría respondido un experto en excusas ante semejante bombardeo de rechazos? Con resentimiento. Con depresión. Con frustración.

Pero Ma sabía cómo aprovechar las oportunidades[2]. En 1972, Richard Nixon visitó Hangzhou, China, su ciudad natal. A partir de entonces, esta se convirtió en un destino turístico bastante popular. Cuando era adolescente, Ma quería aprender inglés, pero no tenía fácil acceso a libros en este idioma. Entonces, durante nueve años, se dirigió en su bicicleta hasta un hotel de su ciudad, el Hotel Hangzhou, con el fin de conocer gente, aprender y practicar su inglés, y ofrecer recorridos turísticos gratuitos. A pesar de nunca haber viajado fuera de China, Ma afirma que esa experiencia le abrió la mente a un mundo de posibilidades.

En 1995, Ma usó los conocimientos que adquirió del inglés en un viaje a Seattle, a donde sirvió como intérprete para una delegación comercial. Allí, tuvo acceso al internet por primera vez en su vida, así que un amigo suyo le propuso que escribiera allí lo que quisiera. Al comienzo, a pesar de estar nervioso ante la posibilidad de tocar una computadora, por temor a romperla y no poder pagarla con otra de reemplazo, Ma se limitó a escribir la palabra "cerveza" en el motor de búsqueda de Yahoo. Los resultados incluyeron cervezas de Alemania, Estados Unidos y Japón, pero no salió información alguna sobre la cerveza en China. Entonces, Ma le agregó la palabra "China" al término de búsqueda "cerveza", pero aun así no obtuvo resultados. Luego, al ingresar términos de búsqueda adicionales, tampoco encontró mucha información sobre China.

Así las cosas, para llenar este aparente vacío en el mercado, Ma lanzó un sitio web llamado China Pages, un directorio de empresas chinas que buscaban conectarse con clientes en el extranjero. En ese momento, a pesar de no saber mucho sobre computadoras, internet o correo electrónico, Ma reconoció allí una oportunidad y la aprovechó.

Desafortunadamente, China Pages fracasó. Después de esto, Ma recibió una oferta en Beijing para ayudarle al gobierno a promover el comercio electrónico y, luego de aprender más sobre ese campo de acción, Ma vio otra oportunidad. Esa vez, consistía en iniciar su propia empresa, también en el campo del comercio electrónico.

A pesar de no tener dinero, ni un plan de negocios, ni la tecnología necesaria, Ma reunió a 17 personas en su pequeño apartamento para compartir con ellas su visión de crear una nueva empresa, llamada Alibaba. Hoy, Alibaba es la plataforma de comercio electrónico más grande de China y Ma es multimillonario.

"Pensar en grande" significa pensar más allá de tu esfera actual. Es dirigirte hacia la esfera a la que quieres ir y sobre la cual quieres construir. El mundo es mucho más grande que tu vecindario. Cuando piensas en grande, es obvio que tendrás más oportunidades por superar y para generar un nivel alfa.

Ma no hablaba inglés, pero vio la oportunidad de aprenderlo. Nunca antes había usado un teclado, pero vio la oportunidad de crear un negocio en internet. Ma aprendió sobre el comercio electrónico en un trabajo y luego vio la oportunidad de crear su propia empresa en ese mismo campo.

Ma representa el epítome de cómo pensar en grande, más grande que tú mismo, que tu comunidad, que tus habilidades, que tu capacidad de alcance, todo con tal de salir adelante y destacarte.

Aprovecha las oportunidades que otros pierdan

A mediados de la década de 1960[3], Don Fisher, quien se dedicaba a renovar hoteles antiguos, compró *Capitol Park Hotel*, en Sacramento. Una vez allí, le arrendó un espacio a un vendedor de jeans Levi's, quien abrió una sala de exposición. De modo que, al ir a comprarle dos jeans al vendedor de Levi's, Don notó que no había su talla. Don necesitaba un jean de 34 pulgadas de cintura y de 31 pulgadas de largo, pero todos los pantalones entregados desde el centro de distribución tenían un largo máximo de 30 pulgadas.

Naturalmente, Don le preguntó al vendedor si podía cambiar los pantalones por la talla correcta y él le respondió que "el trámite sería una pesadilla", así que le recomendó que más bien intentara cambiarlos en una tienda por departamentos ubicada en San Francisco. Cuando la esposa de Don, Doris, visitó aquel Macy's para devolver los pantalones, encontró una mesa de exhibición de Levi's desordenada, ubicada en el sótano, que solo incluía tallas pares con alrededor de cinco pantalones de cada talla. Después de esta experiencia fallida en San Francisco, Don probó con otra tienda por departamentos, Emporium, pero tampoco pudo encontrar su talla.

"¿Qué pasaría si alguien reuniera todos los estilos, colores y tamaños que Levi Strauss tiene para ofrecer en una sola tienda?", se preguntó Don.

Así las cosas, los Fisher decidieron abrir su propia tienda, Gap, y vender todos los tamaños y estilos de jeans Levi's. Con un mercado objetivo de jóvenes de 12 a 25 años de edad, Gap se concentraría en la categoría de pantalones y en vender los discos y casetes de la época.

Los Fisher, que no tenían experiencia previa en ventas minoristas, no eligieron el sector minorista, porque les gustara lo que había que hacer en ese campo. Más bien, supieron capitalizar una oportunidad perdida en el mercado y aprovecharon para lanzar un negocio minorista especializado, con el fin de competir de frente con las tiendas por departamentos, de tal modo que sobresalieran.

Hasta las personas más inteligentes y las empresas más establecidas pierden oportunidades. Generas un nivel alpha laboral, encontrando esas oportunidades que otros pierden. La acción está donde tú la generes y no siempre donde todos los demás la buscan.

Aplica tu "ventaja" para escalar rascacielos

Lawrence Wien[4] comenzó su carrera como abogado de bienes raíces en la Ciudad de Nueva York y abrió su propio bufete de abogados poco después de graduarse de la Facultad de Derecho de Columbia, en 1927. Durante los siguientes cuatro años, Wien se cuestionó sobre cómo hacer para utilizar su profundo conocimiento legal más allá de la práctica de la ley.

No podía permitirse el lujo de comprar grandes propiedades solo, pero se preguntaba si funcionaría juntar fondos de varios pequeños inversores para reunir el dinero que necesitaba. Con esta idea, Wien usó su comprensión del derecho inmobiliario y fiscal para ser el pionero en una nueva estructura de inversión conocida como sindicación pública de bienes raíces, que le permitió a un pequeño grupo de inversores adquirir activos inmobiliarios que ninguno de ellos podía comprar individualmente.

En 1931, Wien y tres socios suyos aportaron cada uno $2,000 dólares. Esto, con el fin de comprar una pequeña casa de apartamentos en Harlem. A partir de esa primera inversión, durante los siguientes 50 años, Wien organizó casi 100 sindicatos de bienes raíces en asociación con casi 15.000 inversionistas que controlaban, a través de la propiedad o arrendamientos a largo plazo, propiedades emblemáticas de la Ciudad de Nueva York, como el Empire State Building y el Hotel Plaza. Sus propiedades también incluyeron, en varios momentos, Equitable Building, Fifth Avenue Building, Garment Capitol Building, Graybar

Building y Lincoln Building, además de hoteles emblemáticos como Governor Clinton Hotel, Lexington Hotel, St. Moritz Hotel, Taft Hotel y Town House Hotel.

La ventaja de Wien era su comprensión innata de las leyes inmobiliarias y fiscales, las cuales él supo combinar hasta convertirse en uno de los principales inversores inmobiliarios de Nueva York.

Una ventaja es una experiencia o una habilidad que te brinda una superioridad competitiva única. Todos tenemos una, de modo que encuentra la tuya. Para elevar tu nivel de desempeño en tu trabajo y generar el factor alfa, aplica tu ventaja a algo que otros no puedan hacer o que aún no han pensado hacer. Conviértete en la persona de referencia, debido a tu ventaja.

Es importante destacar que, si bien estos ejemplos involucran a personas de alto perfil, no importa dónde uno trabaje, ni en qué se gane la vida. Tampoco importa cuánto dinero ganemos, ni cuán prestigioso sea nuestro empleador.

Lo que más importa es si generamos o no el factor alfa en nuestro trabajo.

Entonces, ¿cómo encontrar la carrera adecuada que te permita generar el nivel alpha?

Cómo encontrar el trabajo de tus sueños en menos de dos minutos

Con frecuencia, escuchamos decir: "Haz lo que amas y tendrás éxito". ¡Si fuera así de fácil!

Hacer lo que amas es diferente a hacer el trabajo que sueñas

Hacer lo que amas es parte de la fórmula, pero hay más. Para generar el factor alpha en tu trabajo, tu nivel de desempeño tendrá que ser óptimo.

Entonces, para alcanzar un inmejorable nivel laboral, el trabajo de tus sueños deberá cumplir con estos tres criterios. Necesitas:

Hacer lo que amas. Despertarte por la mañana y, con solo abrir los ojos, sentirte motivado a hacer tu trabajo. Si no te sientes genuinamente motivado con ello, estás en el trabajo equivocado y nunca alcanzarás un nivel óptimo de desempeño.

Ser excelente en ello. Sé realmente sobresaliente en lo que hagas. Si te hicieran una prueba para verificar la calidad de tu trabajo, ¿la pasarías? De hecho, ¿eres tan bueno en tu campo de acción que la gente está dispuesta a pagarte por el tipo de aportes que haces? Por el contrario, si no estás a un óptimo nivel de desempeño, ¿qué tendrías que hacer para alcanzarlo?

Sentirte satisfecho. Tu trabajo satisface tus necesidades personales y profesionales, como quiera que las definas. De modo que es vital que elijas la carrera que satisfaga tus necesidades más importantes, ya sean financieras, emocionales, intelectuales, espirituales o de cualquier otra índole. Tú eres el más indicado para definir lo que significa la realización personal en tu vida. Cuando se trata de tu vida laboral, no existe una definición universal. Para ti, sentirte realizado quizá significa obtener un alto rendimiento financiero, mientras que para tu vecino puede que su realización máxima consista en su capacidad de ayudar a los demás; para tu mejor amigo, es posible que sea lograr un estado mental y emocional saludable. Todos nos sentimos satisfechos de diferentes maneras, así que elige una labor que te satisfaga y te complemente. Sin encuentras realización personal en tu trabajo, terminarás perdiendo la pasión por sobresalir y, en última instancia, no tendrás un nivel superior de desempeño.

Así, cuando unimos estos tres conceptos, contamos con los componentes básicos para generar el factor alpha en el trabajo.

Por lo tanto, la fórmula secreta para encontrar el trabajo de tus sueños es la siguiente:

Hacer lo que amas + Ser bueno en ello + Sentirte realizado = Trabajo soñado

En esencia, la fórmula para generar el factor alpha en el trabajo comienza con dos componentes relacionados con la felicidad: "hacer lo que amas" y "sentirte realizado".

Hacer lo que amas es evidente, pero ¿qué y cómo hacer para sentirte realizado en el trabajo? La realización en el trabajo es profundamente personal; por lo tanto, para asegurarte de que tu vida laboral satisfaga tus necesidades únicas, debes crear tu propio sistema. Una buena idea es que elabores una lista de verificación de tu realización personal, anotando allí tus criterios al respecto.

La siguiente es una muestra, pero el verdadero ejercicio es que tú incluyas en tu lista los criterios más importantes para ti en cuanto al tema:

Lista de verificación de satisfacción laboral

- ☑ Jefe inspirador
- ☑ Compañeros divertidos
- ☑ Organización orientada a la misión
- ☑ Entorno colaborativo
- ☑ La empresa brinda entrenamiento y tutoría
- ☑ Horario flexible
- ☑ Posibilidades de desarrollo y progreso profesional
- ☑ Cultura empresarial bien definida
- ☑ Oportunidades para generar el factor alfa
- ☑ Coincide con tu conjunto de habilidades

Solo tú estás en capacidad de decidir lo que necesitas para sentirte satisfecho en esta área. Cuando realizas este ejercicio por adelantado, es mucho más fácil tener claros los aspectos que te hacen sentir realizado en cada área de tu vida.

Ahora que conoces la fórmula de lo que se requiere para disfrutar del trabajo soñado y la lista de verificación de tu realización laboral, veamos el otro lado del espectro.

¿Cuántas personas conoces que son absolutamente miserables en su trabajo? A lo largo de su vida, la gente trabaja hasta 70.000 horas o más. Muchos, casi ni logran hacer algo que no les guste por más de 15 minutos. Sin embargo, de alguna manera, están dispuestos a soportar por años un trabajo que no les gusta.

Tú no tienes por qué ser miserable en tu trabajo. Demasiados recurren a "mantenerse fuertes" o "aguantar" en un empleo de mierda que ellos mismos desprecian, porque eso fue lo que les enseñaron que había que hacer a pesar de estar desmotivados, depender de un jefe poco razonable, tener compañeros de trabajo insufribles, hacer un producto que tú jamás comprarías o seguir una misión en la que no crees. Sin embargo, eso es exactamente lo que hace la gente.

¿Quieres conformarte con un trabajo en el que te sientes miserable? ¿Es tu anhelo permanecer en un empleo en el que vas a trabajar, temiendo el día que tendrás que afrontar para luego volver a casa derrotado? Eso no es trabajo —es una cadena perpetua.

¿Por qué la vida ha de ser tan mala que tengas que pasar 40, 60, 80 y 100 horas a la semana haciendo algo que no te importa y que te hace sentir miserable? Tu trabajo no tiene que ser una dolorosa experiencia diaria que interfiere con tu vida personal. Todos tenemos la responsabilidad de poner comida sobre la mesa y necesitamos hacer sacrificios para mantener a nuestras familias, pero no tenemos que vivir una vida de miseria donde el trabajo sea un castigo diario. Todos tenemos una opción en la vida. ¿Quieres ser un triunfador que se despierta todos los días listo a tener éxito en su trabajo? Los felizmente exitosos no se desaniman por la cantidad de tiempo que trabajan. No les importa trabajar de 40 a 100 horas a la semana, porque aman lo que hacen, son buenos en ello y se sienten realizados. Son creadores tipo alpha.

¿O quieres ser un experto en excusas de los que se pasan el tiempo de manera miserable y quejándose? ¿De los que sienten que el trabajo arruina su estado de ánimo, los estresa y, por lo tanto, cargan un peso sobre sus hombros día tras día? ¿Esa es la vida quieres?

Si ya depuraste con cuidado tu manada, lo más probable es que ahora encuentres personas a las que les guste su trabajo y sean nivel alpha en su campo de acción. Si aun no las encuentras, sigue buscándolas. Agrégalas a tu manada. Después de todo, en tu círculo íntimo quieres contar con personas que se sientan realizadas en su trabajo. De lo contrario, una vez más estarás rodeado de expertos en excusas, conformistas empedernidos y buscadores de cambios. Además, descubre por qué hay gente a la que le encanta su trabajo y a ti no. Aprende y practica su fórmula y obtén tu propia inspiración de la inspiración de quienes te rodean y te inspiran.

Si deseas generar un nivel óptimo en tu trabajo, necesitas construir una cultura laboral en medio de la cual sea posible prosperar. La cultura empresarial importa. Los felizmente exitosos no confunden una organización que promueve el trabajo duro y los altos estándares con otras cuyo ambiente de trabajo y cultura laboral sean negativos. Las empresas no se manejan solas. Por eso, esperan de tu parte que la calidad de tu trabajo sea óptima. Ellas necesitan que operes a un nivel que vaya mucho más allá de tu zona de confort. Así que esfuérzate y trabaja más duro que tus colegas y amigos. Una organización basada en un alto nivel de rendimiento es diferente de una cuyo ambiente de trabajo sea negativo, impulsado por jefes erráticos con pocas habilidades de liderazgo. Por su parte, los expertos en excusas no se sienten a gusto con ninguno de estos dos modelos empresariales; los conformistas empedernidos los soportan a ambos, sin cuestionar o preferir alguno de los dos; los buscadores de cambios no logran acomodarse a ninguno. Solo los triunfadores entienden la diferencia entre ambos modelos y gravitan hacia oportunidades profesionales que eviten la cultura laboral negativa.

Si estás atrapado en medio de una cultura laboral negativa o tienes miedo de pasar por alto las señales de peligro que te indican que ya eres parte de una, recuerda estas cinco reglas:

1. Evita la pirámide de los idiotas (*Jerk Pyramid*)
2. Prescinde de tu jefe
3. Ten cuidado con los expertos en excusas disfrazados de triunfadores
4. Recuerda que tu peor trabajo puede ser el camino hacia tu mejor trabajo
5. Ten presente que un líder debe "ladrar" al menos cinco veces.

Veamos cómo funcionan en la práctica cada una de estas cinco señales de advertencia.

1. Evita la pirámide de los idiotas

Si la cultura laboral de la organización a la cual perteneces está rodeada de negativismo, tu capacidad para generar un nivel de rendimiento alfa tenderá a verse seriamente desafiada. Una de las principales banderas rojas es la que se conoce como la pirámide de los idiotas (Jerk Pyramid), que suele componerse de tres grupos de gente:

- Altos directivos (Perros viejos)
- Mandos medios (Perros medios)
- Todos los demás (Perros jóvenes)

No te equivoques: esta pirámide no es una meritocracia. Más bien, es una cultura diseñada de arriba hacia abajo. Con culturas de esta estructura, la responsabilidad comienza en un solo lugar: la parte superior de la pirámide. Eso significa que los altos directivos (perros viejos) son quienes marcan la pauta en la organización. En este tipo de pirámide, el problema es que los perros viejos no son necesariamente verdaderos líderes, sino un poco de idiotas. Si un perro viejo es un idiota y les ladra órdenes a los perros de cargos intermedios, entonces, es muy frecuente que estos perros que ocupan cargos medios quieran emular al perro viejo, de modo que ellos también terminan convirtiéndose en idiotas.

Te preguntarás: ¿no pueden los perros medianos romper el ciclo? Por supuesto que pueden. Los líderes que son efectivos en su posición bien podrían hacerlo, pero es común que no lo hagan. ¿Por qué? Porque quieren convertirse en perros viejos algún día, así que creen que deben actuar como ellos y, ya que en una pirámide de idiotas los perros viejos son los mayores idiotas, los perros de los mandos medios también se vuelven idiotas. Así que también les ladran sus órdenes a los perros jóvenes que están en la base de la pirámide. Por su parte, los perros jóvenes no pueden ladrarle órdenes a nadie, de modo que son ellos los que soportan la peor parte de los perros superiores que les ladran a los perros medianos, quienes, a su vez, les ladran órdenes a ellos. Entonces, los perros jóvenes se sienten irrespetados, desconectados, desvalorizados e infelices en su lugar de trabajo y con su trabajo.

En síntesis, así es como funciona la pirámide de los idiotas en todo su esplendor:

La pirámide de los idiotas

- Perros viejos: **IDIOTA**
- Perros medios: **IDIOTA**
- Perros jóvenes: **Este no es el trabajo que necesito**

Así es como funciona, amigos. Los idiotas en la parte superior actúan como idiotas con los idiotas del medio, quienes actúan como idiotas con todos los demás integrantes de la organización.

Según *Harvard Business Review*, casi la mitad de los gerentes no confía en sus líderes[5]. Por eso, cuando los miembros del equipo carecen de la confianza de sus líderes, están menos dispuestos a cooperar. Es por eso que es fundamental que cada organización evalúe su cultura empresarial y se asegure de eliminar cualquier pirámide de idiotas (Jerk Pyramid) que exista.

Los perros viejos. Si los líderes principales son idiotas, su idiotez se filtra en toda la organización como una botella de veneno.

Los perros de mandos medios. Su enfoque de liderazgo no tiene que reflejar el estilo de gestión de su jefe[6]. Las investigaciones muestran que la mejor manera de romper esta cadena es desarrollando una identidad moral propia y fuerte, que sea distinta a la de este modelo de jefe. No es necesario ser un idiota, porque los mandos altos sean unos idiotas. Uno puede marcar la pauta, cuidar a su gente y tratar a los perros jóvenes con respeto.

Los perros jóvenes. Si en tu organización existe una Pirámide Jerk, es hora de repensar tu trayectoria profesional. Pregúntate: ¿Es esta realmente la organización en la que quiero desarrollar una carrera y generar un nivel profesional a nivel alfa?

La Pirámide Jerk también tiene consecuencias financieras para las organizaciones[7]. Resulta que los idiotas son caros. Las investigaciones muestran que la descortesía[8] en el trabajo conduce a una disminución del esfuerzo laboral, de la calidad del trabajo, del rendimiento y la creatividad, todo lo cual afecta negativamente la rentabilidad de la empresa. Entonces, cuando reine la incivilidad, piensa en todos los clientes, empleados y capacidad productiva perdidos. Hace años, el costo de la falta de civismo en Cisco fue calculado en $12 millones de dólares.

Perros viejos, si ustedes tienen idiotas en su organización, elimínenlos en masa. No permitan que ellos afecten sus empresas. No se aferren al idiota que cerró un gran negocio en el último trimestre, ni toleren a los idiotas inteligentes, ni a los idiotas creativos. De lo contrario, ustedes los están valorando más a ellos y menos a su equipo —y ese es un enorme agravio en contra de la cultura y la moral empresarial—. Cuando ustedes les dan cabida a los idiotas, la pirámide de los idiotas florece. En cambio, cuando los erradican de sus empresas, la Pirámide Jerk se desmorona y colapsa.

Recuerda: no importa quién seas, ni qué tan alto llegues, sé siempre amable —para serlo no requerirás de ningún talento.

Con demasiada frecuencia, en la búsqueda de sobresalir y construir, es fácil centrarse en la cultura modo "haré lo que sea necesario para alcanzar mis metas".

Sin embargo, ser amable no te impide:

> Alcanzar todas tus metas
> Impulsar la excelencia
> Inspirarte
> Ser productivo
> Liderar con firmeza
> Promover la disciplina

Así que hazlo todo con amabilidad.

2. Prescinde de tu jefe

Bueno, digamos que aplicaste la fórmula correspondiente a identificar cuál es el trabajo de tus sueños y crees que, según ella, lo encontraste. Además, realizaste una revisión minuciosa al interior de tu lugar de trabajo y concluiste que allí no funciona la pirámide de los idiotas. El único problema es que todavía no conoces a tu jefe, pues estaba de viaje durante el proceso de tu entrevista. Pero, siendo tú la persona diligente que eres, averiguas todo lo que puedes sobre él o ella y de ese modo te presentas el primer día de trabajo listo para empezar. Una vez allí, conoces a tu nuevo jefe y digamos que la realidad es un poco diferente a todo lo que averiguaste.

Tu jefe es importante, porque suele ocurrir que esta figura de autoridad ejerce el impacto más directo en tu vida laboral, incluido el nivel de éxito que obtengas en el cargo que desempeñas. Cuando se trata de tu jefe, una cosa es segura: un mal jefe puede arruinar un equipo o una organización y ser tu principal obstáculo para general un nivel alfa en el trabajo. Al igual que tu manada, las personas con las que pasas tiempo en el trabajo afectan directamente tu perspectiva mental, tu nivel de energía y tu felicidad en general. También influyen en la forma en que diriges y gestionas a los demás. Cuando te unes a una organización, no solo te estás uniendo a una marca o a un producto. Te estás uniendo a un equipo o grupo específico dentro de esa empresa. Tu experiencia individual diferirá de las experiencias de tus colegas dentro de la misma empresa, incluso si ellos están ubicados al final del pasillo. Por eso, es fundamental que le prestes total atención al equipo al que te estás uniendo, incluyendo, y quizás, lo más importante, a tu jefe.

Por lo tanto, si tienes la oportunidad, elige sabiamente a tu jefe. Para muchos, los jefes no son una opción. Se supone que te unes a una organización y te asignan un jefe. Crees que determinada persona es tu jefe y, cuando empiezas a llevarte bien con esa persona, de repente, la transfieren a la oficina de San Antonio. El hecho es que puedes trabajar para la mejor empresa, con el salario más alto, las mejores ventajas y una misión importante, pero si tu jefe es intolerable, ¿de qué sirve todo eso?

En el mundo real, no puedes contratar a tu jefe, pero sí tienes la opción de despedirlo. Te diré cuál es la fría y dura realidad: no tienes tiempo para trabajar para un jefe miserable. Despedir a tu jefe no te convierte en un quejoso, ni en un desertor, ni en un eterno experto en excusas. La diferencia aquí es que necesitas trabajar, estás completamente comprometido a realizar tu trabajo y, por consiguiente, estás dispuesto a hacer lo que sea necesario para tener éxito. Sin embargo, tu jefe es un claro obstáculo que te impide hacer bien tu trabajo.

Bien podrías decidir soportarlo y esperar a que mejore, pero dedicarte a esperar que eso ocurra no es una buena decisión. Tu vida es demasiado valiosa para desperdiciarla con alguien que genera un ambiente miserable en el trabajo y además te impide hacer tu trabajo. De lo que se trata aquí es de que tomes el control de tu vida laboral y encuentres una solución definitiva que contribuya a que avances en tu camino, así que haz lo posible por encontrar dentro de la misma organización y lo antes posible un nuevo jefe, un nuevo departamento, un nuevo equipo, un nuevo rol, es decir, busca formas de generar nuevas oportunidades en tu trabajo actual. Si tu respuesta es "Ojalá, fuera posible, pero no es tan fácil" o "No hay oportunidades dentro de la organización", busca con mayor atención o quizás habrá llegado la hora de comprender que permanecer en una situación negativa no es una opción y que este es el momento preciso de dejar la organización. Cada día que esperas para actuar es otro día de oportunidades perdidas.

La vida laboral del futuro no está enfocada en tener paciencia con los jefes ineficaces que lideran con mano de hierro y usan tácticas de miedo como estrategia para desempeñarse en sus cargos. Por el contrario, el nuevo enfoque empresarial tiende a brindarles más eficiencia y respaldo a los equipos y a reducir la estructura jerárquica a favor de la meritocracia. Es por eso que, a los felizmente exitosos que lideran y están construyendo las empresas del futuro, les corresponde establecer un nuevo rumbo en el campo del liderazgo. Si ya eres jefe, asegúrate de que los siguientes criterios no te apliquen a ti. Si todavía no lo eres, algún día lo serás, de modo que nunca trates como sigue a tus colaboradores, pues está comprobado que ese modelo de liderazgo acaba con la moral, la buena voluntad, la productividad y, por último, conduce al fracaso.

Las siguientes son cinco señales de que deberás prescindir de tu jefe:

Señal #1. Tu jefe piensa que gritar es comunicar

Los jefes que gritan no tienen control. No están en control de sí mismos, ni del equipo de trabajo al que se supone que manejan. Gritar es una táctica que se utiliza para intimidar, no para inspirar. Están equivocados los jefes que piensan que el hecho de gritar "les reporta resultados" o "mantiene a los empleados en línea". Un jefe que grita nunca se ganará la confianza de sus colaboradores. Nunca. Podrá asustar a algunos de ellos a corto plazo, pero nunca se ganará ni su buena voluntad, ni su capacidad máxima de rendimiento. Ningún equipo prospera cuando el líder grita, sino cuando está facultado para trabajar hacia una misión común. Si el líder no puede comunicar la misión del equipo, este está destinado a fracasar.

Esto no implica que los líderes no puedan ser firmes o responsabilizar a sus empleados. Es de esperarse que hagan ese tipo de cosas, así como se espera por parte de los empleados que rindan cuentas. Sin embargo, como líderes, la forma en que cada uno de ellos se comunica es una muestra crucial de su capacidad de liderazgo. Depende de cada uno encontrar su propio tono. De lo contrario, lo más probable es que el equipo fracase y la organización se vea afectada.

Señal #2. Tu jefe realmente no entiende el negocio

Ya sea que tengas el cargo de subgerente, vicepresidente o director ejecutivo, debes comprender todo sobre tu negocio. No solo tu especialidad o producto, sino todo lo que hace parte de tu campo de acción.

¿Entiende tu jefe en qué consiste tu cargo? ¿Sabría tu jefe cómo hacer tu trabajo? Un líder debe ser capaz de realizar todas las tareas de los miembros de su equipo. Es posible que no sea un experto en todas, pero debe estar capacitado para resolver los problemas, aprovechar los recursos y hacer el trabajo.

Demasiados líderes se apresuran a culpar a sus equipos de trabajo y se centran en los problemas equivocados. ¿Por qué? Porque no entienden 100% el negocio. No se enfocan en lo que es importante, porque no entienden cuáles son los impulsores y las palancas que hacen que este prospere y alcance el éxito.

Señal #3. Tu jefe es un caballo de exhibición, no un caballo de batalla

Esta pregunta debería ser fácil de responder para ti: ¿Se promueve tu jefe a sí mismo o promueve a la empresa? ¿Es él o ella un caballo de batalla o un caballo de exhibición?

Existe una diferencia muy precisa entre un caballo de batalla y un caballo de exhibición. Un caballo de batalla es un CEO que vive y muere por el negocio, cuya pasión es impulsar a la organización hacia sus metas y no querría estar haciendo otra cosa. Un caballo de exhibición es un CEO que se enfoca en promover su imagen de manera egocéntrica y en impulsar su plataforma personal.

Los directores ejecutivos con perfil de caballos de exhibición se colocan por encima del negocio aun sabiendo que este, junto con los accionistas, los empleados y los clientes siempre deben ser lo primero. Como resultado, no duran mucho en sus cargos, porque llega un punto en que tanto sus equipos como sus clientes les descubren su farsa y terminan perdiendo su confianza en ellos, haciendo que el negocio en sí mismo pase a ser un asunto secundario.

Señal #4. Tu jefe no entiende la cultura empresarial

Un jefe que no tiene 100% de conocimiento en la cultura de la organización está condenado al fracaso. No importa dónde se encuentren en la jerarquía, tanto los directores ejecutivos como los gerentes necesitan conectarse con sus colegas. Necesitan adoptar la cultura organizacional, establecer el tono y promover la empresa y su misión. Pero, para esto, se requiere de poner en práctica la capacidad de escucha activa y de 100% de compromiso. Conocer y manejar la cultura empresarial es mucho más que leer el manual de la empresa o asistir a una conferencia o a un picnic de la empresa para hablar sobre el tema.

Los jefes que no entienden la cultura de sus empresas se desconectarán aún más de ellas. Y, cuando ellos se desconectan, sus equipos también se desconectan. Eso significa que todos sufren, porque una cultura cada vez más débil perjudica todos los aspectos del negocio.

Señal #5. Tu jefe malgasta el tiempo en tareas menores y pierde la perspectiva del panorama general

¿Se preocupa tu jefe por pequeñeces? Si es así, es probable que esté perdiendo la perspectiva del panorama general. Todos conocemos jefes que molestan a sus colaboradores, resaltando en ellos pequeños errores o que tienden a fomentar procesos ineficientes que tardan el doble de tiempo y trabajo en implementarse.

Los líderes efectivos se enfocan en el panorama general. Entienden qué es lo realmente importante. Simplifican. Honran y respetan el tiempo de los demás.

Le corresponde al líder comprender el panorama general y también los detalles. Los líderes que entienden el panorama general saben cómo y dónde conectar los puntos. Es su trabajo dirigir el barco y establecer el rumbo. Cuando lo hacen, tienen total claridad y convencimiento de que sus equipos están 100% posicionados para cumplir con la misión de sus empresas.

Y cuando eso sucede, todos ganan.

Tu felicidad en el trabajo importa. Es importante para alcanzar tu felicidad personal y tu éxito profesional. No seas un conformista empedernido. Conformarte con un mal jefe es solo el comienzo de tu fracaso. Trabajar en determinado lugar solamente por prestigio o vincularte a una empresa, porque te pagará mucho dinero aun cuando no se trate de desempeñarte en tu verdadera vocación, son asuntos que no terminarán bien. Estarás conformándote. Puede que no te sientas así, pero te garantizo que, bajo la máscara del prestigio y recibiendo jugosos cheques de pago, tu vocación profesional estará desconectada de tu mejor versión de ti mismo. Solo hasta cuando evalúes la situación y reúnas el coraje necesario para dejar de conformarte con el trabajo que realices, comenzará en ti una transformación que se extenderá a otras áreas de tu vida.

3. Ten cuidado con los expertos en excusas disfrazados de triunfadores

Algunas personas piensan que ya están liderando su vida, construyéndola con un delicioso sabor a limonada e incluso podrían identificarse a sí mismas como felizmente exitosas. Quizá, tú piensas que estás trabajando para una de ellas (al menos, eso es lo que te dijo tu jefe, que en realidad es solo un experto en excusas disfrazado de triunfador). Este tipo de personas son un obstáculo para el progreso: rechazan las buenas ideas, aplastan la creatividad, acaban con el espíritu emprendedor que los rodea y, lo más grave, desmotivan a cualquiera.

Si esta es la cultura empresarial del lugar al cual perteneces actualmente, lo más probable es que nunca prosperarás en ese entorno. ¿Cómo se puede sobresalir en una organización donde la misma forma antigua de hacer negocios es la única forma permitida de hacerlos? Un lugar así es donde las nuevas ideas mueren prematuramente y las antiguas incluso superan las expectativas del líder. Los expertos en excusas no quieren que los desafíes a tener que implementar nuevos enfoques; más bien, quieren que tú sigas el suyo, así se trate de un enfoque mandado a recoger.

Este es el prototipo del jefe que piensa que ha ganado un lugar de liderazgo, porque tiene cierto título académico, ha ocupado su cargo durante años o ha solucionado el mismo problema de la misma forma muchas veces. En su mente, solo ellos pueden hacer el trabajo que ellos hacen y todos los demás son novatos que no tienen tantas credenciales como las suyas. Creen que están a cargo de todas las situaciones, pero lideran sin escuchar. Están convencidos de que están haciendo marchar a sus tropas, pero carecen de la hoja de ruta. Tocan la bocina al tráfico, pero son la razón del atasco.

Si hubiera más transparencia y autenticidad en la interacción humana, estarías más informado. Si lo estuvieras, podrías tomar mejores decisiones con respecto a si deseas trabajar con y para esta clase de jefe. Tal vez, este entorno sea ideal para ti (buena suerte); tal vez, tengas que decir un adiós automático. La información es tu vía más precisa para realizar evaluaciones más precisas sobre el riesgo que afrontas y la recompensa que te espera.

Entonces, ¿cómo detectar a estos falsos triunfadores que en realidad son expertos en excusas? Descubrirlos te ayudará a tomar mejores decisiones en tu vida laboral y más allá de ella. Si ya antes los has escuchado decir algunas de siguientes cosas, deberías levantar una bandera roja, porque lo que dice tu jefe puede no siempre coincidir con lo que él o ella quiere decir.

Expertos en excusas disfrazados de triunfadores

Lo que ellos dicen	Lo que realmente quieren decir
Confía en mí.	No creo que tu opinión importe. Deja que el experto tome control a partir de aquí.
Esta es la única forma de hacerlo.	Ni siquiera quiero escuchar tu opinión, porque solo hay una forma de hacerlo: la mía.
He estado haciendo esto durante treinta años.	Tengo más experiencia que tú. Por lo tanto, sé más que tú.
Ya he pensado en eso.	Porque sé más que tú, el simple hecho de que yo ya haya pensado en esto (aunque tú también lo hayas pensado) significa que, automáticamente, tu solución no funciona; en cambio, la mía, sí.
Simplemente, no hay manera.	Si aún yo no he descubierto la forma de hacerlo, no hay manera de que tú sí sepas cómo hacerlo.
Si fuera tan fácil, ya lo estaríamos haciendo.	Gracias por tu simple y elemental sugerencia. Déjame decirte cómo funciona realmente el mundo. Si el problema puede ser resuelto con una solución tan simple como esta que sugieres, las personas inteligentes y experimentadas como yo ya habríamos implementado esa solución hace años.
Eso es bueno en teoría, pero...	En el mundo real, donde yo vivo y tú no, esto es más complicado y, obviamente, tú no tienes una comprensión práctica, ni completa de cómo funciona el mundo real.

Ahora, examinemos este modo de pensar desde una perspectiva diferente. ¿Alguna vez, tú hablas así? ¿Te enojas cuando alguien cuestiona tus ideas? ¿O te emocionas ante la posibilidad de una nueva solución? Piénsalo de esta manera: ¿cómo puede haber progreso si te cierras ante nuevas alternativas? No habría posibilidades de descubrir más opciones. Nada sería cuestionable. Nada se interrumpiría. Sería vivir en un mundo dominado por expertos en excusas, en el cual los triunfadores siempre serían rechazados. Esta forma de pensar es el síndrome de los mandos intermedios. Son los supervisores y jefes los que no quieren sentirse disminuidos, ni mucho menos cuestionados. Son ellos quienes ven las ideas alternativas a las suyas como un desafío a su autoridad, experiencia y legitimidad, cuando deberían verlas como un camino hacia mejores formas y métodos.

Identifica cuáles son aquellas organizaciones y personas en tu vida que hacen de ti una mejor persona; que te hacen sentir que siempre habrá espacios y oportunidades para seguir mejorando. Verás cómo, de esa manera, la relación riesgo-recompensa se inclinará cada vez más a tu favor.

4. Recuerda que tu peor trabajo puede ser el camino hacia tu mejor trabajo

Quiero que halles felicidad en tu trabajo. Pero antes que así sea, mi esperanza es que tengas un mal trabajo. Un trabajo realmente malo.

Por lo general, no es agradable desearle eso a nadie y pensar así hasta podría ir en contra de tu capacidad para construir relaciones tipo alpha, pero, en este caso, el hecho de tener un trabajo que no te satisface podría cambiar tu vida.

Cuando tienes un mal trabajo es como tener un asesino moral, un triturador de tu creatividad y un magnificador de estrés. Es fácil reconocer las señales de un mal trabajo. Ya antes, hicimos una lista de verificación de satisfacción laboral. Ahora, vamos a hacer una lista de verificación de toxicidad laboral. Se trata de mucho más que identificar cuáles son los atributos de un mal trabajo, ya que estos también son los asesinos silenciosos de tu felicidad laboral. Sin embargo, esta es solo una lista de verificación de toxicidad que te servirá de muestra, pero tus criterios bien pueden diferir:

Lista de verificación de toxicidad laboral

- ☑ Mal jefe
- ☑ Cultura empresarial negativa
- ☑ Sin compromiso con la excelencia
- ☑ Sin posibilidad de desarrollo de la carrera
- ☑ Alto nivel de burocracia
- ☑ Sin misión empresarial
- ☑ Falta de trabajo en equipo
- ☑ Sin liderazgo
- ☑ Sin ascenso laboral
- ☑ Sin incentivo a la creatividad

Al igual que la lista de verificación de satisfacción laboral, esta lista de verificación de toxicidad laboral es personal y exclusivamente tuya. Si lo deseas, puedes asignarle una puntuación a cada elemento que haga parte de estas dos listas y luego analizar la relación riesgo-recompensa que surge de cada una de ellas.

Incluso si tu trabajo "fracasa" en tu lista de verificación de cumplimiento y "brilla" en tu lista de verificación de toxicidad, tu peor pesadilla laboral bien podría ser una bendición disfrazada de derrota.

Piensa en tu peor trabajo. Apuesto a que enumerarías con gran facilidad todos los problemas referentes a ese trabajo; apuesto a que identificarías las cinco cosas que tu jefe debería haber hecho, pero no hizo; apuesto a que conocías todas las fuentes de ingresos perdidas, todos los procesos ineficientes, todo el pensamiento retrógrado que se movía en ese lugar; apuesto a que tenías una estrategia sobre cómo habrías manejado tú el negocio, cómo habrías tratado a los empleados y cómo habrías pensado en diferentes incentivos para aumentar la moral de ellos y la productividad de la empresa. No te preocupes, no eres un experto en excusas por tener claro todo esto. Por el contrario. Quizá, tu peor trabajo fue el generador de tu mayor momento de claridad laboral. Cuando tienes un mal trabajo, es más fácil ver todo lo que está funcionando mal allí.

Por lo tanto, usa ese mal empleo que tienes para saber lo que quieres lograr en tu vida laboral. Tal vez, una gran empresa no sea para ti y prosperes en equipos más pequeños; a lo mejor, a tu empresa le falta agilidad y tú lo que necesitas es un entorno de trabajo acelerado; de pronto, el equilibrio entre tu trabajo y tu vida personal es inexistente, razón por la cual necesitas encontrar la cultura empresarial adecuada para ti; incluso, puede que ya no quieras seguir trabajando para nadie y tu mal trabajo te esté conduciendo a ser tu propio jefe.

El caso es que no importa cuán malo sea o haya sido tu mal trabajo, usa esa experiencia como una herramienta de aprendizaje para convertirlo en tu mejor oportunidad para hacer cambios y tener un mejor trabajo. Úsalo como un filtro para saber lo que quieres y lo que no quieres que ocurra en tu próximo empleo. Primero, identifica qué te llevó a aceptar ese trabajo y si llevabas cubiertos los ojos durante el proceso de la entrevista. Luego, usa esa mala experiencia como trampolín para iniciar tu próxima fase. Finalmente, ten total certeza de que escapaste de una mala situación y que, debido a eso, ahora eres más fuerte.

En su discurso de despedida[9] pronunciado frente a su personal, a sus antiguos colegas, familiares y amigos en la Casa Blanca, el 9 de agosto de 1974, día en que renunció a la presidencia, Richard Nixon abordó así el fracaso y la oscuridad, y lo que aprendes de los puntos bajos de tu vida:

> A veces, pensamos que, cuando suceden cosas que no nos salen bien; cuando no pasas ese examen en la escuela la primera vez, como me pasó, pero tuve suerte; recuerdo que mi escritura era tan mala que el examinador dijo: "Tenemos que ayudarle a pasar a este tipo". Entonces, pensamos que, cuando uno de nuestros seres queridos muere; cuando perdemos una elección o sufrimos una derrota, todo acabó para nosotros. Y, en medio de esto, recordamos que, ante sus dificultades, Teddy Roosevelt llegó a un punto en que pensó que la luz había desaparecido de su vida para siempre.
>
> Sin embargo, eso no es cierto. El fracaso siempre es solo el comienzo de algo distinto. Los jóvenes deben saber esto; los viejos también, porque tu grandeza no surge cuando las cosas siempre van bien en tu vida, sino cuando esta te enfrenta a grandes pruebas; cuando caes y te golpeas; cuando enfrentas desilusiones; cuando llega la tristeza, porque, solo si has estado en el valle más profundo, puedes saber lo magnífico que es estar en la montaña más alta.

Como dijo Nixon, la grandeza llega cuando realmente te ponen a prueba, cuando te enfrentas a la decepción y cuando has recibido algunos golpes. Dicho esto, un mal trabajo no te permite sentirte bien. Cuestiona tu autoestima, tus habilidades, tu nivel de madurez y de desempeño. Pero todo eso puede llegar a ser algo bueno, si sabes cómo abordar la situación.

Cuando usas una mala experiencia como un camino para llegar a la autorreflexión y la autocomprensión, los valles más profundos están más cerca de las cimas de las montañas que lo que tú mismo piensas.

5. Ten presente que un líder debe "ladrar" al menos cinco veces

Observa a los líderes de tu organización.

Si tú eres un perro viejo, parte de tu labor en la creación de un ambiente laboral nivel alpha es asegurarte de que una cultura de trabajo positiva impregne tu organización y que aquellos a quienes tienes bajo tu responsabilidad también tengan las bases necesarias para prosperar. Esa responsabilidad comienza contigo.

Comienza por ser ese buen líder que sabe establecer una visión clara. Define las expectativas, empodera a tus colaboradores y bríndales una retroalimentación honesta.

Esta lista que sigue no es definitiva, ni exhaustiva, pero sí te presenta los atributos mínimos que todo líder debe adoptar en su lugar de trabajo.

Lealtad

Sé leal a la organización, a sus valores y su misión. Sé leal a tu equipo. Protege a tu gente. Sé su voz y su campeón. Tú los contrataste por una razón, así que bríndales tu apoyo y los recursos que ellos requieran para hacer su trabajo y cumplir con la misión de la empresa.

Ética de trabajo

La ética de trabajo comienza contigo. El trabajo duro y la autodisciplina deben gobernar día tras día. Tú también debes entrar al ruedo. Quizá, tu oficina esté rodeada de un gran paisaje, pero es en el ruedo donde está la acción. Tú debes comprender el panorama general y los detalles, promover y practicar la excelencia, impulsar el cambio y elevar los estándares. Recuerda: tú eres el líder, así que predica con el ejemplo y guía al equipo hacia el cumplimiento de los objetivos empresariales.

Respeto

El respeto es un requisito humano, no un requisito laboral. Trata a todos en la organización de manera equitativa y justa, con respeto y decencia, sea cual sea tu posición o el título de tu cargo.

Integridad

Garantiza los más altos estándares éticos. Fomenta conversaciones abiertas y honestas. Espera ser desafiado en cualquier momento y por cualquier circunstancia o persona. Los retos te harán un mejor líder, evitarán que te vuelvas complaciente y elevarán el nivel de tu equipo en todo aspecto. De modo que, aunque tú seas quien toma las decisiones, procura valorar las opiniones de todos tus colaboradores.

Inteligencia emocional

Sé empático. Conecta con tu equipo. No pierdas el contacto. Ten una política de puertas abiertas. Sé accesible y razonable. Sé una persona real. Cuando eres inaccesible, te expones a ignorar cosas. Tu equipo te las ocultará. Entonces, te sorprenderás y estarás fuera de base cuando lo que necesitas es estar al frente y llevar las riendas de la organización desde una perspectiva real.

Identifica estos atributos en los líderes que conoces, en los jefes que has tenido y también en tus colegas. ¿Qué tanto ellos los ponen en práctica?

Recuerda esto: los líderes inseguros pretenden dominar la Jerk Pyramid a su modo. Lideran con su título y gobiernan con miedo. Esperan, pero rara vez dan. Exigen, pero muy pocas veces contribuyen. Quieren, pero no saben apreciar lo que reciben.

Un mejor enfoque es ofrecer liderazgo recíproco:

Dar y recibir.
No exigir respeto, sino ganárselo.
No esperar lealtad; mejor, construirla.
Inspirar a la acción.
Mostrar humanidad en señal de flexibilidad.
Fomentar las preguntas para promover la curiosidad.
Formar líderes para desarrollar carreras.

Cuando empleas la simbiosis en el trabajo, generas mejores resultados, más respeto y una mayor lealtad.

El secreto para encontrar la felicidad en el trabajo

Si encuentras paz y felicidad en el trabajo, tu vida cambiará de manera drástica. Durante la semana, muchos empleados pasan más tiempo en sus lugares de trabajo que con sus familias. Piénsalo. Pasan más tiempo en su trabajo que con sus seres queridos. Además, hay quienes trabajan en un entorno tóxico, hiperpolítico o insatisfactorio. Tienen un jefe al que desprecian y compañeros a los que no soportan. Y, aun así, están dispuestos a pasar mucho más tiempo atrapados en ese mismo trabajo. ¿Por qué? Porque prefieren el dinero que reciben, el prestigio, los desplazamientos cortos. Así que no saben cómo hacer el cambio.

En otras palabras, muchos están dispuestos a cambiar su tranquilidad y felicidad por un cheque de pago y un puesto de trabajo. Fuera de eso, cuando regresan a casa del trabajo, ¿cuántos de ellos son realmente capaces de dejar la carga que les genera su trabajo tóxico en la oficina? ¿Cuántos pueden realmente "apagarse" laboralmente cuando llegan a casa? No es una tarea fácil.

Si trabajas en un ambiente tóxico, es posible que debas llevar trabajo a casa, responder correos electrónicos y realizar conferencias telefónicas por la noche o los fines de semana. Y, si tu trabajo no requiere de nada de eso, aun así, puede que traigas a casa ese equipaje negativo y, sin saberlo, estás dejando que este se filtre en tu vida hogareña. En otras palabras, pasas todo este tiempo en el trabajo y, cuando llegas a casa, con las personas que amas, a estar con ellas el poco tiempo que tienes para dedicarles, es posible que te lleves tu trabajo a casa contigo; que aun en casa estés quejándote de tu jefe, preocupándote por un compañero de trabajo o por si obtendrás o no ese ascenso que añoras.

Entonces, si quieres hacer un cambio real en tu vida, pon tu felicidad primero que todo. No al dinero. No al título, ni al cargo que desempeñas. No a los viajes laborales que realizas. A ti. Tu felicidad debe ser tu mayor prioridad.

Hasta aquí, ya tienes la fórmula del trabajo ideal. Dispones de la lista de verificación de satisfacción laboral; también tienes la lista de verificación de toxicidad laboral. Entonces, utiliza los resultados de estas listas de verificación para tomar decisiones óptimas, de modo que puedas construir un nivel alpha en tu vida laboral. Te daré un ejemplo de cinco opciones comunes que sueles enfrentar al decidir entre la compañía correcta y el trabajo correcto, junto con las posibles acciones que podrías tomar:

Conectándolo todo: la evaluación de tu trabajo

Opción	¿Es la empresa adecuada?	¿Es el trabajo adecuado?	Acción en potencia
1	Sí	Sí	Desempeña este cargo
2	Sí	Sí, con excepciones	Determina si se pueden hacer ajustes para que este sea el trabajo correcto para ti
3	Sí	No	Si es un mal jefe, busca otro cargo dentro de la empresa; si no está disponible, evalúa la opción de cambiar de lugar de trabajo
4	No	Sí	Encuentra el mismo trabajo o uno similar en otra empresa
5	No	No	Decide si debes buscar un nuevo tipo de trabajo o convertirte en empresario

Naturalmente, hay otras opciones que merecen ser evaluadas, así como matices en tu situación específica que podrías explorar más a fondo. El recuadro del ejemplo anterior pretende ser un punto de partida para que pienses de forma sistemática en tu campo de acción y en tu trayectoria laboral, pero es obvio que puedes expandirlo con más opciones y más variedad de acciones. El ejercicio es subjetivo y, por lo tanto, solo tú determinas qué es lo más importante para ti (piensa: ¿qué será más valioso entre satisfacción laboral y toxicidad laboral?) y qué valor asignarle a cada componente.

El caso es que, ya sea que permanezcas en tu empleo actual, encuentres uno nuevo o inicies tu propia empresa, te hagas las siguientes tres preguntas que te servirán para optimizar tu decisión:

- ¿Puedo crear un ambiente laboral tipo alpha en este lugar de trabajo actual?
- ¿Tengo el potencial para tener éxito y prosperar aquí?
- ¿Son estos la empresa y el puesto adecuados para mí?

Si respondes estas tres preguntas, tendrás la claridad que necesitas para comenzar a tomar mejores decisiones sobre tu trabajo. Tú tienes la opción de ser feliz haciendo lo que haces. No es que tengas que disfrutar de tu vida familiar y odiar tu vida laboral. No tiene por qué ser así. Cuando encuentres un trabajo que te haga feliz, estarás en camino hacia mejores resultados en los demás aspectos de tu vida. Por eso, es tan esencial que ames lo que hagas. Que, desde que te despiertes, te sientas motivado con solo pensar en aquello en lo que vas a trabajar. Si no, entonces es definitivo que necesitas reprogramar y reestructurar tu vida laboral hasta encontrar qué es aquello que sí te levantará motivado a trabajar cada mañana; necesitas saber qué es eso que te motiva y te inspira. De lo contrario, quedarás atrapado en un ciclo interminable de frustración, resentimiento y miseria.

No se le puede poner un valor en dólares a tu frustración. Ningún entorno de trabajo tóxico merece que te sientas infeliz; ningún cargo, por alto que sea, deberá retenerte por el simple hecho de que puedas presumirlo frente a tus amigos; ningún jefe autoritario vale la pena sacrificar tu energía positiva. Cuando encuentres un trabajo que te haga feliz, tu capacidad para pensar con claridad aumentará sustancialmente; cuando estás bajo presión todo el tiempo, y sientes que respiras bajo el agua, tu capacidad de pensar creativamente se ve marginada. Entonces, sabrás a ciencia cierta que un trabajo más feliz suele producir múltiples beneficios a través de la autoconfianza y la satisfacción personal.

Los expertos en excusas dirán que no es tan fácil renunciar a un mal empleo y encontrar uno nuevo; también dirán que no hay buenos trabajos y que se necesita demasiado tiempo para conseguirlos; que ya son demasiado mayores o demasiado inexpertos para que los contraten en otro lugar.

Sí. Tal vez, no sea tan fácil dejar tu trabajo e ir a buscar uno nuevo. Después de todo, necesitas mantener a tu familia. Entonces, ¿qué hacer?

Los triunfadores se enfocan en cambiar sus circunstancias. Puede que tú no seas el jefe, ni el director ejecutivo, ni el supervisor. No importa, aun así, tú tienes la capacidad de ejercer cierto impacto, sin importar qué tan poco lleves vinculado a la organización a la que perteneces en este momento de tu vida. Tú puedes inspirar a otros y comenzar a construir la cultura empresarial en la que deseas trabajar, incluso si ni tu jefe, ni el director ejecutivo, ni el gerente lo hacen.

Otra pregunta que debes hacerte es la siguiente: ¿Es significativo el trabajo que hago?

¿Vuelves a casa por la noche y te sientes orgulloso de lo que hiciste durante la jornada?

Liderar nuestra vida con un sentido claro y específico no es opcional, sino un componente esencial de la experiencia humana. Encontrar significado en el trabajo fomenta una plataforma positiva que nos impulsa a sobresalir. Sin embargo, es crucial resaltar el hecho de que tener significado no es suficiente; también es necesario actuar para cultivar ese significado. Según Monique Valcour, de *Harvard Business Review*, es posible generar significado en el trabajo[10], conectando "nuestros valores y motivaciones personales con el trabajo que realizamos".

Otra estrategia para crear significado en el trabajo es preguntarnos: ¿Qué voy a hacer hoy para generar impacto y cambiar para bien la vida de otras personas? La respuesta a si tu trabajo es significativo no implica que tengas que ser oficial de la policía, bombero, socorrista, soldado, maestro, líder de una organización sin fines de lucro, médico, enfermero, servidor público, ni los muchos otros tipos de héroes que realizan actividades plausibles y desinteresadas por los demás, día tras día. Lo que realmente contribuye a impactar a quienes te rodean es que estés dispuesto a desafiarte, a retarte a ti mismo, encontrando una labor en tu vida que realmente genere impacto tanto en ti como en quienes te rodean. Encuentra un campo de acción que transforme la vida de otras personas de alguna manera. Ese es el tipo de trabajo que tienen los triunfadores. Ese es el tipo de empresa y carrera que ellos buscan construir. La gente felizmente exitosa es transformadora, porque busca lograr un cambio positivo en todo lo que hace.

Ahora, es evidente que puedes generar impacto en cualquier campo de trabajo. Si trabajas en servicio al cliente, toca la vida de tus clientes, forjando una conexión auténtica con ellos; si te desempeñas en el área de servicios financieros, aprovecha la tecnología que manejas para hacer que las transacciones sean más fluidas, ahorren tiempo y eviten complejidades; si trabajas en el cuidado de la salud, piensa en la posibilidad de contribuir con procedimientos innovadores que mejoren la calidad de vida de los pacientes; si tu lugar de trabajo es un restaurante o una tienda de comestibles, atiende a tus clientes, ante todo, con una sonrisa.

Es posible que no trabajes en una empresa de tecnología de punta cuya misión sea cambiar el mundo. La mayoría de las organizaciones no tiene esta finalidad, ni tampoco una misión orientada a la tecnología. A lo mejor, ni siquiera están orientadas al servicio, aun cuando crean estarlo. Además, hay empresas que ni siquiera tienen una misión. La pregunta es: ¿qué pasa si trabajas en una de esas empresas?

Depende de ti —sin importar dónde te encuentres en la escala jerárquica de la empresa, ni en qué sucursal, sección de producción u oficina regional trabajes— generar impacto en tu lugar de trabajo. ¿Qué harás de manera diferente y que nadie más haya pensado hacer para mejorar la vida de tus clientes? ¿Cómo vas a tocar sus mentes y corazones? ¿De qué manera te asegurarás de que la vida de tus clientes sea fluida, más fácil, más rápida, más simple? Depende de ti ser creativo, transformador e independiente. Esa es tu misión, incluso si la empresa en la que laboras no tiene una.

A medida que te vuelvas más independiente y controles de modo consciente tu vida laboral, es posible que te encuentres al comienzo de dos caminos.

El primero, te lleva al trabajo de tus sueños, pero estás trabajando para otra persona.

El segundo, te conduce a una labor que muchos quieren ejercer, pero en la que pocos logran desempeñarse con éxito: la de empresario.

Convertirse en empresario es la máxima posición de libertad y de múltiples posibilidades. Sin embargo, a pesar de las historias de éxito que circulan en los medios, no todo son altibajos y éxitos. También es crucial que conozcas el otro lado de la moneda.

El trabajo que todos quieren (aunque no tanto)

En algún momento de su vida, casi todo el mundo piensa que quiere ser empresario. A muchos les encanta el placer que supone dirigir su propia empresa, no tener un jefe, ser independientes, establecer su propio horario y escapar del horario de 9:00 a 5:00.

¿Realmente, quieres ser empresario?

¿Cuántas veces has fracasado una y otra vez en algo que deseas hacer?

Y no me estoy refiriendo a ganarte la lotería de *Hamilton*[11].

Me estoy refiriendo a algo por lo cual estés trabajando muy duro, que te apasiona en gran manera y, sin embargo, sin importar cuánto lo intentes, ni cuánto te esfuerces, escuchas un no por respuesta una y otra vez. Pues bien, eso es lo que es ser un empresario.

Ser empresario es una labor acerca de la cual no existe un manual de descripción sobre qué y cómo desempeñarte en ese cargo. No lo verás en el guion de una película de dos horas en la que todas las piezas del rompecabezas encajan a la perfección. Tampoco hay un libro que contenga los movimientos uno a uno para convertirte en empresario y hacerte millonario a gran velocidad. La realidad es que, para tener éxito empresarial, hay mucha sangre, sudor y lágrimas detrás de escena, aspectos de los cuales la gente no habla.

Ves los resultados —multimillonarios con jets privados posando en las portadas de las revistas—, pero no los ves trabajando duro al principio de sus carreras como empresarios. No ves sus recorridos. Quizás, exista una foto en algún lugar de internet que capte "sus primeros días" como empresario, pero es imposible que sientas al 100% cómo fue para Jeff Bezos sentarse en su primer escritorio, que era, literalmente, una puerta[12], trabajando en su garaje en Seattle, con una estufa como sistema de calefacción, tratando de construir la próxima gran empresa que transformaría radicalmente el mundo del comercio electrónico.

Sin lugar a duda, el espíritu empresarial es un camino solitario hacia la grandeza.

La gente piensa que sabe cómo enfrentar el rechazo. Hay quienes piensan que, si no entraron a la universidad en su primer intento o si les tomó seis meses encontrar un trabajo, eso significa que tienen la tenacidad necesaria para triunfar como empresarios.

Ser empresario consiste, entre otras cosas, en saber enfrentar el rechazo de manera repetida. De modo que, esa debe ser tu pasión, el trabajo de tu vida. Ese tiene que ser tu orgullo, tu bebé consentido. Además, muchos te dirán una y otra vez que no eres lo suficientemente bueno en ello, que eso no es lo que ellos quieren que hagas, ni lo que están buscando para ti.

Quiero que conozcas a Brian[13], un joven emprendedor que intentó recaudar capital para su nuevo negocio. Él y sus cofundadores fueron presentados a siete inversionistas de Silicon Valley para ofrecerles la posibilidad de invertir $150,000 dólares en su empresa, cuya valoración era de $1,5 millones, o una participación del 10% de la empresa. Dos de los inversores ni siquiera respondieron su correo electrónico. Los otros cinco rechazaron la oportunidad de inversión, citando razones como "no es nuestra área de enfoque", "la oportunidad de mercado potencial no parece lo suficientemente amplia" y "ya tenemos compromisos con otros proyectos". A pesar de estos rechazos iniciales (y de muchos otros), Brian y sus socios emprendedores reunieron capital y construyeron una gran empresa. Hoy, Brian (Chesky) y sus socios, Joe Gebbia y Nathan Blecharczyk, son multimillonarios. Su empresa se llama Airbnb.

Esta es una magnífica prueba de que los chicos más inteligentes de la clase no siempre son los chicos más inteligentes del mundo —y también es un buen motivo de inspiración para cualquier soñador que quiera tener presente todo lo que es posible llegar a ser y a alcanzar en la vida.

Para un emprendedor, siete rechazos son la punta del iceberg. Habla con cualquiera de ellos que haya reunido capital y escalado un negocio y no será raro que te cuenten historias de los cientos de veces en que lo único que recibieron fueron rechazos. Incluso a los mejores empresarios se les dice que no. Hasta las empresas más grandes luchan al principio y las ideas más audaces también han sido ignoradas.

¿Sabes realmente qué y cómo es sentir el rechazo? ¿Estás dispuesto a recibirlo una y otra vez y seguir adelante, incluso cuando la gente te diga que te rindas? Eso es lo que se siente ser un empresario. Tú tienes una visión que los demás no. Existe desconexión entre tu visión y la de los demás. Tú sabes que tienes razón y que ellos están equivocados. En cambio, ellos no tienen la claridad que tú tienes.

Sin embargo, tú tienes la opción de hacer lo que prefieras para ganarte la vida.

Quizá, no sea el trabajo de tus sueños, aquel que tanto deseas, ni tampoco el salario que crees merecer, el hecho es que tienes dos opciones: trabajar para otra persona o dedicarte a trabajar para ti mismo.

El camino empresarial no es para todos. Hay muchas razones por las cuales esto es así. Puede que no sea práctico desde el punto de vista financiero; a lo mejor, todavía no tengas esa idea genial que te lanzará al éxito; tal vez, no estás listo para adquirir un compromiso empresarial en términos de tiempo. Lo cierto es que, elijas lo que elijas, sé el dueño absoluto de tu vida laboral. Asume la responsabilidad de tus acciones y ten claro que tú eres quien decides por cuál opción optarás.

Todos los emprendedores tienen un momento decisivo en sus vidas, cuando se dan cuenta de que ya no pueden, ni quieren trabajar para nadie más. Kevin O'Leary, Mr. Wonderful de *Shark Tank*[14], supo el momento exacto en el que quería ser empresario. Cuando era adolescente, su primer trabajo fue como repartidor de helados en Magoo's Ice Cream Parlour, en Ottawa, Canadá. Fue allí donde aprendió una poderosa lección que ha definido su vida desde entonces. Al final de su segundo día de trabajo, la dueña del negocio le dijo que se arrodillara y raspara todo el chicle que había en el piso. Cuando él se negó, ella lo despidió.

"En cuestión de minutos, iba en mi bicicleta[15] camino a casa, completamente avergonzado y consternado de ver que ella tenía ese tipo de control sobre mi vida", dijo O'Leary durante una entrevista en el programa de televisión canadiense *Dragon's Den*. "Nunca —nunca— en mi vida volví a trabajar para alguien. Jamás. Nadie ha tenido nunca control sobre mí, nunca, ni nunca lo tendrá".

Años más tarde, apoyado por un préstamo de $10,000 dólares que le hizo su madre, en sociedad con Michael Perik[16], O'Leary lanzó SoftKey International, un negocio de software que comenzó en el sótano de su casa. O'Leary ayudó a liderar una serie de adquisiciones que convirtió a SoftKey, que luego se convirtió en Learning Company, en un consolidador de software educativo. En 1999, Mattel adquirió Learning Company[17] por un valor de $3.600 millones de dólares.

Es fácil querer ser empresario. Pero, ¿qué significa serlo?

¿Cuál es tu nicho? ¿En qué te diferencias de la competencia? ¿Cuál es tu ventaja competitiva?

Tu agenda como empresario no será menos agitada de lo que es ahora. Trabajarás más duro y durante más horas como empresario que en tu trabajo actual. Te garantizo que trabajarás cinco veces más duro que ahora, pues, cuando eres empresario, tú mismo eres el jefe, el empleado, el supervisor, la junta directiva, la secretaria, el conserje. Eres todo, porque todo depende de ti. Necesitas tener esto claro para llegar a alcanzar éxito como empresario.

Casi todo el mundo dice que quiere ser empresario, pero no es por la razón correcta.

Demasiadas personas piensan que el espíritu empresarial se trata, más que todo, de hacerse millonarias. El espíritu empresarial sí puede ser un camino hacia una riqueza sustancial, pero esa no debe ser la razón principal para querer ser un gran empresario. La mejor parte del espíritu empresarial no es financiera. Más bien, tiene que ver con una meritocracia de ideas en la que las mejores y más ejecutables ganan. Podrás vencer a personas más fuertes que tú, más inteligentes que tú, mayores que tú, más ricas que tú. Lo único que importa para triunfar a nivel empresarial son tus ideas, junto con tus acciones.

Si vas a ser empresario, ¿crees que a alguien le importa de dónde vienes? ¿Crees que vas a vender más productos, porque te graduaste en una universidad prestigiosa? ¿Cree que tu empresa obtendrá una valoración más alta porque tiene "conexiones" en Wall Street? A nadie le importa. Nada de eso importa.

El espíritu empresarial es el mejor nivelador del campo de juego. Reduce la jerarquía, la antigüedad y la burocracia con solo pulsar un interruptor. Se trata de la flexibilidad que tiene cualquiera para trazar su propio curso. El espíritu empresarial consiste en construir y crear algo aun con las manos vacías. Es la libertad que tienes para desarrollar una empresa en tus propios términos, dejar atrás la manada y aventurarte por tu cuenta.

Sin embargo, ten cuidado con la diferencia entre un empresario y un buscador de cambios. Es fácil llamarte empresario e incluso empresario en serie. El apodo suena impresionante: "en serie" significa que tu empresa actual no es tu primera empresa; que ya tienes experiencia y éxito; que ya eres un empresario veterano. Muchos lucen esta etiqueta en sus perfiles de LinkedIn y lo hacen con orgullo: empresario en serie. Eso suena mejor. Se ve mejor. Resuena.

El problema es que demasiados empresarios en serie en realidad no son empresarios en serie, sino buscadores de cambios. Entonces, ¿eres tú un empresario en serie o un buscador de cambios? Los empresarios en serie existen. Muchos son triunfadores que continúan en la lucha. Sin embargo, hay menos empresarios en serie genuinos que todos aquellos que aparecen en LinkedIn y se identifican como tal. Un empresario en serie no solo es alguien que ha fundado varias empresas. Lo es también aquel que ha construido, escalado y, a menudo, salido con éxito de varias empresas. En otras palabras, un empresario en serie es un creador y un ejecutor.

Comenzar una empresa y luego otras empresas no te convierte en un empresario. Te hace una persona creativa. Quizás, eres un generador de ideas efectivo; puede que seas un seguidor de tendencias. Sin embargo, el hecho de que seas un fundador no es razón suficiente para que uses la insignia de empresario en serie. Hay mucho más que deberás hacer para ganarte este título.

Por su parte, los buscadores de cambios saltan de un trabajo a otro, de un negocio a otro. Si la oportunidad llama a su puerta, ellos responden. Además, a diferencia de los empresarios en serie, los buscadores de cambios suelen enfrentar las crisis de manera superficial y, cada vez que las cosas se ponen difíciles, ellos no están presentes, pues ya están ocupados en busca de su próxima aventura empresarial. Ahí es donde los empresarios en serie son diferentes, ya que es en plena crisis cuando más ellos brillan. Los verdaderos empresarios en serie saben manejar los conflictos; pivotan; reconstruyen; arreglan el modelo de negocio y capean la tormenta para asegurarse de que su negocio crezca y tenga éxito.

Es fácil confundir estos dos modelos de pensamiento, pero solo uno es el verdadero empresario. Asegúrate de conocer la diferencia. Así, no te autoimpondrás la etiqueta equivocada. Ya seas un empresario o un empleado, cuando llevas una vida con un propósito específico y eliges construir un terreno laboral significativo, sabrás cómo generar un nivel alpha en tu campo de acción y te beneficiarás de los privilegios de llevar una vida con sabor a limonada.

7
CÓMO GANAR $110,237 DÓLARES EN MENOS DE UNA HORA

Los patrones están en todas partes.

Es nuestra capacidad de reconocer patrones la que nos ayuda a leer[1], a comprender el lenguaje[2], a aprender música[3] e incluso a reconocer los rostros que nos son familiares[4]. A través del reconocimiento de patrones, podemos completar una secuencia como la del alfabeto[5], porque aprendemos cuál letra esperar después de cada una de ellas.

¿Te acuerdas del caso de un conductor de camión de helados de Ohio[6] llamado Michael Larson, quien usó su conocimiento de los patrones de cierto juego para ganar $110,237 en menos de una hora?

¿Recuerdas el programa de juegos *Press Your Luck*?

"¡Mucho dinero, mucho dinero! ¡Presiona, presiona! ¡Detente!".

Si no lo recuerdas, *Press Your Luck* fue un programa de juegos diurno[7] que se emitió en CBS, de 1983 a 1986. Lo presentaba Peter Tomarken.

Los objetivos del juego eran simples:

- Responder preguntas de trivia y recibir giros de dinero por cada respuesta correcta.

- Utilizar los giros para ganar dinero en efectivo y premios que aparecían en un enorme tablero de juego.

- Evitar caer en el temido botón de "pérdida" que borraría todas las ganancias del concursante.

Este tablero de juego era un gigante cuadrado, conformado por 18 pantallas, cada una de las cuales arrojaba oportunidades de ganar dinero en efectivo, premios y además contenía un botón de "pérdida". Cuando el concursante oprimía un enorme botón rojo, el tablero dejaba de titilar y una luz selectora iluminaba una de las 18 pantallas. Si esa pantalla mostraba un premio, el concursante se quedaba con el premio. Si aparecía el letrero que decía "pérdida", el concursante perdía todo lo acumulado.

Mucha emoción. Muchos nervios. Mucho en juego.

De los más de 700 episodios del programa[8], ninguno fue más memorable que aquel en el que participó Michael Larson, emitido en dos partes, una el 8 y la otra el 11 de junio de 1984.

Aunque él oprimió el botón de "pérdida" en su primera jugada, luego disfrutó de una racha récord de 46 jugadas consecutivas sin aterrizar en otra "pérdida". En total, Larson ganó $110,237 dólares en efectivo y muchos premios, es decir, la cantidad más alta ganada por un concursante en la Historia de los programas de juegos emitidos por televisión en el horario diurno.

Entonces, ¿cómo lo hizo?[9]

Antes de aparecer en *Press Your Luck*, Larson veía sin falta el programa. Fue así como empezó a preguntarse si el botón de "pérdida" aparecía en las 18 pantallas o solo en algunas. Para comprobar su hipótesis, Larson comenzó a grabar el programa en su VCR y, cuando se dedicó a observar en detalle los episodios grabados, y a estudiar el mecanismo del juego más de cerca, descubrió datos sorprendentes. Por ejemplo, descubrió de manera bastante brillante que el botón de "pérdida" no se movían aleatoriamente por el tablero de juego, sino que solo aparecía en secuencias repetidas de tres cuadrados. Después de hacer más estudios y observaciones a lo largo de otras seis semanas, Larson descubrió que aquel juego supuestamente aleatorio constaba de solo cinco patrones repetitivos, así que se dedicó a memorizarlos y practicarlos, haciendo pausas en su VCR para analizar las secuencias de los episodios que había grabado.

Por ejemplo, Larson descubrió que en los cuadrados 4 y 8 nunca aparecía una pérdida. Y lo que es mejor, observó que estos dos cuadrados siempre ofrecían un premio en efectivo; que el cuadrado 4 siempre tenía los premios en efectivo más altos, además de un giro gratis. Se trataba de premios en efectivo de $3.000, $4.000 y $5.000 dólares, más un giro gratis, mientras que el cuadrado 8 arrojaba premios en efectivo de $500, $750 y $1.000 dólares, más un giro gratis. Entonces, si lograba aterrizar repetidamente en las casillas 4 y 8, permanecería en el juego, acumularía giros gratis adicionales y seguiría ganando más dinero.

En síntesis, el tablero de juego no era completamente aleatorio y Larson había descifrado sus patrones de funcionamiento.

Una vez se sintió listo para concursar, Larson se presentó a una audición y fue aceptado como concursante. Durante su participación, logró aterrizar en las casillas 4 y 8 durante increíbles 31 veces consecutivas. Si bien los productores del programa y CBS sospecharon que Larson había hecho trampa, no pudieron encontrar una sola regla específica que lo descalificara de tal modo que no pudiera quedarse con sus premios.

En conclusión, más allá de asegurarse un lugar en los anales de la historia de los programas de concursos, Larson supo descifrar el código de los programas de juegos a través del reconocimiento de patrones. Para bien o para mal, él usó esos patrones a su favor para obtener ganancias financieras y, mediante su reconocimiento y su repetición, se entrenó a sí mismo para realizar un comportamiento automático.

Este procedimiento cerebral funciona así[10]: en nuestro cerebro se desarrollan vías neuronales basadas en nuestros hábitos y comportamientos. Cuanto más realizamos una actividad, más fuertes se vuelven estas vías neuronales. Después de suficiente repetición y práctica, estos comportamientos se vuelven arraigados y automáticos. Observemos, por ejemplo, actos como conducir un automóvil, cepillarnos los dientes e incluso el de tocar el timbre de un programa de juegos.

Esto funciona tanto con los buenos como con los malos hábitos. La buena noticia es que es posible formar nuevas vías neuronales que conduzcan a nuevas rutinas. Esto significa que no estaremos atrapados realizando las mismas rutinas para siempre y que tenemos la capacidad de romper viejas rutinas, incluidos los malos hábitos. ¿Cuál es el secreto para romper los malos hábitos? Si somos como muchas otras personas, la fuerza de voluntad por sí sola no siempre nos alcanzará para lograrlo. La capacidad para detectar patrones es muy efectiva para romper y desarraigar los malos hábitos. Se trata de esa habilidad que tenemos para reconocer secuencias y series. Entonces, el secreto para romper un mal hábito[11] es identificar, aislar y luego romper ese patrón. En otras palabras, podemos cambiar los malos hábitos al identificar ciertos comportamientos individuales y sus causas subyacentes. A continuación, encontrarás algunos pasos de acción fáciles de implementar para romper un mal hábito:

Reconocer tu comportamiento. El primer paso es admitir que tienes un mal hábito que quieres cambiar. Si pasas por alto este paso, nunca te comprometerás por completo a hacer el cambio.

Comprender los componentes del hábito. No es suficiente que reconozcas que tienes un mal hábito. También debes comprender sus componentes subyacentes.

En *The Power of Habit*[12], Charles Duhigg explica que un hábito se compone de tres partes: una señal, una respuesta y una recompensa.

La señal es el desencadenante que provoca el mal comportamiento.

La respuesta puede ser física, mental o emocional y es, simplemente, el mal comportamiento que realizas al recibir la señal.

La recompensa es la emoción positiva que obtienes al permitir el comportamiento deseado.

Entonces, cuando comprendes completamente cada uno de estos tres componentes y cómo ellos se relacionan entre sí, aprendes a cambiar los malos hábitos[13] y a reemplazarlos por buenos hábitos. Sigue estos pasos.

Identifica el problema subyacente. El problema subyacente, o desencadenante, es el por qué detrás de ese mal hábito[14]. Recuerda cuándo fue la última vez que empezaste a adquirir un mal hábito. Trata de aislar ese momento que desencadenó ese hábito y procura identificar y comprender de raíz lo que lo causó. Este no es un ejercicio fácil de hacer, así que comienza a evaluar poco a poco qué es aquello que en realidad está en juego. Por ejemplo, una emoción subyacente o una persona pueden llevarte a adquirir un mal hábito.

Reemplaza el comportamiento que quieres erradicar con uno que lo sustituya. En lugar de tratar de abandonar el mal hábito, comienza a entrenar tu mente para reemplazar ese comportamiento no deseado con un comportamiento sustituto. Este paso de acción significa que necesitas instituir un plan de juego desde antes que ese mal hábito ataque. Un comportamiento sustituto es una estrategia más fácil de implementar, porque es una forma más llevadera de cambiar los comportamientos. Como señaló Duhigg, puedes comenzar a cambiar el comportamiento que quieres erradicar, cambiando la recompensa. ¿Puedes encontrar una recompensa alternativa por tu nuevo comportamiento que te proporcione una satisfacción comparable a la que experimentas con el comportamiento que estás tratando de erradicar de tu vida?

Premia tu nuevo comportamiento. Recuerda recompensarte cada vez que implementes ese nuevo comportamiento. No tienes que dejar de fumar de golpe y castigarte por hacer un cambio de vida drástico. Más bien, celébrate por tu nueva elección de vida y tómate un momento para apreciar lo que has logrado.

Ahora que tienes una comprensión más profunda de cómo cambiar los comportamientos, veamos un comportamiento que es universalmente perjudicial para nuestro bienestar.

Un comportamiento que muchos de nosotros aceptamos fácilmente en nuestra vida es el que está relacionado con la dependencia. No me refiero a la dependencia de nuestra familia, ni de nuestros amigos o sistemas de apoyo. Más bien, se trata de nuestra dependencia de otros con respecto a nuestros pensamientos, a nuestras acciones y a nuestra necesidad de validación. Es un hecho que, cuanto más dependientes nos volvemos de los demás, menos confiamos en nosotros mismos para tomar nuestras propias decisiones. El resultado es un ciclo continuo de cierta necesidad de otras personas, de que sean sus opiniones y no las nuestras las que nos generen autoafirmación e incluso autoestima. Este tipo de dependencia también representa un estado de pereza o pasividad mental, debido al cual renunciamos a nuestros propios pensamientos, prefiriendo apoyarnos en los pensamientos de otras personas. En esencia, este tipo de dependencia es una posición reactiva ante la vida. Nos convertimos en seguidores, no en creadores de tendencias. No trazamos el curso a seguir, sino que seguimos el que otros nos tracen. No nos formamos nuestras opiniones; más bien, apoyamos las opiniones de otros.

Entonces, si vas a cambiar algo en tu vida, lo ideal sería que comenzaras por liberarte de la dependencia que tienes de los demás.

El secreto para lograr una mayor independencia se resume en dos simples acciones: (1) levanta la mano —di tu verdad— y (2) pon los pies en la tierra —sé consciente de tu realidad.

Levanta la mano: las lecciones más importantes que te enseñará la jueza Judy

Todos se levantan. La corte está ahora en sesión.

Cuando ingresas a la sala del tribunal de la jueza Judith Sheindlin, una cosa es segura: los hechos importan.

La jueza Judy[15] se enfoca primero en los hechos. Ella no quiere escuchar sentimientos. Quiere conocer los hechos y quiere la evidencia que respalde toda acusación. Ciertamente, la vida no opera como en un tribunal de justicia. Si bien el mundo real difiere de lo que ocurre en una corte, sí es posible aprovechar el enfoque y la experiencia de la jueza Judy.

Estas son las lecciones más importantes que ella te enseñará y cómo estas te ayudarán a ser más independiente:

- Los hechos importan.
- Prueba tu punto de vista.

- Muestra evidencias de ello.
- Habla objetivamente.
- Evita el uso de hipérboles.
- Sé directo.
- Sé responsable.
- No hay tiempo para excusas.
- No hay lugar para la exageración.
- Tu credibilidad es crucial.

Tu lealtad con respecto a los hechos también está directamente relacionada con tu capacidad para pensar y actuar de forma independiente. Por ejemplo, recuerda a la juez Judy la próxima vez que estés en *esa* reunión. Ya has estado en ella antes. Tú sabes, me refiero a esa en la que todo el mundo piensa que el plan planteado es una buena idea, pero tú no estás tan seguro de que así sea. ¿Qué hacer, entonces? ¿Hablar? ¿Levantar la mano? Por supuesto, *podrías* hacerlo. Pero no es fácil. Quedarías como la única persona presente que no está de acuerdo con lo propuesto. La única que objetaría el plan que tantas otras personas inteligentes acaban de aprobar ¿Estarías dispuesto a ser tú quien ponga en riesgo esa seguridad que te brinda tu silla de conformista empedernido?

Muy pocos están dispuestos a levantar la mano cuando realmente importa. ¿Por qué?

Porque son más los que, al detectar que el riesgo de levantar la mano es mayor que el beneficio que conllevaría el hecho de cambiar de opinión, prefieren hacer a un lado los hechos y la lógica, y optan por aceptar las opiniones de los demás. O si no, comienzan a cuestionarse a sí mismos que, si todos los demás llegaron a una misma conclusión, tal vez ellos se perdieron de algo importante. Asumen que muchas mentes deben estar en lo correcto y que una mente solitaria debe estar equivocada.

Por ejemplo, estás en medio de una reunión de grupo en tu lugar de trabajo en la que todos los demás comparten un mismo punto de vista y tu respuesta es el silencio. La recompensa a tu actitud es que parecerás agradable y no tonto frente a tus colegas y superiores.

En la década de 1950, el sicólogo Solomon Asch[16] realizó una serie de estudios que demostraron cómo la presión social de la mayoría puede obligar a un individuo a conformarse con las decisiones mayoritarias y a permanecer en silencio, aunque este esté en desacuerdo con ellas. En un experimento, se les mostró una línea a ocho estudiantes universitarios y cada uno de ellos tuvo que decir en voz alta cuál de las otras tres líneas que aparecieron posteriormente tenía la misma longitud de la línea inicial. La respuesta era clara: una línea era demasiado larga, otra línea era demasiado corta y había solo una que sí tenía la misma longitud. El hecho es que siete de los participantes acordaron de antemano actuar como la mayoría y responder incorrectamente, sin que el octavo participante lo supiera. El objetivo era determinar si este octavo participante se ajustaría a la opinión mayoritaria y elegiría la línea equivocada.

Asch encontró que, en múltiples ensayos clínicos[17], casi el 75% de los participantes se conformó como mínimo una vez con la opinión incorrecta de la mayoría. Este resultado se comparó con el del grupo sujeto del estudio, sobre el cual no había presión social, en el cual menos del 1% se conformó. Asch concluyó que las personas se ajustan a la presión social por dos razones principales: *influencia normativa*[18] (miedo al ridículo o al rechazo del grupo) e *influencia informativa*[19] (creen que el grupo está mejor informado o es más inteligente que ellas).

Es fácil ser víctima de la mentalidad de rebaño. Hay presión de grupo. Tu reputación puede estar en juego. No querrás ser visto por la manada como desagradable o irrespetuoso. Pero ten en cuenta que, a veces, manadas enteras van al matadero. Entonces, siempre que estés respaldado por hechos y evidencias, es tu responsabilidad dar tu opinión. No asumas automáticamente que estás equivocado, porque alguien con autoridad o antigüedad diga que lo estás. Nadie quiere ser la persona que se opone a la mayoría. Nunca es cómodo serlo. Sin embargo, si ya has analizado los hechos que respaldan tu punto de vista, usa ese conocimiento y esa certeza para exponerlo.

Las opiniones de otras personas nunca deberán reemplazar las tuyas. Puede que, en ocasiones, pero tú ve directo a la fuente: los hechos. Estos te ayudarán a formarte tu propia opinión y a tomar decisiones basadas en tu lectura de ellos. Estos no solo te permiten estar más informado y empoderado, sino que también contribuyen a que rompas ciertas cadenas de dependencia al no necesitar de otros para obtener la información que buscas.

Se requiere de coraje para desafiar a la mayoría, pero tu opinión importa. ¿Recuerdas la película clásica *12 Angry Men*?[20] Esta tiene lugar al interior de la sala de un jurado, mientras los 12 miembros debaten el destino de un acusado. El jurado está listo para condenar, pero hay uno reticente. En el transcurso de la película, el reticente (interpretado por Henry Fonda) presenta hechos y pruebas que convencen a los demás miembros de cambiar de opinión. Al final, incluso aquellos que habían concluido más allá de toda duda razonable que el acusado era culpable se dieron cuenta más tarde, a través de los hechos y las pruebas, de que no lo era. A veces, el poder de uno es más poderoso que un ejército compuesto por muchos. Así que no seas tímido, ni te sientas intimidado a tal punto que dudes para levantar la mano. Tú ocupas un lugar en esa reunión por una razón.

Sin lugar a duda, contar tu historia, levantar la mano y decir lo que piensas requiere de coraje de tu parte. La próxima vez que estés en una reunión[21], levanta la mano. Habla alto. Explica tu argumento a partir de los hechos y respáldalo con datos. Puede que esto signifique tener una opinión que difiere mucho de la de la mayoría; no es fácil diferir de los demás y quizá nunca lo sea; a lo mejor, te ignoran o te piden que no insistas. Sin embargo, si tus argumentos son persuasivos y sabes comprender a tu audiencia y conectar con ella, comenzarás a generar confianza y ellos lo notarán.

Tampoco es cuestión de que levantes la mano cada vez que tengas una opinión distinta. Una parte importante de expresarte es que seas cauto. Según *Harvard Business Review*, es más probable que tus puntos de vista sean escuchados por la multitud si, primero que todo, ya has generado buena voluntad y credibilidad con tus colegas[22]. Por ejemplo, gozas de gran prestigio en tu campo de acción y eres catalogado como un miembro del equipo que suele tomar muy buenas decisiones en beneficio de la organización y en consonancia con sus valores empresariales. Cuando piensas de forma independiente, sabes que tu criterio es importante y usas la lógica y la razón respaldadas por hechos, estás aprendiendo y poniendo en práctica las lecciones más importantes que la jueza Judy quiere enseñarte.

Pon tus pies sobre la tierra:
Deja de imitar a los Jones

La segunda área en la que muchos eligen la dependencia sobre la independencia es un laberinto interminable de miseria conocido como "querer vivir como los demás".

Si estás buscando la cosa más agotadora que podrías hacer en tu vida, la encontraste y debes dejar de hacerla. Es hora de poner los pies sobre la tierra, dejar de querer escalar socialmente y pretender llevar la vida que llevan otras personas.

Ese es un trabajo de tiempo completo, no remunerado y sin fecha de finalización. Es una forma horrible de vivir —y una montaña rusa emocional innecesaria—. Eso significa que eres un seguidor, que les cediste el control de tu vida a otros y que eres un espectador en tu propio juego.

Cuando aplicamos los tres componentes de un hábito, vemos que la señal es cualquier situación social en la que tus vecinos hacen alarde de su estatus social o riqueza y tú te sientes inseguro acerca de tu propia posición social o económica. La respuesta es que tú tomas medidas (financieras, sociales o de otro tipo) para crear una apariencia de riqueza o posición social comparable a la de ellos. La recompensa es que te sientes validado, incluido, respetado y aliviado de tener un estatus similar al de aquellos que viven en tu vecindario.

En última instancia, los conformistas empedernidos son seguidores. Al igual que los buscadores de cambios que persiguen tendencias, los conformistas siguen e imitan a otras personas que ellos creen que representan el éxito. En este juego interminable, perecen la individualidad y el pensamiento independiente, y gana el conformismo. No hay nada de malo en emular un modelo a seguir que refleje fortaleza; tampoco es malo inspirarte en otras personas. Sin embargo, debes incorporar esa inspiración a tu propia vida y usarla como una fuerza positiva para mejorarte a ti mismo.

Los conformistas dedican tanto tiempo y energía a "parecerse a ciertas personas" que no logran hacer cambios concretos que sí traerían un éxito sostenible a su vida. Pareciera que ellos nunca han escuchado este proverbio: "El león no se da la vuelta cuando le ladra un perrito". Habla con un conformista y notarás su cuello tenso de tanto mirar constantemente por encima de sus propios hombros para ver si otros están hablando a sus espaldas.

Mantenerse al día con los estándares de vida de los demás no es un fenómeno nuevo. Los consumidores de jugo de limón han estado apuntalando sus estilos de vida desde por lo menos el 99, me refiero a 1899. El sociólogo y economista noruego-estadounidense[23] Thorstein Veblen acuñó el término "consumo conspicuo" para describir a los nuevos ricos del siglo XIX que adquirían posesiones materiales para aumentar sus ingresos, su reputación y su poder social.

En *The Theory of the Leisure Class*, Veblen señaló que, a medida que los consumidores compran más bienes y servicios para mantener o alcanzar un estatus social más alto, la sociedad se caracteriza por una mayor pérdida de tiempo y dinero. Arthur R. ("Pop") Momand acuñó la frase[24] *"Keeping up with the Jones"* (mantenerse al mismo nivel de los Jones) en su tira cómica del mismo nombre, que presentaba a la familia McGinis, los mejores escaladores sociales, tratando de mantenerse al mismo nivel de sus vecinos[25], los Jones.

Resumiendo, hoy es el día en que dejas de intentar mantener el mismo estatus social de tus vecinos y empiezas a vivir de acuerdo a tus propias capacidades financieras. Después de todo:

Los Jones no se preocupan por ti

Los demás no se preocupan por ti tanto como crees.

Tienen la misma cantidad de tiempo que tú y no lo dedican a ti. Tienen su propia vida y la viven a su manera. No es que estés caminando sobre la cuerda floja y una audiencia esté observando todos y cada uno de tus movimientos. Es probable que los Jones a los que tanto tratas de imitar se mantengan al día con otros Jones, así como también es probable que esos otros Jones estén a su vez tratando de imitar a otros Jones. Así que, al final de cuentas, de lo que se trata realmente es de un gran esquema Ponzi de Jones.

Los Jones poseen mejores cosas que tú

Cuando proceses la siguiente realidad, te ahorrarás años de dolores de cabeza: otras personas tienen más y mejores cosas que tú. Otras personas tienen casas más grandes, autos más sofisticados y más dinero que tú. ¿Y qué con eso? Tú también tienes una casa más grande que la de otros, un auto más bonito que el de muchas personas y más dinero que otra gente. Puede que no conozcas a esas personas, pero están allá fuera. ¿Y qué importa? Estás jugando el juego equivocado. Cuando pretendes mantenerte al nivel de los Jones, estás atascado, siendo un conformista. Recuerda, los buscadores de cambios suelen pensar que están compitiendo con triunfadores, pero en realidad están luchando contra conformistas.

No te enredes en su tonto juego. A los triunfadores también les encanta la competencia, pero solo compiten contra un ejército de uno: ellos mismos. Así que amplía tu perspectiva más allá de tu microcosmos inmediato y de tu círculo social. Cuando hagas esto, los Jones se volverán infinitamente más pequeños y menos importantes para ti.

Los Jones no están compitiendo contigo

Asegúrate de estar jugando el juego correcto. Se llama *gratitud*.

Enfócate en lo que tienes, no en lo que otros ostentan. Celebra lo que es realmente importante para ti: las personas que más amas; el talento especial que solo tú tienes; tus aventuras y experiencias de vida únicas. Cuando haces de todo esto el centro de tu vida, tu deseo de competir se vuelve menos apremiante, así que no vivas los sueños de otras personas, ni según la definición de éxito de los demás. Logra el éxito según tu propia opinión.

Si quieres vivir como los Jones, hazlo

No es difícil vivir como los Jones. Si deseas vivir con una deuda masiva a cuestas, pero ya tienes al tope el cupo de tus tarjetas de crédito y solicitaste unos cuantos préstamos más en tu banco, existen varios prestamistas que estarían dispuestos a abrirte sus puertas y prestarte más dinero. Sin embargo, comprar más cosas no te hará feliz. Ese es solo un distractivo y los distractivos surten efectos meramente temporales. Ahora, si en verdad deseas una solución permanente y adquirir buenos hábitos, pregúntate por qué. ¿Por qué sientes la necesidad de ser un imitador de los demás? ¿Qué estás queriendo lograr realmente? Cuando te enfocas en tus "por qué", logras reprogramar con mayor facilidad tus malos hábitos y elegir una sana recompensa a los nuevos.

Si quieres más, ve a buscarlo

No actúes en contra tuyo. Si lo que quieres es riqueza, comienza por no malgastar tus ingresos. Estás haciendo lo contrario a tu verdadero objetivo: gastando mucho dinero sin ganarlo; es decir, estás botando lo que ganas y todo por guardar las apariencias. Si lo que quieres es dinero, necesitas encontrar formas de ganar más. Ahora, si lo que anhelas es un mejor estatus social, necesitas hacer más amigos, no centrarte en torno al nivel de vida de otras personas. Esa mentalidad te hace reactivo, no proactivo.

Construye la vida que deseas con las herramientas que ya tienes. Pregúntate todos los días qué hiciste para acercarte a tu meta. Quizá, conducir un buen automóvil o comprar una buena casa te hagan sentir muy bien, pero no te acercan a construir un negocio, ni a generar un cambio sostenible en tu vida, ni a desarrollar los hábitos que te brindarán una autoestima más sana.

Entonces, pregúntate: ¿Por qué estoy viviendo mi propia vida según los términos de los demás? Quizá, piensas que los estás superando, pero no es así. Estás viviendo según sus reglas y jugando su juego. Obtienes tu felicidad y autoestima no de tus propios objetivos y logros en la vida, sino de los de otras personas. Te has dedicado a ser un seguidor que llega en segundo lugar. El problema es que tus motivaciones están en el lugar equivocado. Querer vivir como los Jones no contribuye al verdadero logro de tus metas. Más bien, es un estado estático de imitación. A lo mejor, te parece que estás subiendo de rango social, cuando en realidad estás creando una apariencia falsa. Tienes la sensación de estar flotando sobre el agua cuando lo más probable es que estés hundiéndote a medida que gastas más dinero.

Los Jones están arruinados

Si quieres admirar a una familia que represente riqueza y éxito, los Jones son la familia equivocada, pues están arruinados. Se parecen menos a Daddy Warbucks[26] y más a Johnny Brokebucks. Lamento sacarte de tu autoengaño: los Jones nunca tuvieron dinero. Claro, aprendieron algunos trucos contables a lo largo de los años para parecer millonarios, para poder engañar a "amigos" como tú. Ellos no son diferentes al tipo de millonario que estás a punto de conocer. Los conformistas empedernidos no entienden esto, pero ahora tú sí lo entiendes.

Conoce a los millonarios más pobres del mundo

Si alguna vez viste un programa de televisión como *Dateline*, *48 Hours* o *20/20*, ya conoces esta historia.

Esta comienza con una familia perfecta que vive en una hermosa casa, rodeada de una cerca blanca en un conjunto residencial cerrado. Allí, hay fotos de su perfecta vida por todas partes. De repente, en cuestión de minutos, surgen problemas en tal paraíso. La tragedia golpea a sus puertas. Luego, se entrevista a los vecinos y amigos, quienes comentan:

"Según parecía, eran la familia perfecta".

"Allí, no había señales de que tuvieran problemas financieros".

"Tenían todo a su favor".

Ahora, quiero presentarte a Mike Millionaire. Vive en una casa de cinco habitaciones. Conduce un Mercedes. Sus dos hijos van a una escuela privada. Su familia esquía en Aspen durante el invierno y surfea en Hawái en las vacaciones de verano. Sin lugar a duda, cuando eres millonario como Mike, la vida es buena.

El único problema es que Mike no es millonario. Está lejos de serlo. Miremos más de cerca.

¿Cómo tiene esa lujosa casa? Porque la compró con solo un 5% de cuota inicial. El otro 95% lo hipotecó.

¿Y su auto de lujo? Es rentado.

¿Y la escuela privada de sus hijos? Son los abuelos quienes la pagan.

¿Sus lujosas vacaciones? Las paga con sus tarjetas de crédito, las cuales están al máximo de capacidad crediticia. Mike es el orgulloso propietario de más de $30,000 dólares solo en deudas de tarjetas de crédito.

Es por eso que la gente comenta:

"Según parecía, eran la familia perfecta".

"Allí, no había señales de que tuvieran problemas financieros".

"Tenían todo a su favor".

Mike es el millonario más pobre del mundo —y a nadie se le ocurrió que así fuera—. ¿Cómo se sienten ahora sus vecinos ante esa gran revelación? Oh, todavía no lo saben. Solo tú acabas de enterarte. Eso era lo Mike quería. Que todos pensaran que él es millonario.

Pero no lo es.

Las apariencias engañan[27]. Todos pensaban que Mike era millonario porque conocían su casa y su auto. Veían sus esquís y sus tablas de surf, los uniformes de la escuela privada de sus hijos, junto con todos sus activos, así que pensaban que todos estos lujos eran el reflejo de su fortuna financiera y representaban su riqueza.

Fórmula del valor neto del buscador de cambios:
Activos = Valor neto

Sí, esa es una fórmula, pero es la fórmula equivocada.

Su crisis reveló que Mike tenía grandes deudas, debido a sus supuestos activos. No hay nada de malo en comprar activos con deuda y, en muchos casos, ese puede ser el movimiento financiero correcto. Sin embargo, es fundamental tener en cuenta esa deuda al calcular el patrimonio neto. Ahí es donde entran en juego los pasivos.

Según esto, tu patrimonio neto no es igual a tus activos. La fórmula correcta es:

Fórmula de patrimonio neto real:
Activos – Pasivos = Valor Neto

En el caso de Mike, una vez que restas sus pasivos (su deuda) de sus activos, su panorama financiero es confuso. Por supuesto, solo Mike lo sabe. Para el mundo exterior, él es Mike Millionaire. Pero, para nosotros, él es el millonario más pobre del mundo. Ahora, es posible que ya conozcas la fórmula correcta para saber cuál es un patrimonio neto. Sin embargo, te sorprenderías de cuántas personas la olvidan cuando ven a otros exhibir sus activos. Olvidan que, para mantener las apariencias, hay gente como Mike, que está dispuesta a gastar dinero que no tiene.

Mike no lo piensa dos veces para endeudarse con tal de mantener su estilo de vida de lujo. Pero él no está solo. Quizá, tú conozcas a un buscador de cambios como Mike.

Dicho de otro modo, hasta que este tipo de personas no acabe con sus malos hábitos, muchos como Mike Millionaire seguirán siendo los millonarios más pobres del mundo.

El interruptor de la Independencia

Observa introspectivamente e identifica qué patrones hay en tu vida. Tú tienes la fortaleza necesaria para neutralizar y cambiar los comportamientos que consideres necesarios para convertirte en la persona que quieres ser.

Cuanto confíes en ti mismo más que en los demás, más pronto te darás cuenta de lo increíblemente autosuficiente que eres. Cuando levantas la mano para decir lo que piensas y pones los pies sobre la tierra, consciente de tu realidad, vives en ella y no en la de los demás; estás recorriendo el camino hacia una la vida independiente.

Deja de depender de otros cuando se trata de buscar respuestas.

Deja de confiar en la mayoría, porque sean la mayoría.

Deja de preocuparte por lo que los demás piensen de ti.

Deja de esperar a que otros determinen cómo te sientes y qué elecciones puedes o no hacer.

La parte más poderosa y esencial de ser una persona independiente es la libertad que tienes de controlar tu destino, de tomar tus propias decisiones y elecciones. ¿Sabes cuánto tiempo y energía gastas cuando te preocupas por lo que los demás piensan y dicen de ti? Toma entonces la decisión consciente de dejar de depender de ellos. Será una experiencia transformadora que reestructurará tu vida. Descubrirás recursos que nunca supiste que tenías, así que administra este tiempo y esta energía recuperados para reconstruir tu vida de maneras más productivas.

Ser independiente no significa que seas un solitario transitando por un camino rural, ni que tu mesa sea siempre para uno. Significa que no dependes de otras personas para formarte tus opiniones, ni para cultivar tu autoestima, ni para disfrutar de tus emociones, ni para tomar decisiones. Sí, puedes buscar el consejo de otros, confiar en tu manada y aceptar comentarios y críticas constructivas, pero ya no vives en función de complacer a los demás. Se trata de tener el control de tus decisiones y elecciones, y de que cada cosa que decidas sea según tu criterio y en beneficio propio.

Si vives según los estándares y reglas de otras personas, estarás atrapado en un ciclo interminable de artificialidades que solo contribuirá a que ellas ejerzan influencia y poder sobre tu vida. La independencia no se trata solo de ser libre de dependencias y de la capacidad de pensar y actuar libremente; también tiene que ver con tu capacidad de vivir de acuerdo a tus propias reglas. Eres tú quien debes decidir qué es lo mejor para tu vida. Nadie distinto a ti puede, ni debe decidir por ti.

Interruptor #4

S de Self-Awareness
(Autoconciencia)

Domínate a ti mismo y dominarás tu vida

Tu visión se aclarará solo cuando puedas mirar dentro de tu propio corazón. Quien mira afuera, sueña; quien mira adentro, despierta.

—Carl Jung

8
TÓMALO A TÍTULO PERSONAL

Si alguna vez has visitado Harvard, es inevitable que también hayas visitado Harvard Yard, el centro histórico del campus. Allí, encontrarás de todo, desde Memorial Church y Widener Library hasta la mayoría de los dormitorios de estudiantes de primer año y la oficina del rector. En otoño, las hojas rojas, amarillas y anaranjadas que decoran los terrenos del campus son algunas de las más pintorescas de New England.

Frente a University Hall, encontrarás una estatua de bronce de John Harvard[1], sentado con un libro en su regazo. La estatua es obra de Daniel Chester French, el mismo escultor que más tarde construiría el Lincoln Memorial. El caso es que esa es la estatua más prominente en el campus de Harvard. En mis tiempos de estudiante allí, solía ver a los turistas tomarse fotos con ella y frotar la punta del pie izquierdo de Harvard para atraer la buena suerte.

La inscripción de la estatua dice:

John Harvard
Fundador
1638

Sin embargo, hay algo que debes saber sobre esta estatua. En realidad, son tres datos concretos los que quiero que sepas: se trata de las razones por las que la estatua se conoce como la Estatua de las Tres Mentiras[2].

1. Harvard no fue fundada en 1638. Harvard es la institución de educación superior más antigua[3] de los Estados Unidos, pero fue fundada en 1636. Ese año, el Gran Tribunal General de la Gobernación y la Compañía de la Bahía de Massachusetts en Nueva Inglaterra aprobaron $400 libras esterlinas para establecer "una escuela o colegio". Lo que ocurrió fue que en 1638, el año de su muerte, John Harvard legó su biblioteca[4] de 400 libros y la mitad de su patrimonio a la universidad.

2. John Harvard no fue el fundador de la Universidad de Harvard. Nacido en Inglaterra y educado en Cambridge, John Harvard era pastor en Charlestown, Massachusetts, y murió de tuberculosis[5] a los 30 años. En 1639, en honor a su donación, el Gran Tribunal General ordenó que la escuela se llamara *"Harvard College"*. Por lo tanto, John Harvard fue el primer benefactor de la universidad. Sin embargo, no se le considera el fundador de Harvard.

3. Ese no es John Harvard. La estatua puede decir John Harvard, pero fue esculpida en 1884, casi 250 años después de su muerte. French usó como modelo[6] a Sherman Hoar, un estudiante de Derecho de Harvard, para esculpir la cabeza de John Harvard. Más tarde, Hoar se convirtió en congresista de la nación y en fiscal federal de Massachusetts.

Entonces, todo acerca de esta estatua —el nombre de John Harvard, su título como fundador y el año de 1638— parece referirse a él, pero se trata de algo completamente diferente. Este tipo de "mentiras" no se limita nada más a las estatuas. Vemos patrones similares de mentiras en la vida cotidiana, incluyendo en el trabajo. Piensa en la mala dirección de algunos jefes y en los encubrimientos de toda índole entre los equipos de trabajo. ¿Te has fijado en los disfraces que usan tus compañeros para ir a trabajar? No me refiero a si usan uniformes, sino a sus disfraces —a las formas literales y figurativas en que cada uno disfraza su verdadero yo y sus sentimientos para adaptarse a determinado estilo de vida laboral, entorno o cultura —incluso si no está de acuerdo en hacerlo.

Por ejemplo, piensa en las mentiras comunes que escuchas todos los días en el trabajo:

Las diez mentiras que la gente dice en el trabajo

1. No tengo ninguna pregunta.
2. Puedo hacer todo esto yo solo.
3. Sí, tenemos un plan de acción.
4. El negocio va muy bien.

5. Trabajamos bien juntos.
6. No fue mi culpa.
7. Sí, lo tendré listo para el lunes.
8. Me encantaría ayudar, pero estoy demasiado ocupado.
9. Estaría feliz de trabajar hasta tarde esta noche.
10. Esas instrucciones fueron muy claras.

A veces, lo que decimos y lo que queremos decir difieren entre sí. Observa la dicotomía que surge cuando comparamos lo que decimos con lo que en verdad queremos decir.

Las diez mentiras que más dice la gente en el trabajo

Lo que dices	Lo que quieres decir
No tengo ninguna pregunta.	Espera, ¿podemos empezar desde el principio?
Puedo hacer todo esto yo solo.	¡Ayúdenme, por favor!
Sí, tenemos un plan de acción.	Estamos completamente desorganizados.
El negocio va muy bien.	Decir que tenemos ligeros contratiempos sería un eufemismo.
Trabajamos bien juntos.	¡Sácame de este equipo!
No fue mi culpa.	Fue mi culpa, pero no estoy dispuesto a perder mi empleo.
Sí, lo tendré listo para el lunes.	¿Me estás tomando del pelo? Tal vez, en un mes a partir del lunes.
Me encantaría ayudar, pero estoy demasiado ocupado.	De ninguna manera. Estoy trabajando en este proyecto.
Estaría feliz de trabajar hasta tarde esta noche.	No quiero estar aquí pasadas las 5:00.
Esas instrucciones fueron muy claras.	No entendí una palabra de lo que dijiste.

¿Qué impulsa a algunas personas a decir estas mentiras? El miedo.

El jefe se enfadará.
Quedaré como un tonto.
Todos me culparán.
Las personas inteligentes no necesitan ayuda.
Esto perjudicará mi evaluación de desempeño.
Obtendré una bonificación más baja.
No me ascenderán.

Cuando nos abstenemos de decir lo que en verdad queremos decir, es posible que no obtengamos la información que necesitamos, todo en nombre de una supuesta autoprotección. Mientras tanto, el jefe piensa que todo está bien. Hay un acuerdo mutuo sobre un resultado, pero una asimetría de información implícita. Tu jefe espera una tarea completa, pero es posible que tú no se la entregues, porque no hiciste preguntas, ni solicitaste instrucciones más amplias, ni ayuda extra.

¿Qué crees que pasará el lunes por la mañana?

Ahora, reemplacemos las diez mentiras que decimos en el trabajo con las diez declaraciones más poderosas que podríamos estar haciendo.

Las diez declaraciones más poderosas para hacer en el trabajo

1. Necesito ayuda.
2. No entiendo.
3. Cometí un error.
4. No sé cómo arreglar esto.
5. Es mi culpa.
6. Cúlpame a mí, no a ellos.
7. ¿Cómo puedo ayudarte?
8. Lo siento.
9. Necesito hacerlo mejor.
10. Enséñame.

Nota la diferencia. Estas declaraciones son auténticas y sinceras. Transmiten apertura y honestidad, y son claras y decididas.

Comparemos estas nuevas declaraciones una al lado de la otra:

Las diez declaraciones más poderosas en el trabajo

Lo que dices	Lo que quieres decir
Necesito ayuda.	No puedo hacerlo solo. Valoro tu habilidad y experiencia. Ayúdame a alcanzar este objetivo.
No entiendo.	Escuché, pero tengo más preguntas. Por favor, dame un poco más de información para que pueda hacer esto bien.
Cometí un error.	Yo sé cómo hacer esto. Lo arruiné y quiero hacerlo mejor.
No sé cómo arreglar esto.	Quiero arreglarlo, pero necesito ayuda.
Es mi culpa.	Asumo la responsabilidad.
Cúlpame a mí, no a ellos.	Soy el único responsable, no mis compañeros de equipo.
¿Cómo puedo ayudarte?	Me preocupo por ti y quiero que tengas éxito.
Lo siento.	Cometí un error. Me equivoqué y quiero que avancemos juntos hasta solucionarlo.
Necesito hacerlo mejor.	Soy consciente de mí mismo y tengo la confianza suficiente para conocer los altos estándares que se esperan de mí.
Enséñame.	Te valoro y quiero aprender de tu éxito.

Así, cuando dices tu verdad, tu voz es genuina y tu mensaje tiene un mayor impacto. Sin lugar a dudas, decir lo que quieres decir es mejor cuando se trata de resolver problemas, lograr metas, construir conexiones humanas más fuertes, aumentar la productividad y fomentar relaciones honestas. Busca personas que no usen disfraces, ni máscaras. Solo necesitas ser y mostrar tu yo auténtico. De lo contrario, pasarás toda la vida fingiendo ser alguien que no eres —para lo cual se requiere de mucha energía y planeación.

> Serás mejor cuando dejes de engañarte a ti mismo…
> De ser la persona que quieres que los demás piensen que eres.
> Haciendo lo que quieres hacer para ganarte la vida.
> Esa vida que realmente quieres llevar.
> Que te hace feliz.
> Sin engañarte a ti mismo.

Más bien, empieza a confiar...
en que está bien pedir ayuda y recibir comentarios.
Sí es posible disfrutar de lo que haces para ganarte la vida.
Tú sí puedes elegir el tipo de vida que quieres llevar.
Tu felicidad comienza contigo y solo contigo.

Por qué deberías tomarlo como algo personal

En algún momento de nuestra vida, a la mayoría de nosotros nos han dicho: "No lo tomes como algo personal"[7], porque, supuestamente, no somos nosotros, son ellos. ¿Correcto?

Error. Esta frase es una excusa y un mecanismo de defensa para ignorar la que podría ser una retroalimentación importante.

Los triunfadores suelen decir: "Tómate todo como algo personal".

Cuando te tomas las cosas a modo personal, ese es un proceso activo en el que utilizas los comentarios que recibes para mejorar.

A su manera, ni los expertos en excusas, ni los conformistas empedernidos, ni los buscadores de cambios se toman las cosas como algo personal. Los expertos en excusas operan en el abismo del no puedo, de modo que la noción de autoconciencia ni siquiera está en su radar. Los conformistas empedernidos hacen lo que se les dice, pero no internalizan, ni procesan los comentarios ajenos. Los buscadores de cambios no escuchan a los demás; ellos hacen lo que creen que tienen que hacer y ya.

En otras palabras, cuando "no te tomas las cosas de modo personal", es fácil descartar los comentarios constructivos que recibes de los demás e incluso los tuyos. ¿Cómo puedes convertirte en una mejor persona con esta mentalidad cerrada?

Si bien es fundamental que seas consciente de ti mismo y que estés abierto a la retroalimentación, también es importante comprender lo que no significa tomar las cosas personalmente. No significa preocuparte por las cosas pequeñas y permitir que todos te critiquen. Por el contrario, solo tú tienes el potencial de identificar la retroalimentación que te sea útil para alcanzar una insondable verdad interna. Este proceso de autorrealización y superación personal suele propiciar un nivel de inteligencia emocional más profundo. ¿Serán valiosos todos los consejos que escuches? No. Depende de ti evaluar y aplicar tus filtros.

No solo escuches a las personas que te dicen que sí, pues, con más frecuencia de la que crees, aprenderás más de las personas que te dicen que no. Si eres dueño de un negocio, es reconfortante escuchar de tus fans lo maravillosos que son tus productos. Sin embargo, dedica más tiempo a escuchar a tus clientes insatisfechos, ya que ellos te ofrecerán los comentarios más específicos sobre cómo mejorar tus productos. Tu objetivo es amplificar tus antenas de tal manera que sepas escuchar toda clase de comentarios y extraer de allí los más positivos y constructivos para luego procesarlos y poder construir una vida más fructífera.

La autorreflexión y la superación personal parecen ser tendencias nuevas, pero sus raíces se remontan a casi 700 años, a un monje alemán.

El monje alemán del siglo XIV que ayudó a reinventar Domino's Pizza

Berthold der Schwarze[8], un monje y alquimista alemán del siglo XIV, fue uno de los primeros en escribir sobre la autorreflexión. Consiste en el proceso de uno comprenderse a sí mismo y utilizar esta retroalimentación para aprender y mejorar cada vez más. Lo que Schwarze no imaginó fue que, seis siglos después, él contribuiría a que disfrutaras de la mejor de las pizzas.

Si bien es cierto que la autorreflexión implica una conversación contigo mismo, junto con una autoevaluación, esta también comienza con comentarios externos que luego tú procesas internamente. En otras palabras, para maximizar todos los beneficios de la autoconciencia, debes dominar la retroalimentación tanto a nivel interno como externo.

Comencemos con la retroalimentación externa.

Recuerda: es únicamente tu decisión a quién y qué escuchas a lo largo de tu vida. Solo tú estás en condiciones de filtrar los comentarios que elijas aceptar o ignorar. Tu filtro es esencial para separar la negatividad de la retroalimentación constructiva, así que ten siempre presente que muchos de los comentarios ajenos te llevarán al abismo del no puedo, mientras que tu enfoque en tus metas te guiará hacia la construcción de una vida con sabor a limonada.

Entonces, si administras una marca de consumo como Domino's, escucharás todo tipo de comentarios de fanáticos y de escépticos de la pizza. Esa es la posición en la que se encontró Patrick Doyle, exdirector ejecutivo de Domino's, mientras dirigía la empresa. Es posible que Doyle haya aplicado algunos de los principios de autorreflexión de Schwarze para ejecutar uno de los mayores cambios corporativos de la Historia[9].

Domino's era una marca en dificultades cuando Doyle decidió enfrentar sus desafíos. De manera poco convencional[10], Doyle decidió publicar algunos anuncios[11], compartiendo rudos comentarios que los clientes hacían sobre su pizza:

- "La peor pizza que he probado".
- "Totalmente desprovista de sabor".
- "La salsa sabe a ketchup".
- "Para mí, la masa de la pizza de Domino's es como comer cartón".

No todos los días ves a un CEO compartir comentarios negativos sobre su propia empresa en una campaña publicitaria nacional.

En lugar de ignorar las críticas y continuar como siempre, Doyle no podría haber sido más auténtico y directo. Él decidió aceptar tan pésimos comentarios y escuchar a sus clientes con la intención de mejorar sus productos. A partir de ahí, se comprometió a trabajar incansablemente para mejorar la calidad y el sabor de su pizza, modernizar la marca e integrar más tecnología. Doyle no aceptaba la mediocridad, ni descartaba los comentarios negativos. Por el contrario, utilizó la retroalimentación como motor para transformar Domino's. Fue así como sus esfuerzos creativos no solo incrementaron la calidad de su marca frente a sus consumidores, sino que también generaron beneficios financieros para los accionistas.

¿Cómo puedes incorporar estas lecciones y enseñanzas de un monje del siglo XIV a tu vida actual y aplicarlas en tu negocio?

Comienza tomándote todo personalmente.

Como en el caso de Domino's, tomar todo a título personal significa escuchar y procesar los comentarios externos para convertirte en una mejor marca.

También significa escucharte y evaluarte a ti mismo para luego procesar esta retroalimentación a nivel interno. Solo así lograrás ser más fuerte y más auténtico. Para incorporar más autoconciencia a tu vida, te daré dos sencillos ejercicios de retroalimentación que te ayudarán a comprenderte mejor a ti mismo y te mostrarán cómo tener más éxito en todo lo que hagas.

Paso 1. Análisis PSWOT

Haz un análisis FODA personal (*PSWOT*, según su sigla en inglés, significa: fortalezas personales (*Personal Strengths*), debilidades (*Weaknesses*), oportunidades (*Opportunities*) y amenazas (*Threaths*), que representa tus fortalezas, oportunidades, debilidades y amenazas. El análisis FODA[12] se le acredita a Albert "Humph" Humphrey, un consultor en negocios y administración que aprendió estos conceptos en el Instituto de Investigación de Stanford durante la década de 1960.

En una hoja de papel, dibuja un cuadro con cuatro cuadrantes etiquetados con F, O, D y A, como en la siguiente figura:

Análisis FODA

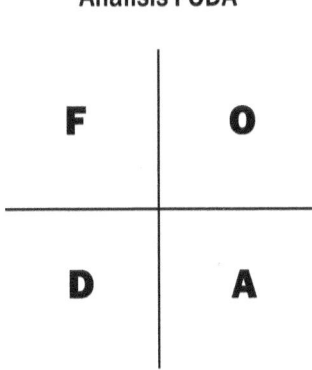

Esto es lo que significa y representa cada letra:

Letra	Significa	Representa
F	Fortaleza	Donde tienes éxito
O	Oportunidad	Tus áreas potenciales para ser un triunfador
D	Debilidad	Donde fallas
A	Amenaza	Tus obstáculos externos e internos

En cada cuadro respectivo, enumera tus tres principales fortalezas, debilidades, oportunidades y amenazas.

Tu análisis *PSWOT* deberá estar basado en tu retroalimentación interna (en tus propias percepciones) y en comentarios externos (de familiares, amigos, colegas, tu jefe y otros). Una vez que tenga tus listas, notarás que cuentas con un montón de información. Para realizar este análisis *PSWOT*, los cuatro cuadrantes no son iguales: la parte central deberán ser tus fortalezas personales[13]. Tus puntos fuertes son tu columna vertebral y tu base, todo lo que necesitarás para aprovechar las oportunidades que se te presenten. Determina qué fortalezas personales podrían aplicar a qué oportunidades y luego dibuja líneas para conectarlas. Del mismo modo, utiliza esas fortalezas con las que cuentas para controlar o neutralizar las amenazas, porque estas se interponen entre tus oportunidades y tú. Piensa en cuáles de tus fortalezas personales te ayudarían a eliminar cuáles amenazas.

¿Y qué con respecto a tus debilidades?

La sabiduría común dice que te concentres en mejorar tus debilidades. Muchos caen en esta trampa. Dedican su tiempo y esfuerzo en tratar de reforzar sus debilidades y convertirlas en fortalezas como si esto supusiera que así te convertirías en un superhumano perfecto. Si estás persiguiendo la perfección, detente. Si crees que cada debilidad debe convertirse en una fortaleza, nunca lo lograrás. No puedes ser bueno en todo. Nadie lo es.

Suele ocurrir que, en la búsqueda de la perfección, demasiadas personas magnifican sus debilidades, incluso las más insignificantes.

Todos las tenemos, pero solo tú decides cuánto permitirás que estas te controlen. Solo tú decides el papel que estas han de jugar y el propósito que tendrán en tu vida.

Más bien, piensa en las debilidades como instructivos: te muestran dónde no gastar tu tiempo y energía. También te ayudan a delimitar tu enfoque. Si no eres bueno en algo, no pierdas el tiempo haciéndolo. Tú eres infinitamente más poderoso cuando conoces tus debilidades, porque puedes dirigir tu energía hacia otra parte. Concéntrate en liderar tus fortalezas para abrirte paso, continuar y avanzar. Las debilidades no producen resultados, mientras que las fortalezas sí. Por lo tanto, todos tus esfuerzos deben centrarse en cómo tus fortalezas pueden ayudarte a aprovechar las oportunidades.

Este *PSWOT* es un ejercicio iterativo que deberás repetir cada 3, 6 y 12 meses para avanzar al mismo tiempo que le haces seguimiento a tu progreso.

Paso 2. Análisis GOAL

Este siguiente ejercicio incorpora otra faceta de la autorreflexión: la capacidad de anticipar resultados, de compararlos con los que anticipaste y luego procesar esta retroalimentación para comprenderte mejor a ti mismo. Peter Drucker, el gurú de la administración, señaló que este "análisis de retroalimentación"[14] también fue utilizado en el siglo XVI por San Ignacio de Loyola, quien fundó la comunidad de los jesuitas. Según Drucker, el análisis de retroalimentación nos ayuda a procesar y aplicar la autocomprensión, para que podamos optimizar nuestro tiempo y nuestros esfuerzos.

En una hoja de papel, haz cuatro columnas, como en la siguiente figura:

Análisis GOAL

METAS (Goals)	RESULTADOS (Outcomes)	ACCIONES (Actions)	APRENDIZAJES (Learnings)

Esto es lo que significa cada columna:

Letra	Significa	Representa
G	Metas *(Goals)*	Lo que quieres alcanzar
O	Resultados *(Outcomes)*	Los resultados que esperas obtener
A	Acciones *(Actions)*	Lo que hiciste para alcanzarlos
L	Aprendizajes *(Learnings)*	Lo que aprendiste durante el proceso

Ahora, es tu turno de llenar las columnas con tus metas y resultados. Las columnas de acciones y aprendizajes las irás llenando en el transcurso de 3, 6 y 12 meses, a medida que realizas el seguimiento de tu progreso y observas si tus acciones te están conduciendo al logro de tus objetivos. Si no es así, analiza por qué estas no te estás generando los resultados deseados.

Según lo anterior, si el análisis PSWOT es el marco para identificar una hoja de ruta, entonces, el análisis GOAL es una herramienta útil para la autorreflexión. Cuanto más repitas estos ejercicios, mejor te conocerás a ti mismo y más determinarás con mayor claridad qué estrategias te funcionan mejor. Tu capacidad de ser más consciente de ti mismo tendrá un gran impacto en tu vida a nivel personal y profesional. La autoconciencia consiste en estar más alerta con respecto a uno mismo, a los demás y nuestro entorno. Veamos unos ejemplos y comencemos a explorar cómo la autoconciencia te ayudará a comprender más a otras personas.

Por ejemplo, el análisis GOAL de Patrick Doyle podría haberse parecido a esto:

Análisis GOAL de Patrick Doyle

Letra	Significa	Representa
G	Metas (*Goals*)	Reinventar Domino's
O	Resultados (*Outcomes*)	Lograr más ventas Tener clientes satisfechos Incrementar precios
A	Acciones (*Actions*)	Diseñar campaña publicitaria Hacer un cambio corporativo basado en los comentarios de los clientes
L	Aprendizajes (*Learnings*)	Incorporar una retroalimentación honesta Hacer autorreflexión coherente y creativa Contribuir a lograr los resultados deseados

Continuemos con el tema de la pizza y veamos de qué maneras dos dueñas de pizzerías aplican los principios de la autoconciencia. Trata de determinar cuál de las dos emprendedoras es más consciente de sí misma y por qué esto es importante para su negocio.

Es la hora del almuerzo cerca de Penn Station, una de las dos principales estaciones de tren de la Ciudad de Nueva York[15]. Los turistas llenan las aceras de espera de los trenes, ansiosos por visitar Times Square, el Empire State Building y Macy's.

Dos pequeñas pizzerías de servicio rápido están ubicadas a cuadras una de la otra y les pertenecen a distintas empresarias. Una de ellas está decorada con antiguos azulejos de metro de color blanco y ofrece una variedad de pizzas artesanales, con ingredientes frescos y orgánicos. La propietaria, Kelsey, es una chef con formación clásica en el campo de la culinaria.

A unas cuadras de distancia, está la otra pizzería, que ofrece una rebanada de pizza por $1 dólar. La decoración allí es sencilla. Nada es orgánico. La salsa de tomate es de lata. La dueña, Katie, nunca en su vida ha tomado una lección de cocina.

Ambas venden solo pizza en sus negocios. En una de las pizzerías siempre hay una larga fila de clientes. En cambio, la otra suele estar vacía.

¿Cuál es cuál?

No estás ni siquiera cerca de adivinar la respuesta. La pizzería que vende rebanadas a $1 dólar es la que vive repleta de clientes. ¿Por qué?

La pizza artesanal sabe mejor y se ve mejor. Es de mayor calidad. Sin duda, Kelsey es una verdadera artista y artesana en la cocina. Sin lugar a duda, ella gana en lo referente a innovación y creatividad. Además, está convencida de estar siendo emprendedora, compartiendo sus creaciones con el mundo.

Sin embargo, Kelsey se equivoca. Es obvio que no entiende a su clientela, ni la ubicación de su pizzería. Ella solo quiere tener un negocio propio y ser emprendedora; su principal objetivo es mostrar sus habilidades culinarias en lugar de satisfacer la demanda de sus clientes objetivo; es decir, se está mirando a sí misma, no a sus clientes. Así, para el momento en que se dé cuenta de esto, si es que se da cuenta algún día, ya será tarde.

Los turistas en esta parte de Manhattan[16] están en continuo movimiento. Quieren comer algo rápido y barato, no artesanal. Entre más simple sea, mejor. A lo mejor, Kelsey tenga una gran idea, pero eligió el vecindario equivocado y no está entendiendo bien su base de clientes.

No se trata de que ya no estén de moda las pizzerías de ambiente familiar, especializadas en la vieja escuela de culinaria. Tampoco es cuestión de la mercantilización del negocio de la pizza de acuerdo a la nueva era. Simple y sencillamente, se trata de saber aplicar el espíritu empresarial. De enfocarte en lo que quieren tus *clientes* y no en lo que *tú* quieres. En el caso de estas pizzerías, el principal objetivo es saber darles a sus clientes lo que ellos quieren, contribuyendo a que sus vacaciones en NYC sean más fáciles y divertidas. Allí, los turistas han estado caminando todo el día y ahora buscan una comida reconfortante, familiar y a bajo costo.

Ser emprendedor se trata de tus clientes, no de ti. Por lo tanto, una vez que te conoces más a ti mismo, será más fácil que entiendas a los demás.

Por mucho que te esfuerces por mirar hacia adentro, las fuerzas o amenazas externas buscarán interferir en tu proceso de autodescubrimiento y autoconciencia. A veces, la vida puede volverse ruidosa. De modo que la forma en que respondas a ese ruido marcará la diferencia.

Cuidado con tanta distracción

En la Ciudad de Nueva York, la línea de llamadas 3-1-1, que no es para atender emergencias, recibe 50.000 llamadas cada día. ¿La queja #1? El ruido.

Aviones. Helicópteros. Tráfico. Música a todo volumen. Construcciones. Máquinas sopladoras de hojas. En el centro de Manhattan, el ruido puede alcanzar los 95 decibeles, un nivel significativamente más alto que el promedio de 70 decibeles recomendado por el gobierno de EE.UU. En 2009, la Unión Europea[17] instituyó pautas de control del ruido por debajo de los 40 decibeles durante la noche y manifestó que el ruido continuo durante el día no debe exceder los 50 decibeles.

Suele ser difícil escapar del ruido que hace parte de la vida en la ciudad. El ruido es principalmente fuerte y molesto, pero también es el principal motivo de distracción.

Se sabe que el ruido acecha a tus amigos, padres, compañeros de trabajo e incluso a tu propia mente. Este no es un acto sin víctimas, de modo que es imperativo que hagas todo lo que esté a tu alcance para mantenerte a salvo e identificar a sus perpetradores. Estos son algunos tipos de ruido que se han detectado recientemente y que distraen a personas desprevenidas y trabajadoras, y les roban su capacidad de atención:

1. "¡Esto nunca va a funcionar!".
2. "¿Realmente puedes manejar todo esto?".
3. "¡Olvídalo! ¡Hay demasiada competencia!".

4. "Dame una pista. ¿Qué significa eso que quieres hacer?
5. "¡No insistas en eso que quieres hacer! ¡Mejor, gasta tu dinero en esto!".
6. "¡Mejor, será que pases tu tiempo allí donde te digo!".
7. "¡Oye, deberías obtener una placa a tu gran vanidad!".

¿Sabes entonces qué es el ruido?

El ruido es un ladrón que te roba tu capacidad de enfocarte y te impide alcanzar tu visión y tus objetivos. Considéralo un obstáculo en tu camino hacia el éxito.

¿Eres consciente del ruido que hay en tu vida?

En una hoja de papel, escribe las cinco cosas que más ruido hacen en tu vida. Ten cuidado, pues no siempre las cosas más ruidosas son las que hacen más ruido, pero sí son los asesinos silenciosos de tu tiempo y tu productividad. El ruido puede ser cualquier cosa, desde tu sitio web favorito que revisas 10 veces al día hasta las personas a tu alrededor que generan negatividad y siembran dudas en tu mente.

¿Cuál es el secreto para no distraerte con el ruido?

Acabas de dar el primer paso, cuando identificaste las cinco cosas más ruidosas de tu vida. Cuando tienes claro cuáles son esas cosas que más te distraen, será más probable y más fácil que las neutralices.

¿Sabes quién ama el ruido? Dos tipos de personas: los expertos en excusas y los buscadores de cambios.

¿Por qué?

A los eternos excusadores les encanta el ruido, porque así no tienen que concentrarse en el problema que estén afrontando. El ruido les ayuda a practicar el juego de aplazamiento perpetuo; a evitar establecer metas, lo cual les proporciona el reposo que tanto ellos necesitan, porque no tienen que trabajar en nada específico. Les encanta poner excusas y el ruido es una buena forma de esconderse detrás de sus quejas.

A los buscadores de cambios también les encanta el ruido. Ellos se sienten atraídos en todas las direcciones, porque siempre están buscando la que será su nueva y brillante idea, así que están atentos a encontrar el que será su próximo emprendimiento y el ruido es su punto de entrada.

Es fácil distraer con ruido a los expertos en excusas y a los buscadores de cambios. Sin embargo, a medida que ellos se distraen, ¿sabes quién se sienta al otro lado de la mesa del ruido?

La competencia.

Así es. Mientras tú estás distraído, tus competidores se centran en la autoconciencia y la autorreflexión. No están siendo engañados, ni engañándose a sí mismos. Más bien, están trabajando en sí mismos, esforzándose por hacer mejor las cosas.

Entonces, cada vez que recibas una invitación por parte de la distracción, que estés a punto de caer víctima de alguna especie de engaño o pensando descender por algunas escaleras desvencijadas y caer en la madriguera de algún conejo mentiroso, detente, no lo hagas. No permitas que el ruido sea una excusa, ni un obstáculo, ni una distracción en tu vida.

Recuerda: tu competencia se sienta al otro lado de la mesa del ruido. Entonces, elige sabiamente tu asiento en la mesa.

Si encuentras formas de silenciar el ruido, podrás comprenderte mejor a ti mismo y derrotar a tus distractores. Ahora que lo has silenciado, es hora de concentrarte en una de las habilidades más importantes que debes dominar. No hay margen de maniobra, ni compromiso aquí. Solo tú puedes hacerlo.

No puedes culpar a Sheila, en contabilidad

Pobre Sheila. La culpan mucho por los problemas de otras personas.

¿Qué es todo ese ruido del pasillo? *Habla con Sheila, en contabilidad.*

¿Las ventas han bajado este mes? *Habla con Sheila, en contabilidad.*

¿El servicio de atención al cliente no respondió en un plazo de 24 a 48 horas? *Habla con Sheila, en contabilidad.*

¿La presentación está plagada de errores? *Habla con Sheila, en contabilidad.*

Sheila no es la que hace ruido en el pasillo, ni tiene nada que ver con las ventas mensuales, ni trabaja en servicio al cliente, ni fue quien hizo la presentación. Sin embargo, es ella quien siempre parece ser culpable de todo lo que ocurra o deja de ocurrir en su lugar de trabajo.

¿Adivina qué?

Tú tampoco puedes culpar a Sheila, en contabilidad.

Cúlpate a ti mismo. Se llama asumir *tu responsabilidad propia*. Se trata de reconocer tus defectos, debilidades y errores. Hoy, hace falta tener más responsabilidad propia que nunca. Existe un gran desequilibrio entre la cultura de la expectativa y la cultura de la responsabilidad de sí mismos. Es un hecho que ese desequilibrio se ha inclinado a favor de la expectativa y que este borra el vínculo adecuado entre acción y responsabilidad.

A los expertos en excusas les gusta pararse en sus escenarios de vida y dar a conocer a grito entero sus argumentos. Sin embargo, cuando les llega el momento de actuar, no se hacen presentes por ningún lado. Evidentemente, es más fácil criticar, atacar y quejarse. Por eso, la primera pregunta para ellos debería ser: ¿qué vas a hacer para cambiar tu situación? ¿Para cambiar tus circunstancias? ¿Para cambiar tu vida? Lamentablemente, ante este interrogante, ellos no tienen respuesta. No olvides que a lo único a lo que tienes derecho en la vida es a nada. Quiero decir, no esperes nada de nadie; da. No exijas; solicita. No esperes a que otros hagan; ejecuta. No asumas; demuestra. A los quejosos les gusta unirse bajo una misma causa: la de no tener que hacer rendición de cuentas ante nadie, ni tener que hacerse responsables de sus acciones. Ellos no se responsabilizan de sus actos cuando las cosas van mal. Sin embargo, es indudable que son tus resultados los que te dan la posibilidad ganar o perder; de obtener crédito o descrédito por ello. Tú eres responsable de tus acciones. Ese es el mantra del triunfador. Todo el mundo quiere el lado positivo de la vida. El ser humano quiere reconocimiento por sus éxitos, junto con los elogios que siente merecer, pero es imposible disfrutar de ellos sin trabajar por ellos. Si deseas la libertad de llevar una vida con sabor a limonada y disfrutar del producto de tu trabajo, también deberás hacerte responsable incluso de los resultados que no esperabas obtener. Si tú eres un empresario o un CEO, solo tú eres el directamente responsable de todo lo que resulte de tu liderazgo: de lo bueno, de lo malo y de lo feo. La rendición de cuentas es la medida por la que se juzga a los triunfadores, de modo que debería ser la medida mediante la cual te juzgas a ti mismo.

No puedes esperar ser ascendido simplemente porque has estado en la empresa durante cinco años.

No puedes esperar un aumento por el simple hecho de que ya pasó otro año de haberte vinculado a tu empresa.

No puedes esperar un trato especial solo porque te graduaste en la mejor universidad.

Por cada expectativa que tengas sobre tu trabajo, deberás respaldarla con responsabilidad propia.

¿Conoces a esa persona en el trabajo que nunca quiere asumir su responsabilidad?

Pues, esa persona opera basada en una cultura de expectativas y no en una cultura de responsabilidad propia.

Basarte en una cultura de expectativas es asumir que tu empresa está en deuda contigo, porque eres uno de sus empleados. La cuestión es que estas expectativas suelen transformarse en quejas.

"No recibo suficiente orientación sobre las tareas que debo realizar".

"Mi jefe nunca está cerca".

"Nadie me informa sobre la mejor estrategia para hacer mi trabajo".

Imagina que estas son tus objeciones. Con seguridad, hay algo que *tú* puedas hacer con respecto a cada una de ellas. No tienes por qué esperar a que alguien más te solucione el problema. Después de todo, son *tus* objeciones. Observa:

"No recibo suficiente orientación sobre las tareas que debo realizar". Sé proactivo y habla con tu jefe. Hazle las preguntas adecuadas y obtendrás la orientación que necesitas. Esa no es una conversación unidireccional.

"Mi jefe nunca está cerca". Tal vez, eso sea algo bueno. Ese hecho podría darte la libertad de brillar cuando él o ella no está. No esperes a que tu jefe esté presente. Da un paso adelante y sé un líder.

"Nadie me informa sobre la mejor estrategia para hacer mi trabajo". ¿Preguntaste? Idealmente, tu empresa se preocupa lo suficiente por sus empleados para garantizarles que ellos comprendan su misión y su estrategia empresarial. Pregúntales a otros sobre las estrategias que la empresa implementa e incorpóralas a tu trabajo.

No puedes culpar a Sheila, la chica en contabilidad. Más bien, aprende a ser responsable de tus propios actos.

9
RECIBE UN NO POR RESPUESTA

La sabiduría convencional dice que nunca se debe aceptar un *no* por respuesta[1]. Nos enseñan a nunca rendirnos y a seguir insistiendo[2] a pesar del rechazo.

Si bien es cierto que la capacidad de persistencia suele ser valiosa, a veces, la devoción ciega hacia un plan, un resultado o una meta causa más mal que bien.

Es incómodo y decepcionante escuchar la palabra *no*, pero lo que en realidad importa es el "por qué" detrás de ese no. No seas tan persistente que termines dejando de escuchar. No seas tan obstinadamente fiel a tu causa que resultes ignorando la oportunidad de corregir el rumbo que llevas.

Es por eso que siempre debes aceptar un no por respuesta.

Los triunfadores se diferencian de los demás, porque hallan valor en el hecho de escuchar, incluso cuando escuchan un no —y saben girar, según sea necesario, en función de esa respuesta.

Si quieres saber por qué el no suele ser más importante que el sí, pregúntele a Ray Kroc[3].

A sus 51 años de edad, Kroc era un esforzado vendedor de mezcladoras de batidos de múltiples ejes, que no obtenía mayor éxito en su labor. Su historia cuenta que, a medida que atravesaba el Medio Oeste, tratando de hacer una venta, escuchaba una y otra vez la misma respuesta que solía recibir de los propietarios de las fuentes de soda que visitaba con el ánimo de hacer una venta. Todos sus posibles clientes le respondían uno tras otro que no necesitaban una batidora multieje que produjera cinco batidos de manera simultánea. Kroc escuchaba con atención sus comentarios para lograr entender por qué a ellos no les interesaba su producto. La gente estaba migrando de las ciudades a los suburbios y el cambio demográfico afectaba la demanda de sus batidoras. De modo que, a medida que los clientes disminuían, las ventas también disminuían y las fuentes de soda del vecindario terminaban por cerrar.

Es por eso que Kroc se sintió particularmente intrigado cuando los dueños de un pequeño puesto de hamburguesas ubicado en San Bernardino, California, le ordenaron ocho batidoras. Un conformista empedernido habría estado encantado de ganar un nuevo cliente con tan alto potencial de ventas. Por supuesto, Kroc se sintió entusiasmado con la venta, pero también sintió curiosidad por saber por qué este cliente necesitaba tantas batidoras, mientras todos los demás no le compraron ni siquiera una. Kroc encontró la respuesta a su interrogante cuando visitó a sus clientes: se trataba de los hermanos McDonald, Dick y Mac.

A diferencia del restaurante *drive-in* tradicional[4], el puesto de hamburguesas de los hermanos McDonald funcionaba bajo el modelo de autoservicio, ofrecía precios bajos y tenía un menú limitado, producido en una línea de ensamblaje, motivo por el cual los clientes recibían sus pedidos en cuestión de minutos. Kroc comprendió que los hermanos McDonald habían creado un modelo de negocio superior a la fuente de soda y al autocine tradicionales. De inmediato, Kroc vio allí una gran oportunidad, siempre y cuando pudiera replicar el concepto de los dos hermanos en todo el país, equipando cada restaurante con ocho de sus batidoras multiusos.

De alguna manera, Kroc había hecho su carrera de ventas bajo la mentalidad del buscador de cambios, siempre ansioso por encontrar su próximo éxito. Pero esta vez, algo cambió y al fin se convirtió en un feliz triunfador. Ese "algo" fue que tomó un no por respuesta —y eso cambió su vida—. Aunque sus otros posibles clientes rechazaban su argumento de venta, Kroc supo escuchar y captar por qué los operadores de fuentes de soda y autocines, debido a los cambios demográficos que estaban impactando su modelo comercial, vieron reducida su necesidad de una batidora multiusos.

Kroc entendió el "por qué" de la situación —particularmente, los desafíos del modelo comercial del momento— y cómo esta estaba relacionada con su esfuerzo inútil por hacer ventas. Además, Kroc no solo supo ver el negocio de los hermanos McDonald como un nuevo cliente, sino que también se centró en entender por qué ellos habían hecho un pedido tan grande. Fue así como descubrió que su nuevo modelo de negocio era único.

Con McDonald's, Kroc pasó de ser un buscador de cambios a un triunfador feliz que revolucionó el negocio de la comida rápida y se convirtió en multimillonario. Entonces, ¿cómo aceptas un no por respuesta? De tres maneras:

- No siendo un falso triunfador (Si no lo eres, no digas, "¡Sí, somos una empresa experta en tecnología!".).
- Teniendo una actitud de "no puedo hacerlo".
- Viendo la escritura en la pared.

No siendo un falso triunfador (Si no lo eres, no digas: "¡Sí, somos una empresa experta en tecnología!")

Por cada Ray Kroc con la visión de alterar toda una industria siempre hay otro empresario que se siente demasiado cómodo con respecto a su posición en el mercado. Eso ya lo sabemos. Todos hemos conocido a ese tipo de empresarios que se creen imparables e irremplazables; que piensan que sus clientes siempre los amarán y preferirán. Y, al igual que una banda de músicos que tocan muy bien y se sienten seguros de sí mismos, estos empresarios cómodos piensan que la música nunca se detendrá para ellos.

Incluso cuando sus ventas comienzan a disminuir, ellos se sienten satisfechos de su enorme participación en el mercado y piensan que las reglas financieras no les aplican a ellos. Entonces, ¿por qué tendrían que adaptarse a dichas reglas si ellos son los más grandes en su industria? Por el contrario, según su criterio, todos los demás deberían adaptarse para poder competir con ellos. Ellos son demasiado grandes como para fracasar. Mientras tanto, todos los días, en algún lugar, de alguna manera, alguien está trabajando para acabar con ellos. Y, cuando ese momento sucede, ya es demasiado tarde para hacer lo que siempre debieron estar haciendo.

Años más tarde, esos antiguos gigantes a los que nunca les interesó la tecnología de repente deciden que ahora son expertos en ella. Durante años, la evitaron. Trabajaron sin el uso de aplicaciones, ni comercio electrónico, ni innovaciones tecnológicas de ninguna índole. Ahora, anuncian su nueva app o web "actualizada", como si nadie se diera cuenta de que sus empresas llevan años fuera del mundo tecnológico. Pretenden ser tan ágiles e innovadores como su competidor más experto y exitoso.

Si tu negocio se está viendo afectado por una empresa joven, fresca e innovadora, tú no puedes tratar de igualarla retroactivamente y afirmar que todavía eres el invicto campeón en tu campo de acción. Acéptalo: ya estás afectado. No sería auténtico de tu parte tratar de fingir que eres una empresa experta en tecnología cuando nunca antes la adoptaste. No tendrías la credibilidad de tus clientes. No te creerán que de repente eres una empresa creativa e innovadora. Tuviste años para cambiar tu modelo de negocio, hacerlo más eficiente y ahorrarles costos a los consumidores. Aparecer ahora, intentando hacerlo una vez que alguien más ya lo ha hecho no funcionará. Los consumidores se dan cuenta de estas cosas.

Si eres una empresa de juguetes y no creaste una plataforma de comercio electrónico, Amazon ya te comió vivo.

Si eres un servicio de transporte en automóvil que acabas de sacar una nueva aplicación, Uber y Lyft ya te robaron el protagonismo que necesitabas desde un comienzo.

Si tienes una agencia de viajes y piensas que este es el momento de hacer que tu sitio web sea más fácil de usar, Expedia y TripAdvisor ya se te adelantaron.

Estas empresas del viejo mundo de los negocios están fuera de su campo y ni siquiera se han dado cuenta. Son falsos triunfadores. No pueden pretender presentarse 10 años tarde y esperar entusiasmo en el mercado ante su supuesta nueva aplicación. ¿Por qué alguien habría de elegirlos cuando hoy hay verdaderos triunfadores que ofrecen un mejor valor y servicio de calidad?

Empresas así no son innovadoras. Solo son generadoras de ruido artificial, que se aferran a pequeñeces con la esperanza de estar al nivel que se espera de ellas, como lo hacen los buscadores de cambios. Más bien si, simplemente, crearan una aplicación o dijeran que son una empresa incursionando en la tecnología —omitiendo la falsedad de ser una empresa experta en el campo—, sería más factible que los consumidores no notaran su retraso empresarial y comenzaran a comprar sus productos y a utilizar sus servicios. Tal vez, así lograrían ubicarse entre las nuevas empresas antes que estas también crezcan y se vuelvan grandes y reconocidas.

Si ese es el caso de tu empresa, ¿adivina qué? Dejaste pasar tu momento de tener éxito. Tú también tuviste la plataforma y la pista necesarias para reinventar y optimizar el modelo de tu negocio y no aprovechaste la oportunidad. Claro, estabas dominando en tu industria y disfrutabas de la oportunidad del momento, siendo la mejor opción para tus clientes. Hoy, quizá quieras hacer un cambio, pero ya es solo por hacerlo. Además, recuerda que otros también querrán innovar, moverse y escalar a gran velocidad. Pero, si hasta ahora estás detectando que es el momento oportuno para innovar, ya estás demorado en hacerlo. No tenías por qué haber esperado a leer los titulares de las noticias, ni a ver los precios de las acciones en alza para decidir que era hora de innovar. El hecho es que, si apenas ahora estás pensando en innovar, entonces, eres un falso triunfador.

Evidentemente, tienes derecho a cambiar tu modelo de negocio, de admitir tus errores y hacerte responsable de ellos. Tienes la opción de adaptarte y reconstruir tu modelo empresarial, pero no será un camino fácil. Tendrás que trabajar cinco veces más duro para recuperar el terreno perdido. Ahora, tienes que reconstruir y recuperar la confianza de tus clientes. Siempre existe la oportunidad de reinvertarte, pero lo que no puedes hacer es levantar la mano después de haber sido vencido y de repente afirmar que eres un audaz triunfador.

Los verdaderos triunfadores saben anticiparse. No siguen tendencias. Más bien, observan y analizan. Usan su criterio para comprender dónde y cómo encajan las piezas y cómo y dónde no. Ellos evalúan las preferencias de los consumidores y hacia dónde va la innovación tecnológica. Utilizan su creatividad e intuición para encontrar una forma mejor, más rápida y más económica de hacer las cosas —todo, para generar impacto.

Así que no seas un triunfador falso. Todo el mundo lo notará.

Teniendo una actitud de "no puedo hacerlo"

Cuando se trata de alcanzar el éxito, ¿cuál es el secreto que nos han enseñado a todos?

Adoptar la actitud de "yo puedo hacerlo"[5].

Se nos enseña a abordar nuestras actividades con mucha energía, vigor y positividad. Si no sabemos cómo hacer algo, debemos encontrar una solución, aprender en el camino, encontrar la manera de hacerlo.

Hasta cierto punto, eso es cierto. A todos nos agradan las personas que afrontan la vida con actitud positiva, porque nos generan tranquilidad y nos hacen sentir seguros de que nuestras expectativas, cualesquiera que sean, están en buenas manos. Además, preferimos a las personas siempre sonrientes y dispuestas a avanzar y hacer lo que haya que hacer.

¿Cuál es la alternativa a este enfoque en la vida? ¿Abordar el trabajo por hacer con pesimismo y derrota? ¿Rechazar cualquiera que sea nuestra asignación desde antes que por lo menos lo hayamos intentado? ¿Servir con el ceño fruncido?

Es fácil asociar a los triunfadores con una actitud de "yo puedo hacerlo" y a los expertos en excusas con una actitud de "yo no puedo". Los verdaderos triunfadores van por la vida aventurándose y esforzándose para conseguir sus propósitos; en cambio, los expertos en excusas no se atreven a salir al mundo a luchar por sus metas.

Pues, la cosa no es tan simple. Es fácil confundir a alguien con una actitud positiva con alguien que hará el trabajo con éxito. Sin embargo, bien podría tratarse de dos personas y de dos cosas muy diferentes. Por ejemplo, algunas personas están dispuestas a realizar sonrientes y con agrado la labor asignada, pero, a pesar de sus mejores esfuerzos, no lograr hacer su trabajo con éxito. Entonces, piensas que pudo ser falta de comunicación y de información —concluyendo que, desde el principio, las expectativas con respecto a ellas fueron equivocadas—. Comprendes que hubo candidatos que hicieron la solicitud de trabajo adoptando erróneamente una actitud de "yo puedo hacerlo"[6], garantizando que ellos lo realizarían con calidad, precisión y a tiempo.

A eso es a lo que me refiero cuando afirmo que hay ocasiones en que es importante asumir una actitud de "no puedo hacerlo".

Eso no significa que abandones tu actitud de que "sí puedes" y de repente te vuelvas apático, indiferente e inútil. Ten presente que la actitud de "no puedo hacerlo" no es precisamente la que necesitas para prescindir de tu jefe, ni para decirle a tu maestro que te explique más, porque todavía no le entiendes. Por el contrario, esta consiste en ser honesto contigo mismo[7] y transparente con los demás cuando se trata de tus fortalezas y debilidades. La actitud de no poder hacer algo es saber distinguir entre cuándo estás capacitado para brillar y cuándo no; cuándo eres un experto y cuándo eres un novato. Esa es la actitud con la cual comenzar una entrevista de trabajo.

Un equipo de investigadores internacionales de universidades de Italia, Hong Kong y Londres buscó estudiar el papel de la autoverificación en lo referente a las decisiones de contratación organizacional. La autoverificación[8] es una teoría de la sicología social desarrollada por el sicólogo William B. Swann y sostiene que las personas prefieren que los demás las vean como ellas se ven a sí mismas, incluso si esta percepción es negativa[9]. Investigaciones anteriores han demostrado[10] que, durante las entrevistas de trabajo, entre el 65% y el 92% de los candidatos se involucran en una "tergiversación deliberada" de sí mismos, mientras que entre el 87% y el 96% se involucran en una "tergiversación omisiva".

Los investigadores descubrieron que los candidatos de alta calidad que se esfuerzan voluntariamente por compartir sus fortalezas y debilidades durante una entrevista de trabajo resultan más creíbles y auténticos para los entrevistadores.

Según su investigación, los solicitantes de empleo de alta calidad tienen más probabilidades de tener éxito cuando presentan una autoevaluación más equilibrada. Por ejemplo, los candidatos a maestros de alta calidad que se esforzaron por compartir sus fortalezas y debilidades durante sus entrevistas aumentaron en 22 puntos porcentuales sus posibilidades de ser contratados. Del mismo modo, los abogados que solicitaron trabajo en el Ejército de los EE. UU. aumentaron sus posibilidades de contratación en más de cinco veces, en comparación con cuando se esforzaron por autoverificarse como los más indicados.

Demasiadas personas están ansiosas por afirmar que pueden hacer cualquier cosa. Entonces, para crear una impresión positiva, ya sea durante una entrevista de trabajo o después de la contratación, hacen compromisos poco realistas que no podrán cumplir. Como resultado, prometen demasiado y no lo cumplen. Nunca es fácil decirle que no al jefe. No querrás que parezca que estás desafiando a la autoridad o que eres un jugador de equipo poco dispuesto.

Sin embargo, se necesita más coraje y autenticidad para decirle a alguien que no puedes hacer algo. Esto no significa que te estés subestimando, renunciando prematuramente a tu meta o que en cierto modo ya no creas en tus habilidades. Se necesita moderación y autoconciencia para admitir cuándo no eres la persona adecuada para el trabajo o cuándo no sabes cómo alcanzar la meta propuesta. No hay vergüenza en admitir tus defectos y hasta te muestras más digno de confianza cada vez que dices tu verdad que pretendiendo saber algo que tú sabes que no sabes. Sí, quizás eres rápido aprendiendo y puede que sea parte de tu trabajo buscar la mejor forma de hacerlo sin importar qué, ni cómo. Por lo tanto, muéstrate siempre dispuesto a aprender y sé honesto acerca del nivel en que te encuentras en tu punto de partida. Encuentra formas de desarrollar y mejorar la labor que te encomienden y muestra interés, incluso si crees que alguien más podría hacerlo mejor.

Equilibra tu optimismo con realismo.

Decir tu verdad genera transparencia y hace que las expectativas sobre ti sean más reales desde el principio. La verdad planteada desde un comienzo es el mejor modo de inspirar confianza y de minimizar futuras decepciones. La persona que está solicitando tu ayuda tiene derecho a saber si en realidad tú eres el candidato adecuado para desempeñar el cargo y si ya sabes qué hacer o si necesitas ponerte al día en algún área. Además, así sabrás establecer tus expectativas y luego ajustarlas en consecuencia. El caso es que el solicitante puede necesitar a alguien más preparado o quizá la tuya sea la ayuda que está persona necesita.

Con demasiada frecuencia, estamos condicionados a decir: "Por supuesto que yo puedo hacer eso". Se necesita más coraje para decir: "No, no puedo". Después de todo, no tienes por qué decirle que sí a todo en la vida. Ten una conversación honesta contigo mismo acerca de aquello en lo que eres bueno y en lo que no, pues te ayudará a evaluar dónde debes invertir tu tiempo y esfuerzo para obtener el máximo rendimiento. No significa que no puedas ser bueno en nuevas áreas o esforzarte y ser mejor en lo que ya eres bueno. Lo cierto es que necesitas ser una persona segura de sí misma para poder admitir que no puedes hacer algo en lugar de estar siempre diciendo que sí —que eres invencible.

Es indudable que, cuando tienes la autoconfianza necesaria para admitir tus defectos, disfrutas de un nivel ilimitado de libertad. Comprender tus debilidades te ayudará a evitar muchos caminos equivocados en la vida. No se trata de desmotivación, ni de no creer en ti mismo, ni de tener una mala actitud. De lo que se trata es de tener la sana autoconciencia de saber quién eres y cómo aprovechar tus fortalezas para lograr tus propósitos.

Tampoco es cuestión de que adoptes una actitud de "puedo hacerlo", porque eso es lo que crees que debes hacer si quiere tener éxito. Sé más reflexivo y auténtico adoptando una actitud de "no puedo hacerlo". Se trata de que ejerzas buen juicio y moderación al mismo tiempo que manejas tus expectativas. Te entenderás mejor a ti mismo y serás más confiable.

En síntesis, saber cuándo activar tus actitudes de "puedo" y "no puedo" te ayudará a lograr un mayor equilibrio y, en última instancia, te hará más confiable cuando más necesites que los demás confíen en ti.

Ver la escritura en la pared

¿Recuerdas cuándo fue la última vez que recibiste comentarios negativos o constructivos?

Quizá, te dijeron algo que no querías escuchar. A lo mejor, fue algo que no esperabas oír y estuviste en desacuerdo con ello. Pues bien, no estás solo en tu reacción. Cuando recibimos comentarios que no queremos o no nos gusta escuchar, la reacción natural tiende a ser evitarlos o arremeter en contra de quien nos los manifiesta. Está en la naturaleza humana asumir la posición defensiva y descartar todo lo que pensamos es incongruente con nuestras propias percepciones. Según investigadores de la Universidad Estatal de Ohio, esto se debe a que el cerebro humano reacciona con más fuerza a los *estímulos negativos*. Se llama sesgo de negatividad[11] y es la idea de que los pensamientos, emociones o interacciones negativos tienen un mayor impacto en nuestro estado sicológico que las interacciones positivas o neutrales.

La próxima vez que recibas comentarios constructivos, quiero que adoptes un enfoque alternativo. Escucha los comentarios y busca el mensaje implícito en ellos. A menudo, el mensaje que necesitas está implícito en lo que te dicen, aunque no sea evidente.

Usemos el ejemplo de un emprendedor que le presenta una nueva empresa a un inversor. A diario, los inversores escuchan todo tipo de propuestas de negocios, la mayoría de las cuales es rechazada por una u otra razón. Estas son algunas de las razones más comunes por las que los inversores rechazan hasta las mejores ideas que les presentan. Nota la diferencia entre lo que el emprendedor escucha y lo que debería escuchar.

Lo que dice el inversor	Lo que escucha el empresario	Lo que debería escuchar
"El mercado está demasiado saturado".	El inversor piensa que hay demasiada competencia.	"No me has mostrado por qué tu idea es mejor que la de tus competidores".

Los inversores son muy conscientes del panorama del mercado. Es probable que tu idea ya haya sido propuesta de distintas formas por otras personas. Muchos mercados son oligopolios. Entonces, para que tu empresa tenga éxito en un mercado existente, tu presentación debe convencer al inversionista de cómo y por qué tu empresa obtendrá parte del mercado de tus competidores.

A este punto, el empresario no ha mostrado cómo es diferente su propuesta. ¿Cuál es la ventaja de esa diferenciación? ¿Conoce él o ella las fortalezas y debilidades de cada competidor? ¿Dónde son ellos más vulnerables? ¿Cómo les quitará esta nueva empresa su cuota del mercado? ¿Cuánto costará hacer eso? Tu idea como emprendedor puede ser diferenciadora, pero parte de conseguir la financiación que necesitas es convencer y persuadir a otras personas y llevarlas a que vean lo mismo que tú ves.

Lo que dice el inversor	Lo que escucha el empresario	Lo que debería escuchar
"No me has mostrado por qué tu idea es mejor que la de tus competidores".	El inversor cree que mi idea se ha llevado a cabo cientos de veces.	"No me has mostrado por qué toda esta otra gente fracasó y por qué tú sí eres la persona adecuada para resolver este problema mediante la implementación de tu idea".

Muchos inventos son soluciones a problemas no resueltos, de modo que el ingenio surge a partir de los fracasos de otras personas. Existe una razón por la cual el inversor siente que está escuchando más de lo mismo, así que es tu labor mostrarle sobre cómo y por qué tu enfoque es diferente. También es bueno identificar quién intentó resolver este problema, qué hizo, por qué fracasó y por qué tu enfoque es mejor. Muestra el por qué detrás de tu proceso. Dales a quienes te escuchen una razón para creer en ti.

Lo que dice el inversor	Lo que escucha el empresario	Lo que debería escuchar
"El mercado es muy reducido".	El mercado es muy reducido, así que no hay suficientes clientes para hacer crecer el negocio.	"Muéstrame por qué el mercado es más amplio de lo que yo creo. Explícame cómo harías tú para construir una base de clientes más grande".

Muéstrale al inversionista por qué él o ella malinterpreta el mercado disponible. Desglosa los segmentos de clientes y de mercado que piensas abordar. Infórmale cuál es el mercado de clientes potenciales, el panorama competitivo y el potencial de ingresos de la idea que le estás presentando. Dile quiénes son tus clientes objetivo y por qué ellos estarán dispuestos a invertir su dinero para comprar tu producto o servicio.

Lo que dice el inversor	Lo que escucha el empresario	Lo que debería escuchar
"Yo no compraría este producto".	A este inversor le disgusta mi producto.	"Hay razones por las cuales yo no compraría este producto. ¿Sabes a qué razones me refiero?".

Si tú fueras un cliente y no alguien con un interés financiero, ¿comprarías tu producto? ¿Comprarías 10? Tienes que entender por qué a la gente no le gusta tu producto. ¿Es por el diseño, su funcionalidad, su utilidad, su precio? ¿Se están perdiendo ellos de algo o eres tú el que te estás perdiendo de algo que todavía necesitas mejorar o incluir en tu producto? Procura comprender al máximo el por qué detrás de las objeciones que recibes con respecto a lo que ofreces y evalúa si el producto sí se puede mejorar o si, simplemente, no es comercializable.

Lo que dice el inversor	Lo que escucha el empresario	Lo que debería escuchar
"Es demasiado pronto".	Este inversor quiere que yo invierta más dinero probando el producto.	"Tu idea está a mitad de camino".

No se trata de que estés frente a un inversionista inexperto o de uno experto. Se trata de cualquier inversor que no ve el valor de tu propuesta independientemente de la etapa en que esta se encuentre. Lo importante es que tú sepas si tu idea está 100% lista. ¿Ya tienes claro en detalle por qué esta idea es ganadora? ¿Es solo un producto o tienes un modelo de negocio más amplio?

Tener un producto no es tener un negocio. Necesitas una forma de ganar dinero. Si eres un emprendedor, esfuérzate siempre por entender cómo gana dinero una empresa. ¿En qué negocio está? ¿Es la dueña del producto o tiene licencia para comercializarlo? ¿Estás frente al administrador de un restaurante o a un inversionista de bienes raíces que posee activos del restaurante?

La dicotomía entre lo que escuchamos y lo que deberíamos escuchar suele ser informativa. Cuando abrimos los ojos y los oídos podemos aprender a aceptar un no por respuesta; podemos procesar los comentarios, incluso si estos son negativos o constructivos y usarlos en nuestro beneficio para reestructurar y mejorar nuestro proyecto. Este es un consejo gratuito y valioso que te ayudará a progresar en la vida.

Veinte preguntas que cambiarán tu vida

Construir y llevar una vida con sabor a limonada consiste en saber tomar medidas y actuar en función de ellas, pero, antes de saltar, es útil mirar hacia adentro y reflexionar acerca de uno mismo. Esto nos permite remodelar nuestra perspectiva y replantear nuestros objetivos. Es una exploración esencial que contribuirá a lograr una vida más placentera.

A continuación, encontrarás veinte preguntas que cambiarán tu vida:

1. ¿Dónde estás ahora?

Mírate larga y ampliamente en el espejo. ¿Qué ves? ¿Ves a alguien que lo tiene todo resuelto, que está viviendo la vida que estaba destinado a vivir y que ahora es la persona que siempre quiso ser? ¿O ves a alguien que aún no ha alcanzado todo su potencial?

No importa qué respuesta se adapte mejor a ti, el caso es que quiero que hagas dos listas.

Una lista debe contener todo aquello en tu vida en lo que crees que te va bien, por ejemplo, tu familia, una relación o algo que te haga sentir orgulloso.

La otra lista debe contener los obstáculos en tu vida que te están frenando. Puede ser tu perspectiva, tu manada o cualquier otra cosa que cambiarías sin pensarlo dos veces.

Luego, toma la primera lista y felicítese por lo que has logrado. Enorgullécete de tus logros. Celebra tu felicidad. Con frecuencia, nos enfocamos en las áreas más difíciles de nuestra vida y no dedicamos el tiempo que deberíamos a celebrar todo aquello en lo que nos ha ido bien. Bueno, hazlo ahora.

Después, vuelve a leer la segunda lista. ¿Falta algo? Está bien si es así. Agrega cualquier cosa que hayas dejado por fuera.

El punto es que, cuando te miras introspectivamente, es como si te miraras en el espejo de tu vida. Es ahí cuando es útil hacer una autoevaluación honesta. Además, cuando escribes tus obstáculos, los ves más claramente y puedes expresarlos en voz alta. Estúdialos y analiza cuáles, si no todos, abordarás de manera proactiva. Recuerda que es posible abordar los problemas solo cuando los tienes frente a ti.

Comprender dónde te encuentras ahora (en términos de logros y obstáculos) es tu primer paso para encontrar la dirección en la que necesitas avanzar.

2. ¿Qué estás escondiendo?

Esconder no solo es enterrar un tesoro en tu patio trasero. Esconder también significa suprimir tus metas, aspiraciones y sentimientos. Es ocultarte a ti mismo cosas que, de lo contrario, deberían estar en primer plano. Cuando las escondes, limitas tu potencial porque no conectas tus pensamientos con tus acciones.

Tu crecimiento comienza con escribir tus metas, aspiraciones y sentimientos. Compártelos de manera proactiva contigo mismo. Revisa tu lista a diario. Lee tu lista en voz alta para que te escuches a ti mismo.

Cuando grabas, verbalizas y compartes tus metas, aspiraciones y sentimientos es más factible generar el ímpetu que necesitas para comenzar a actuar.

3. ¿Qué te está deteniendo?

¿Qué te impide cumplir cada sueño que tienes en la vida?
La respuesta óptima debería ser nada. No debería haber barreras entre donde estás hoy y donde quieres estar. Por supuesto, hacerte esta pregunta no te convertirá en un triunfador de la noche a la mañana. Lo más probable es que existan ciertos factores limitantes que no puedes controlar. Sin embargo, sí puedes identificar las partes de tu vida que sí estás en capacidad de controlar. Necesitas identificar cuáles son las excusas que estás poniendo en tu vida hoy: *no fui a una escuela prestigiosa. Donde vivo no hay oportunidades. Ahora, tengo una familia. No soy tan inteligente como los demás.*

Estas excusas son barreras entre los sueños y las acciones. Identifica cuáles son las tuyas. Entiéndelas. Determina e implementa una estrategia para eliminar, remodelar o repensar cada excusa que tengas. No importa a qué escuela fuiste, ni qué tan inteligentes creas que son los demás. Lo que importa es tu capacidad para encontrar soluciones e implementarlas.

4. ¿Qué vas a lograr esta semana, este mes y este año?

Los sueños y las metas son un gran comienzo, pero es la acción la que te ayuda a alcanzarlos. Necesitas un plan de acción para lograr lo que quieres en la vida. Un plan en el cual vayas avanzando esta semana, este mes y este año.

Cuando conquistas, ganas. No solo estás cumpliendo una meta. También estás anotando puntos a tu favor y ganando el juego. Pagar tus deudas es un buen ejemplo de cómo ir avanzando. ¿Cuál es tu plan semanal, mensual y anual para pagar tus deudas? ¿Sabes cuánto vas a pagar? ¿Sabes de dónde vendrá el dinero? ¿Estirarás tu dinero este mes y harás un pago extra? Lo más importante, ¿sabes por qué estás endeudado y qué hábitos te llevaron allí?

Asegúrate de actualizar tu lista a medida que cambien tus objetivos y avances en el juego.

5. ¿Quién es tu verdadero yo?

¿Cuánto sabes de ti mismo?

Cuando te conoces a ti mismo, conectas las herramientas que tienes a tu disposición con la vida que quieres llevar. Comprende y acepta tu singularidad. No seas alguien que no eres. No seas quien tus amigos o familiares creen que deberías ser. Sé tú, tu yo auténtico e imperfecto.

Cuando realmente te comprendes a ti mismo y dejas de fingir por el bien de los demás, te abres a un mundo de libertad e independencia ilimitadas.

6. Si pudieras cambiar una cosa en tu vida, ¿qué sería?

¿Qué te falta? ¿Qué necesitas en tu vida que no tienes? Sea lo que sea ese algo (sentirte más realizado, cambiar tu perspectiva, conseguir un trabajo mejor remunerado, vivir en otro lugar, tomar mejores decisiones), no solo lo sueñes.

Es bueno tener una lista de deseos, pero las listas de deseos son para días festivos y de cumpleaños. Si deseas hacer un cambio real en tu vida, debes desarrollar un camino hacia el empoderamiento.

7. ¿Cuál es el propósito de tu vida?

Las investigaciones muestran que tener un propósito en la vida te ayuda a sobrevivir a tus contemporáneos[12] y a reducir tu riesgo de muerte en un 15%. Las personas con un sentido de propósito también reportan[13] mayores ingresos y más patrimonio neto; además, es más probable que, con el tiempo, mejoren su perfil financiero. Piensa en tu misión de vida. Si no tienes una, responde estas dos preguntas: ¿Por qué estás aquí? ¿Qué don único tienes que puedas compartir?

Cuando combinas tus dones únicos y los compartes con otros, puedes crear algo más grande que tú. Por ejemplo, podrías inspirar en tu salón de clases, generar impacto en los negocios o en el servicio público, servir en el ejército o construir una familia con amor y compromiso.

Es crucial que sepas cuál es tu propósito de vida. Comienza con "Mi misión en la vida es…". Una vez la tengas clara, mantenla presente. Vívela a diario. Tener un propósito en la vida no te protegerá por completo de las turbulencias y el estrés, pero te ayudará a superar los desafíos que se te presenten. Te dará sentido y dirección y te guiará de tal modo que puedas construir y disfrutar de una vida con sabor a limonada. En contraste, los consumidores de jugo de limón no conocen cuál es el propósito de su vida. Están desconectados de cualquier misión mayor. Como resultado, pasan por la vida sin un plan de juego, sin conexión a tierra.

8. Si pudieras alcanzar un deseo en la vida, ¿cuál sería?

¿Cuál es el objetivo esencial de tu vida? Imagina que puedes hacer cualquier cosa que quieras. Sin barreras, sin excusas. Seguir tu pasión, tu sueño. Puede ser iniciar tu propio negocio, convertirte en director ejecutivo o incluso correr la maratón de la Ciudad de Nueva York. Ya no es cuestión de decir "deseo" o "espero", sino de decir "lo haré". Cuando "esperamos" que ocurran cosas, dejamos que las dudas se interpongan entre la visión y la realización de ellas. En cambio, cuando "queremos" alcanzar una meta, despejamos el camino de tal modo que esto que queramos sea más fácil de lograr.

9. ¿Qué aprendiste hoy, esta semana y este mes?

Construir una vida con sabor a limonada implica un aprendizaje perpetuo.

Cada día, debes esforzarte por aprender algo nuevo. No un solo día y listo, sino aprender a diario y a lo largo del día. Hacer preguntas. Investigar. Absorber información. Luego, al final de cada día, reflexiona sobre lo aprendido ese día. Si puedes hacer esto día a día, cada semana, cada mes, te irás empoderando poco a poco y, cuando te empoderas, sabes tomar decisiones más informadas y seguras.

10. ¿Qué aprendiste de tu último error?

Debes estar atento a los errores.

Esta declaración es contraria a la lógica humana, porque pasamos mucho tiempo tratando de evitar errores. Esto no significa buscarlos. Lo que significa es que, cuando los errores suceden, y es normal que sucedan, sepas transformarlos en oportunidades de aprendizaje. Piensa en los últimos tres errores que cometiste. ¿Por qué sucedieron? ¿Qué los causó? Reflexiona sobre las respuestas a estas preguntas. Ahora, asegúrate de saber por qué y cómo evitarás cometer esos mismos errores nuevamente.

11. ¿Cuándo fue la última vez que generaste impacto?

Piense en la última vez que generaste impacto.

Tener impacto no solo consiste en obtener un resultado específico. También es lograr un efecto fuerte y duradero. Los consumidores de jugo de limón pueden lograr resultados. Pero los resultados en sí mismos son limitantes. Es algo así como hacer por hacer. En cambio, los que están construyendo una vida con sabor a limonada generan efectos duraderos cuando logran resultados. Estos dos conceptos, resultados e impacto, deben estar entrelazados en tu forma de pensar. No te centres solo en el logro. Los logros no son el punto final, sino lo que viene después de ellos y el efecto que estos tienen en el futuro.

12. ¿Cuándo fue la última vez que cambiaste la vida de alguien?

Es un sentimiento poderoso cambiar la vida de otra persona de manera significativa. En el proceso, creas un vínculo profundo con otro ser humano y experimentas una sensación de profunda satisfacción. Es fundamental que encuentres oportunidades de ayudarles a otras personas, porque ayudarlas te hará un mejor ser humano. Puede ser el simple hecho de contribuir a un pequeño cambio o quizás a uno grande.

El caso es que, cuando disfrutes de una vida con sabor a limonada, la compartas con los demás. Enséñales a otros. Empodéralos. Comparte con ellos tu conocimiento y tu pasión.

13. ¿Cuáles son tus valores?

Tener un conjunto de valores fundamentales es esencial para llevar una buena vida. Piensa en los principios que quieres que te guíen. Si tienes problemas para identificarlos, piensa en los valores que te han enseñado tus padres, tus abuelos y otras personas importantes durante el transcurso de tu vida. Si tiene hijos, piensa en los valores que quieres que ellos aprendan y pongan en práctica. Algunos valores a considerar incluyen la honestidad, la compasión, la lealtad, la autenticidad, la curiosidad, la felicidad, el optimismo, el respeto por uno mismo y la confiabilidad. Hay muchos otros. Busca en tu interior y determina cuáles son importantes para ti. Pregúntales a tus amigos, familiares y a otras personas a las que admires qué valores aplican ellos en sus vidas.

Ahora, escribe tres palabras con las que te gustaría que te definieran y hazte responsable de estos tres ideales. Léelos todas las mañanas para que te inspiren a llevar tu vida con un propósito. Mantenlos presentes a lo largo del día y te recordarán tu grandeza. Revísalos cada noche, sabiendo que mañana es otro día, que estás un paso más cerca de tus metas. Tu carácter no debería ser un resultado fortuito o algo que ocurra en ti sin que tú intervengas de manera intencional. Decide quién eres, quién quieres ser y cuál es tu carácter fundamental. No hagas nada que comprometa esas tres cosas.

14. ¿Qué trae alegría y risa a tu vida?

Necesitas que la risa y la alegría se infiltren en tu vida. Sonreír más. Reír en voz alta. Compartir esa risa con quienes te rodean. Una de las mejores formas de hacer nuevos amigos en la vida y en los negocios es compartiendo unas risas. La risa suele unir a las personas.

15. ¿Cómo puedes ganar?

Piensa en un momento en que hayas ganado en la vida. Puede ser cualquier cosa. Un juego en unas ligas menores; un recital de piano de tu infancia; tu admisión a la Escuela de Medicina; la cuenta de un gran cliente. Ahora, profundiza en tu interior y recuerda cómo te sentiste cuando eso sucedió. Canaliza tu sentimiento de victoria. Entra en la zona del éxito. Vuelve a ese lugar y revive las emociones que experimentaste. Entra en la misma mentalidad de ese momento. Identifica el desencadenante que te animó a ganar. Este sentimiento te dará más confianza para volver a ganar.

Reflexionar te ayudará a llevar el éxito del pasado a las victorias futuras. Recuerda lo que hiciste bien cuando ganaste: cómo actuaste, qué pasos diste, qué dijiste. Trae esa combinación de sucesos al presente y aplícala a tu próximo desafío. Condiciona tu mente para replicar esos sentimientos positivos de energía y éxito de tal modo que puedas volver a ganar.

16. ¿Controlas el camino de tu vida?

¿Estás impulsando tu vida hacia adelante? ¿O la vida te está arrastrando? Es fácil quedarte atascado y dejar que tu vida te dicte cuál será tu próximo movimiento. Haz el cambio de modo consciente. Los triunfadores siempre están en el asiento del conductor y dirigen su propio viaje. De lo contrario, te sentirás como si estuvieras en el viaje de otra persona, no en el tuyo propio.

17. ¿Eres un hacedor (triunfador feliz) o un hablador (buscador de cambios)?

Los habladores hablan de lo que van a hacer. Los hacedores lo hacen. Los habladores están al margen del campo de acción. Los hacedores están en el campo. Los habladores cuentan historias. Los hacedores las crean.

18. ¿Quién es tu mentor?

Encuentra a alguien en tu vida que realmente admires. Pídele consejo. Invítalo a ser parte de tu manada. Es probable que esta persona que elegiste te ayude y se sienta honrada de que le hayas pedido ayuda. Haz de tus mentores tus socios a lo largo de tu viaje. Conoce su mentalidad y sus perspectivas. Inspírate en sus valores y su ejemplo. Estudia su comportamiento y sus acciones. Comparte tu progreso con ellos y ofrécete a ayudarlos. Una relación simbiótica de mentor-pupilo es la mejor combinación, porque ambos están comprometidos e interesados en invertir en el éxito y la realización del otro.

19. ¿Cuál es tu legado?

¿Por qué serás recordado? ¿Qué huella quieres dejar? ¿Hiciste el bien por ti y por tu familia? ¿Lograste todo lo que siempre quisiste? Los legados no son solo para las celebridades, los servidores públicos, los filántropos y los deportistas. Piensa en tu legado y en cómo construir uno. Te ayudará a orientarte en la dirección adecuada.

20. Si no es ahora, ¿cuándo?

¿Que estas esperando? ¿Qué será diferente dentro de un año, tres años, cinco años?

Quizá, seas un conformista empedernido y prefieras planificar y planificar, modificar y modificar tus planes, hacer análisis y probar diversos escenarios. Es bueno planificar, pero planificar en exceso y solo soñar con actuar termina por convertirse en procrastinación.

Recuerda: todo se reduce a llegar al punto de ejecución.

No existe una determinada cantidad de preparación o planificación que te brinde total certeza. Tendrás información imperfecta. A lo mejor, haya errores en el sistema. Puede que nunca sea el momento adecuado. Lo más adecuado sería esperar que haya un día mejor, pero ese día mejor quizá no llegue. O tal vez, sí llegue, pero de manera diferente a la que imaginaste. Puedes tirar los dados y esperar que la suerte te acompañe o puedes sumergirte en las aguas y actuar ahora. El hecho es que, cuanto antes actúes, más tiempo tendrás para lograr tus metas y generar impacto en los demás.

Así que actúa, haz algo incluso si tienes miedo de hacerlo. Incluso si tienes dudas. Incluso si no estás seguro.

El interruptor de la autoconciencia

No lograrás hacer nada bien si no te comprendes a ti mismo. Sin autocomprensión, tu mayor obstáculo eres tú.

La autoconciencia es el mayor constructor de autoestima. Cuando sabes quién eres, navegar por la vida se vuelve mucho más fácil. Cuando entiendes lo que te gusta, lo que no te gusta, lo que te motiva, lo que te deprime, sabes cómo encajar las piezas de tu vida de tal manera que optimizas tanto tus acciones como tus emociones.

La autoconciencia también debe venir con autocompasión. No es necesario que llegues al punto de sufrir en bien de tu superación personal. La retroalimentación propia y la introspección son caminos que conducen a ser cada día mejor y a lograr un nivel de desempeño óptimo. Pero nunca dejes que la autoconciencia se interponga en el camino de la autocompasión. El cambio dentro de ti solo llega cuando te amas a ti mismo.

Interruptor #5
M de Movimiento
Haz limonada para cambiar tus circunstancias

No importa lo lento que vayas mientras no te detengas.

—Confucio

10

NUNCA TENGAS UN PLAN DE RESPALDO

¿Cuál es tu plan de respaldo?

¿Tienes uno?

¿Qué harás si tu suerte cambia? ¿Si este trabajo actual no te funciona? ¿Si tu nueva casa no es la casa de tus sueños?

En pocas palabras, un plan de respaldo es tu manera de asegurar que, si el plan A no funciona, siempre existe el plan B. Es parte de la naturaleza humana planificar y pensar en las diversas posibilidades de conseguir un propósito. No tienes que ser bueno en matemáticas para saber calcular todos los cambios y las combinaciones que has hecho a lo largo de tu vida.

Los expertos en excusas no tienen planes de respaldo, porque ellos carecen de visión y claridad. Entonces, si no miran hacia adelante, es muy poco probable que piensen en tener un plan de respaldo sobre algo que no ven a futuro.

Por su parte, los buscadores de cambios se burlan de los planes alternativos. Están tan seguros de que la próxima gran cosa que intenten será la que los llevará al estrellato que por eso piensan que no hay necesidad de planificar. Para ellos, un plan alternativo es una pérdida de tiempo, porque solo ven el lado positivo de lo que están haciendo, así que ¿por qué pensar que algo salga mal?

Lo cierto aquí es que tener un plan de respaldo es un movimiento propio de los conformistas. Ellos piensan: "Protégete y ten algo a lo cual recurrir en caso de que esto falle". Los conformistas son planificadores. Ellos han planeado toda su vida para estar donde están hoy. Se han movido a la fija y han ido marcando cada huella en el camino. Han calculado cada paso que dan y ahora están aquí, asentados. Conformes de estar donde están.

Entonces, ¿deberías tú tener un plan de respaldo? Después de todo, eso es lo que afirma la sabiduría popular[1].

Sin embargo, si quieres ser un triunfador, la respuesta a esa pregunta es no.

Nunca tengas un plan alternativo[2].

Primero, déjame decirte lo que esto no significa. No tener un plan alternativo no significa ser perezoso o no planificar. Tampoco significa renunciar a tu trabajo hoy y comenzar un negocio mañana sin tener una red de seguridad por si te desplomas. No tener un plan B no significa que no puedas comprar un seguro o no ahorrar para protegerte en momentos difíciles y de golpes inesperados. Por supuesto que debes prepararte para el futuro, planificar tu jubilación e invertir en la educación de tus hijos. Es más, siempre deberías estar uno o dos pasos adelante de cualquier imprevisto, porque las cosas no siempre funcionan. El negocio que estás haciendo podría colapsar en el último momento; existe la posibilidad de que otros superen la oferta que hiciste para comprar la casa de tus sueños. Sin embargo, no se trata de tener una perspectiva negativa. Se trata de no desconocer la realidad, de saber que cosas como estas te pueden suceder.

Lo que estoy diciendo al afirmar que no es bueno tener un plan B es que, si realmente deseas conseguir tus objetivos sin mirar atrás, te deshagas de otras posibles opciones.

¿Por qué? Porque no estarás 100% involucrado en lo que estás haciendo. No dedicarás el tiempo y los recursos necesarios para lograr tu meta. Te estás diciendo desde el principio que este plan inicial es temporal. Que solo estás a la mitad del camino a lograr tu meta.

Por lo tanto, si quieres llevar una vida con sabor a limonada, no deberá haber otra ruta que no sea el plan A. Allí es donde viven el impulso, la determinación y el propósito. A través del plan A es como prosperas y dejas tu huella en el mundo. Es como generas impacto y tocas la vida de los demás.

El plan B es donde acechan las preocupaciones, las dudas y la incertidumbre. El plan B no es tu primera opción y tú lo sabes. El plan B te distrae de tu verdadero compromiso —de comprometer todo tu potencial—. El plan B te incita a arrepentirte, a ir por la vida pensando "qué pasaría si...".

Cuando tiene dos planes, el plan A y el plan B, sin darte cuenta te has convencido a ti mismo de que cualquiera de los dos resultados que obtengas del uno o del otro es una posibilidad. En cambio, cuando solo tienes el plan A, solo existen una posibilidad y un resultado. No hay copias de seguridad, ni más alternativas.

Si tienes un plan alternativo, estás tomando una decisión consciente de conformarte con una vida que no deseas y no te sentirás satisfecho, ni te enorgullecerás de los resultados obtenidos al implementar dicho plan. No te sentirás 100% realizado. No serás tan apasionado, ni tan enfático en obtener los resultados como lo serías al ejecutar el plan A.

Con demasiada frecuencia, los planes B se confunden con la adaptabilidad. La vida está llena de altibajos. Trae consigo contratiempos y demasiados giros y vueltas para más encima tener una segunda opción. Entonces, la pregunta aquí es: ¿qué pasa con la flexibilidad, la adaptabilidad y el cambio? Cuando las cosas no funcionan, necesitas ser flexible y adaptarte, ¿verdad?

No tener un plan B no significa que no puedas adaptarte si el plan A no funciona de inmediato. Las circunstancias cambian, así que siempre es posible evaluar alternativas al mismo tiempo que ejecutas tu plan A y tomas nuevas decisiones, llegado el momento. Pero tener una reserva permanente con el plan B puede ser una receta para hacer apenas la mitad del esfuerzo. Lo más probable es que el plan A no funcione la primera vez o la segunda o la tercera. No importa. No tienes que operar en el vacío. Todavía puedes pivotar, modificar y moldear tu plan. Tener solo un plan requiere que te adaptes, pruebes y formules hipótesis hasta que encuentres la fórmula y el modelo de negocio escalable que sí te funcione.

Es fácil descartar a alguien que tiene un enfoque singular y verlo como una persona que lleva puestas anteojeras y no abre los ojos al mundo que le rodea. También es fácil decir que su mentalidad es cerrada y opuesta a una diversidad de ideas. Sí, podría tratarse de situaciones y circunstancias específicas en que algunas personas tienen la cabeza enterrada como el avestruz y van por un camino sin fin hacia ninguna parte. Pero prefiero apostar por alguien con un enfoque singular, porque esa persona encontrará el modo, la manera y el lugar para hacer que sucedan las cosas que ella espera que sucedan.

Lo más probable es que tropieces rumbo a la ejecución de tu plan A y que fracases por el camino. Sin embargo, si el plan A es tu única opción, esto te obligará a volver a ponerte en pie hasta que lo ejecutes y conviertas en realidad tus sueños. En cambio, con el plan B tienes un pie en cualquier puerta —ese es el plan que espera por ti con una cama caliente y una cena deliciosa sobre la mesa.

Los profesores Katherine Milkman y Jihae Shin[3] estudiaron el plan B y descubrieron que tenerlo tiende a perjudicar tus posibilidades de éxito y aumentar la probabilidad de que lo necesites. Milkman y Shin descubrieron que el simple hecho de pensar en un plan B puede hacer que hagas menos esfuerzo para lograr tu objetivo principal.

Cuando solo hay un plan A, tú eres tu propia startup. Estás formulando hipótesis y probando hasta encontrar el modelo de negocio adecuado. El plan A te exige modificar tu modelo de negocio, intentarlo una y otra vez, construir y derribar, probar diferentes estrategias. Pero esos no son planes B. Son parte de la lucha y parte de tu viaje esencial para construir y disfrutar la vida que deseas.

Los felizmente exitosos no tienen planes alternativos. Ellos cuentan con planes de adaptabilidad. Si es necesario, adaptan el plan A en lugar de abandonarlo.

Pregúnteles a Tyler Perry, a Sylvester Stallone y a los de la Academia Naval de EE. UU.

Tyler Perry y *I Know I've Been Changed*

Un episodio de *Oprah*[4] contribuyó a cambiar la vida de Tyler Perry[5].

Fue un consejo simple, pero profundo: escribe tus pensamientos sobre tus experiencias difíciles y esto te ayudará a lograr avances personales. Así comenzó el viaje de Perry para ayudar a sanar su alma de una infancia turbulenta. Criado en Nueva Orleans, y siendo uno de cuatro hijos, Perry sufrió años de abuso físico y verbal por parte de su padre. A los 16 años, Perry intentó suicidarse. Tyler Perry escribió su primer musical, *I Know I've Been Changed*, basado en sus cartas catárticas a sí mismo, las cuales escribió para ayudarse a sanar su alma. El musical abordó sus dificultades personales, pero también el perdón y la redención. Después de años de trabajos insatisfactorios, Perry decidió hacer que *I Know I've Been Changed* fuera un éxito. Estaba tan concentrado en lograrlo que estaba dispuesto a arriesgarlo todo para lanzar su carrera. Gastó los ahorros de su vida, $12,000 dólares, para alquilar un teatro en Atlanta y presentar allí su espectáculo, que él mismo protagonizó, dirigió y produjo.

Solo 30 personas acudieron a verlo el primer fin de semana, pero la presentación fue una bomba colosal.

Así que Perry sabía que el espectáculo debía continuar.

Sin inmutarse, y porque creía en el mensaje de su obra, se empleó en trabajos ocasionales durante años y, a veces, dormía en su automóvil con tal de poder seguir presentando su espectáculo. Además, reelaboró su producción e intentó exhibirlo en otras ciudades, sin cosechar éxito alguno.

Su madre le rogó que volviera a Nueva Orleans y encontrara un trabajo estable. Él podría haber elegido ese plan de respaldo, pero estaba decidido y no quería encontrar otro trabajo por más estable que este fuera. Él quería hacer un trabajo al que le encontrara un propósito definido.

Finalmente, seis años después del debut fallido de la obra, Perry lanzó otra producción del espectáculo en House of Blues de Atlanta. Esta vez, reclutó miembros del coro y pastores de iglesias para que se unieran a la producción.

Nervioso la noche del estreno, tenía dudas sobre si la obra volvería a fracasar.

"Fue en ese momento", relató Perry más tarde en *Biography*, "que escuché la voz de Dios muy claramente, diciéndome: 'Yo te diré *a ti* cuándo parar. No me digas tú *a mí* cuándo pararás'". En ese instante, Perry miró por la ventana y vio una fila de personas que daba la vuelta a la esquina, esperando para entrar a ver su obra.

"Todavía me da escalofríos pensar en eso".

Por fin, llegó el éxito.

I Know I've Been Changed se convirtió en el trampolín de Perry en su camino hacia convertirse en un feliz triunfador como escritor, director, productor y actor de primer nivel. Perry no solo se negó a renunciar, sino que también estuvo dispuesto a hacer todo lo posible para que esto sucediera. No tenía ningún plan de respaldo. Iba a lograrlo, sin importar cuánto dinero tuviera, cuánto perdiera, cuánto dejara de ganar, ni dónde durmiera. Tyler Perry encontró su mayor talento cuando miró hacia adentro. Encontró su vocación cuando abandonó su plan de respaldo.

Sylester Stallone y *Eye of the Tiger*

Sylvester Stallone[6] tenía $106 dólares en el banco.

Su esposa, Sasha, estaba embarazada. Él no tenía con qué pagar el alquiler. Su auto se descompuso. Estaba luchando para darse a conocer como actor.

Había actuado en algunas películas (*Capone, Death Race 2000, The Lords of Flatbush*), pero su carrera no iba para ninguna parte. Stallone sintió que había sido encasillado en papeles oscuros, como matón y criminal.

Entonces, se preguntó si podría escribir su propia historia, literal y figurativamente. ¿Podría escribir para salir de su difícil situación? Intentó escribir varios guiones. Algo que lograra transmitir "el alma de un personaje cuyo exterior fuera áspero".

Fue durante esta mala racha que su vida cambió estando en una sala de cine, pero no por la razón que cualquiera podría pensar.

Stallone no estaba viendo una película, sino asistiendo a un combate de boxeo entre Muhammad Ali, el campeón de peso pesado, y Chuck Wepner (apodado Bayonne Bleeder por su ciudad natal, Bayonne, Nueva Jersey, y por su tendencia a necesitar puntos de sutura después de cada pelea). Aquel fue un combate de boxeo entre el mejor boxeador de todos los tiempos y un retador local que no tenía ninguna posibilidad de ganarle.

Sin embargo, Wepner, el perdedor por 30 a 1, sorprendió a la multitud en el noveno asalto, cuando derribó a Ali, anotando así una de las tres únicas veces en la carrera de Ali en que él fue derribado. Por ese único momento, el desvalido pugilista se convirtió en el campeón. David había derribado a Goliat.

Al final, Ali ganó la pelea por nocaut técnico en el decimoquinto asalto, pero algo hizo clic en Stallone. Estaba hipnotizado de que Wepner casi llegara hasta el final del encuentro con el campeón mundial de peso pesado, aunque perdió la pelea. Stallone no podía dejar de pensar en aquello que había presenciado.

Después de hacer una audición para un papel actoral, Stallone se dirigió a los productores Bob Chartoff e Irwin Winkler y les mencionó que tenía un guion y que estaba seguro de que a ellos les iba a interesar. Los productores de cine suelen escuchar eso todo el tiempo, pero, sorprendentemente, le dijeron que lo trajera ese mismo día. El guion se llamaba *Paradise Alley*. La historia les gustó, pero no quisieron hacer la película, pues estaban pensando en hacer una película de boxeo lo cual llevó a Stallone a decirles que tenía la historia perfecta y les preguntó si leerían el guion si lo escribía. Ellos estuvieron de acuerdo.

Inspirado, Stallone escribió el guion original de *Rocky* con un bolígrafo BIC en un cuaderno. Lo terminó en cuestión de tres días y medio y se lo envió a Chartoff y Winkler. Constaba de unas 80 páginas. El guion les encantó y, después de varias reescrituras, le dijeron a United Artists, el estudio de cine, que querían hacer la película. *Rocky* es la historia icónica de un boxeador aficionado sin mayores recursos, Rocky Balboa, que sorprende al mundo al pelear 15 asaltos con el campeón de peso pesado, Apollo Creed. Es una historia inspiradora sobre la lucha de todo ser humano, la cual le inyecta esperanza y motivación a cualquiera que haya visto la película —incluso a un experto en excusas.

En una película de Hollywood, aquí es donde normalmente entraría en acción la famosa frase: "Y fueron felices para siempre". Sin embargo, en la vida real, es cuando el impulso, la motivación y el compromiso implacable por alcanzar el éxito deben llevarte hasta la línea de meta. Este es el momento en que los felizmente exitosos se separan del resto del mundo.

En todo caso, fue lo que Stallone *no hizo* lo que lo convirtió en un verdadero triunfador.

Stallone había escrito *Rocky* pensando en un actor principal: él mismo. Lo hizo a su medida. Específicamente, para él. Sabía que nunca tendría otra oportunidad como esta. A los directores de United Artists les gustó el guion. Les gustó la historia, pero querían que un actor reconocido protagonizara la película. ¿Podría alguien culparlos por eso? Tenían en sus manos un guion de oro y, como era apenas natural, querían una gran estrella para que protagonizara la película. Quizás, a Robert Redford, a Burt Reynolds, a Ryan O'Neal o a James Caan. Stallone era un actor desconocido y era un hecho que él no impulsaría las ventas como lo haría alguno de esos actores famosos.

Después de repetidos rechazos, United Artists finalmente acordó que el papel principal lo interpretaría Stallone. Sin embargo, antes de darle luz verde a la película, los ejecutivos de United Artists en Nueva York proyectaron *The Lords of Flatbush* con el fin de ver las habilidades de actuación de Stallone. No tenían ni la menor idea de cómo era él, ni cómo lucía. El caso es que, después de la proyección, uno de los ejecutivos, Arthur Krim, le manifestó a otro de los ejecutivos, Eric Pleskow, que le gustaba la película, pero que no entendía por qué el actor italiano era rubio. Pleskow le respondió que los italianos también pueden ser rubios. Los ejecutivos pensaron que el rubio Perry King, otro actor de *The Lords of Flatbush*, era Stallone. Confiados en lo que vieron de King, dieron luz verde a Rocky con Stallone como protagonista.

Después, cuando se enteraron que habían confundido a King con Stallone, y que este último interpretaría a Rocky, cancelaron el contrato. Así las cosas, United Artists le envió a Stallone una nueva oferta por su guion, esta vez, con una condición: que no protagonizara la película.

Entonces, un estudio de Hollywood quiso comprarle el guion. Stallone sintió que estaba perdiendo una gran oportunidad y lo peor del caso era que necesitaba dinero desesperadamente. Para la mayoría de las personas, esa hubiera sido una obviedad. Lo que él tenía que hacer era simple y sencillamente vender el guion, tomar esas ganancias inesperadas y usar el efectivo para mejorar su situación. Cualquier conformista empedernido o un buscador de cambios habría vendido el guion.

Sin embargo, Stallone dijo que no. Se negó a venderlo, a menos que él mismo interpretara a Rocky.

No importó cuánto aumentara la oferta (en un momento, según los informes, superó los $300,000 dólares), el caso es que Stallone no cedía.

¿Por qué? Porque él estaba dispuesto a arriesgarlo todo. No tenía ningún plan alternativo, ni quería ningún otro papel en la película, ni esperar a ninguna otra gran oportunidad. Este era su único plan y aquella era su única oportunidad.

Finalmente, Stallone convenció a los productores de que él era la elección correcta para interpretar a Rocky. Ante esto, Chartoff y Winkler redujeron el presupuesto de producción por debajo de un millón de dólares, lo que les dio a ellos, y no a United Artists, la aprobación final para elegir a Stallone.
Stallone se mantuvo firme. Creía tanto en el proyecto, en el personaje y en la historia que estaba dispuesto a renunciar a ganar todo aquel dinero por mucho que lo necesitara.

Rocky ganó como la mejor película en los Premios de la Academia en 1977. Stallone y sus compañeros de reparto recibieron nominaciones al Oscar. La película también ganó en la categoría de mejor director y mejor montaje.

"Nunca lo habría vendido", manifestó Stallone más tarde al *New York Times*. "Me habría odiado por traicionarme a mí mismo... Mi esposa estuvo de acuerdo y me dijo que estaba dispuesta a mudarse a un tráiler en medio de un pantano si fuera necesario".

Los triunfadores audaces como Stallone van con todo. Así que tú debes estar dispuesto a renunciar a todo para lograr tu objetivo. Tu objetivo merece tu absoluta atención y esfuerzo.

Pregúnteles a los estudiantes de primer año de la Academia Naval de EE. UU.

El ascenso final

Cada primavera, los grumetes de la Academia Naval de los EE. UU. deben hacer un último ascenso antes de completar con éxito su primer año de estudios allí.

Su misión por cumplir, conocida como "Ya no somos principiantes", suele ser reemplazar su sombrero de grumetes[7] por un sombrero de estudiantes de último año que está ubicado en la parte superior de un obelisco de granito de siete metros, conocido como el Monumento a Herndon[8]. El Monumento a Herndon le rinde homenaje al comandante William Lewis Herndon, quien estuvo al mando del SS *Central America* y murió durante un huracán de tres días, a pesar de sus heroicos intentos por salvar el barco, a sus marineros y a los pasajeros. El monumento es un tributo al coraje, la disciplina y el trabajo en equipo de Herndon.

Para algunos, la tarea puede parecer simple. La cuestión es que no hay escaleras, escalones, ni árboles cercanos sobre los cuales saltar. Es un ejercicio muy riesgoso e incómodo. Hay manteca vegetal esparcida por todo el obelisco. Los participantes no pueden usar zapatos. Ah, y los cadetes están rociando todo el tiempo con agua a los principiantes y al monumento, de tal modo que tanto ellos como el obelisco permanezcan lo más resbaladizos posible.

Allí, no hay un plan de respaldo. Los grumetes deben estar a la altura de las circunstancias para llegar a la cima. Pero aquel caos está más organizado de lo que parece. Allí, no escalan varios individuos, solo un grumete a la vez. Ese es su mayor desafío y cada uno no tiene más remedio que enfrentar la situación. Es un ascenso y una caída continuos, una lucha por alcanzar la cima. Los participantes pueden cambiar de estrategia, pivotar y usar las formas que sean con tal de lograr su propósito. Son ellos contra el monumento. Esa es su misión y todos tendrán que lograrla.

La estrategia ganadora a menudo implica formar una pirámide humana y usar camisas para ir quitando con ellas la manteca. Una vez que la pirámide tiene varias capas de altura, el objetivo es impulsar al miembro del equipo en la parte superior hasta que ponga su sombrero en la punta. Luego, es cuestión de precisión, ya que el sombrero debe quedar puesto perfectamente encima del monumento. Una vez que todos lo logran, se ha cumplido la misión. Los grumetes estallan en celebración, ya que han conquistado el Monumento a Herndon, y la pirámide humana cae al suelo. Cuenta la leyenda que el grumete que llegue a la cima y coloque con éxito el sombrero será el primero de su clase en alcanzar el rango de almirante.

Este ascenso al Monumento de Herndon es la prueba máxima de trabajo en equipo. Es una unidad del ejército que trabaja junta por alcanzar un objetivo en común. Estás confiando en las personas a tu derecha, a tu izquierda, por encima y por debajo de ti. Debes encontrar la manera de lograrlo.

Un plan de respaldo significa que te has convencido de que está bien rendirse. No tener uno significa que te corresponde lograrlo. Que invertirás por completo lo que esté a tu alcance para llegar a la meta propuesta. Cuando no tienes un plan de respaldo es más fácil que te concentres única y exclusivamente en alcanzar tus objetivos.

Cómo diseñar tus metas en cinco minutos

Establecer metas no es un concepto novedoso. Todos hemos oído hablar de la idea de tener metas. El problema es que demasiadas personas se detienen ahí. Para muchos, sus metas son algo así como unos sueños que duran un tiempo y luego desaparecen. Tienen metas, pero no saben cómo lograrlas. Saben cómo lograrlas, pero no hacen nada al respecto. También ocurre que tienen metas, dan unos pasos hacia ellas y luego se dan por vencidos.

Cambiemos eso.

Establecer metas consiste en tomar medidas proactivas hacia un futuro positivo. Cuando establezcas tus metas, estas deben ser: específicas, innegociables, procesables y con propósito.

Específicas. Haz que tus metas sean específicas e incluye en ellas tantos detalles como te sea posible. Las metas vagas son más difíciles de alcanzar y visualizar. Por ejemplo, en lugar de decir que quieres conseguir un nuevo trabajo, di que, a partir del lunes, vas a enviar 10 solicitudes de empleo a la semana, durante dos meses.

Innegociables. Tú debes ser el dueño de tus metas y el directo responsable de alcanzarlas. Escribir tus metas las hace más tangibles y es importante que las leas a diario para mantener el rumbo adecuado hacia ellas. La responsabilidad de alcanzarlas comienza y termina contigo.

Procesables. Las metas consisten en entrar en acción. Necesitas un proceso claro de cómo cumplirlas. No es suficiente tener una meta final. Haz una hoja de ruta que puedas consultar a lo largo de tu viaje. Realiza un seguimiento de tu progreso y escribe tus comentarios al respecto. Implementa esta estrategia: intenta dividir tus metas en varias metas cortas. En lugar de mentalizarte para obtener una gran meta, piensa en obtener pequeñas victorias al realizar micro tareas que contribuyan a tu meta final. Por ejemplo, si tu meta es construir una casa, concéntrate en construir una habitación a la vez. En otras palabras, pequeños pasos te darán el impulso necesario para llegar a la meta final.

Con propósito. Las metas deben tener un propósito específico. No es suficiente querer algo. Conecta ese deseo con por qué es importante para ti obtener ese algo. Cuando conectas una meta con un propósito, esa meta se convierte en algo más que otro logro. Ya hay un significado especial adjunto que te está impulsando a lograrla.

Ahora, construyamos sobre estos principios y veamos estos 10 simples pasos para planear cómo alcanzar tus metas.

1. Escribe cinco metas que quieras lograr en tu vida

Puede ser cualquier meta, grande o pequeña. Ninguna meta es demasiado grande, pero asegúrate de no establecer metas demasiado simples. No te preocupes por lo que dirán o pensarán los demás. Después de todo, este ejercicio es para ti.

Observa con atención estas cinco metas que acabas de elegir. A lo mejor, esta sea la primera vez que las escribes.

2. Lee tu lista en voz alta

Una por una, di cada meta en voz alta. No seas tímido cuando las leas. Dilas con propósito.

3. Reformula cada meta implicando que "lo harás".

No es suficiente escribir "Escalar el Kilimanjaro". Tienes que adueñarte de estas metas. No pueden ser metas vagas o intangibles. Vuelve a escribir tu lista de tal modo que queden en este formato: "Escalaré el monte Kilimanjaro".

Ten presente que, si no estás acostumbrado a establecer tus metas de esta manera, es probable que al principio te suene tonto o incómodo escribirlas de ese modo.

4. Analiza por qué quieres alcanzar estas metas

Concéntrate en la meta más importante para ti en este momento. El "qué" es solo una parte de este ejercicio. El "por qué" es más importante cuando se trata de tu comprensión de ti mismo.

Enumera las razones por las que quieres esto. Te pedí que eligieras cinco metas a alcanzar en tu vida. Podrías haber elegido cualquier cosa. ¿Por qué esta? ¿Qué significa para ti? ¿Por qué es importante en tu vida?

Cuando comprendes concretamente por qué elegiste esta meta y por qué estás dispuesto a trabajar en ella, conectas el resultado que obtendrás con el propósito que tengas de alcanzarla. Las metas no son solo cuestión de resultados; tienen que ver con el nexo de dichos resultados (los resultados de una meta) y el propósito (por qué queremos y necesitamos alcanzar esa meta). Cuando conectas estas dos facetas, tu meta se vuelve más tangible y significativa para ti. Recuérdate a ti mismo por qué necesitas hacer esto.

5. Trabaja en retrospectiva[9] desde tu meta hasta donde te encuentras hoy

Nuestro camino desde donde estamos hoy hasta donde queremos estar puede parecer confuso. Pensar en retrospectiva suele brindarnos claridad. En lugar de empezar donde estás hoy, empieza donde quieres estar. Es la misma estrategia que emplean Apple y Amazon cuando se proponen crear nuevos productos. En lugar de comenzar con la tecnología, comienzan con la experiencia del cliente[10] y trabajan hacia atrás hasta llegar a la etapa de la tecnología. Comienzan donde quieren estar y luego realizan ingeniería inversa[11]. Imagina que estás parado en la cima del Kilimanjaro. Cierra los ojos y respira el aire. Siente la brisa. Imagina la altitud. ¿Qué ves? ¿Qué escuchas?

Ahora, pregúntate: ¿Cómo llegaste allí? ¿Qué hiciste para lograrlo?

Trabaja a la inversa. ¿Cuánto tiempo tardaste escalando? ¿Con quién subiste? ¿Cómo fue el viaje hasta allá?

Piensa un poco más. ¿Cómo conseguiste tiempo libre en el trabajo para hacer el viaje? ¿Cómo lo pagaste? ¿En qué época del año fuiste?

Además, ¿cómo te preparaste? ¿Qué tipo de entrenamiento hiciste? Recorre en retrospectiva todo el camino hasta el punto en el que escribiste tu meta.

6. Piensa en un momento de tu vida en el que alcanzaste una meta

Puede ser cualquier meta. Bien sea aprender a montar en bicicleta cuando eras niño, aprender inglés en la escuela secundaria o correr una maratón el año pasado. ¿Cómo lo hiciste? ¿Fue una práctica constante? ¿Tuviste voluntad y determinación? Lo que sea que hayas hecho en ese entonces, quiero que escribas cómo lo hiciste. A continuación, quiero que escribas cómo te sentiste al lograr esa meta.

Ahora, quiero que leas esas respuestas en voz alta: la meta, la estrategia y el sentimiento.

Utiliza el mismo proceso de pensamiento que produjo ese resultado anterior y aplícalo en la consecución de esta nueva meta.

7. Avanza en pos de tu meta desde donde te encuentras hoy

Ahora, que ya trabajaste en retrospectiva, conecta los puntos rumbo a tu meta. Es algo así como hacer el movimiento de un rodillo sobre la masa: para que el producto final tome forma, debes retroceder y luego avanzar.

El movimiento físico de retroceder y proseguir te impulsará a actuar. También te ayudará a dar los pasos que te faltan y a refinar tu plan de acción.

Cuando ves un camino claro en el papel que tienes frente a ti, tu meta se vuelve más alcanzable. Los puntos ya están conectados.

8. Sé más específico

Las metas que carecen de especificidad son más difíciles de lograr, porque son menos tangibles. Desarrolla tu plan de juego. Diseña una línea de tiempo, junto con un plan de acción detallado. Esta es tu estrategia para llegar de hoy a mañana, al día siguiente. Sin estas guías, tus metas seguirán desvaneciéndose en el tiempo.

Incluir detalles específicos no significa decir: "Reservaré un vuelo para el próximo junio". Tu plan de acción debería verse así: "A más tardar, el 5 de junio, reservaré un vuelo que salga de esta ciudad a esa ciudad. Como ya investigué las opciones de vuelo, sé que mi escala será en esta ciudad. El costo de este boleto no debería ser más que este".

Cuantos más detalles puedas especificar, más real se vuelve tu meta. Cuando sabes lo que quieres con exactitud y nombras las ciudades en cuestión, junto con la cantidad exacta de la inversión que tendrás que hacer, tu meta es mucho más tangible. Puedes imaginarte el viaje en avión y empezar a hacer una lluvia de ideas sobre cómo pagar esta aventura.

9. Comienza con ese primer paso

Tu primer paso es importante. Pregúntate: ¿Cuál es el paso más simple y viable que puedo dar ahora mismo para lograr mi meta?

Puede ser tan simple como imprimir un mapa, pegarlo en la pared y trazar un círculo sobre el Monte Kilimanjaro. Luego, dibuja una línea dirigida a tu ciudad natal. Cuando ves la ruta de vuelo, todo se vuelve más real.

10. Da el siguiente paso

Una vez que has dado ese primer paso, has cruzado la barrera que muchas personas no cruzan. El siguiente paso en tu plan de acción se vuelve mucho más fácil una vez que has dado el paso inicial. A medida que implementes esta rutina, pregúntate: ¿Mi meta tiene un límite de tiempo o es atemporal? Las metas con límite de tiempo son aquellas que lograrás en una fecha determinada. Las metas atemporales no tienen fecha límite; puedes lograrlas en cualquier momento. Suenan opuestas, pero necesitas ambas.

Necesitas metas con límites de tiempo para establecer los plazos que te darás para alcanzarlas. Los plazos generan especificidad y disciplina. Hacen que los objetivos sean más concretos. También necesitas metas atemporales que podrás lograr en cualquier momento. Sin embargo, si tus metas atemporales están demasiado lejos en el futuro, se vuelven demasiado remotas y menos palpables.

De aquí en adelante, sigue dando pasos a tu propio ritmo. Ya que sabes cómo luce tu meta a futuro y en retrospectiva, llegar allí es ahora cuestión de una sola cosa: tú.

11
IGNORA LA DISTANCIA MÁS CORTA

A veces, deseas tener éxito y estás dispuesto a hacer lo que sea necesario para alcanzarlo, pero no estás seguro de qué o cómo hacer. Sabes que tienes talento, pero no logras encontrar esa oportunidad ideal para brillar con luz propia.

Tienes 25 años y sigues buscando ese trabajo ideal.
Tienes 30 años y no obtuviste ese ascenso que añorabas.
Tienes 35 años y no has encontrado la carrera adecuada para ti.
Tienes 40 años y aún no tienes pareja.
Tienes 50 años y no has iniciado tu propio negocio.
Tienes 60 años y sientes que estás empezando de nuevo.
Tienes 70 años y no tienes los ahorros que deseabas para jubilarte.

Las metas atemporales han reemplazado a las que antes tenían una fecha límite y has comenzado a preocuparte. Te preguntas si alguna vez llegará a tu vida esa oportunidad que tanto esperas.

Cuando empiezas a cuestionarlo todo, cualquier experto en excusas te dirá que las cosas siempre son más difíciles de lo que parecen. Un buscador de cambios te propondrá que tomes atajos —están por todas partes—. Por su parte, los conformistas te citarán ese principio clásico del matemático griego Arquímedes[1]: "La distancia más corta entre dos puntos es una línea recta". Te dirán que no te compliques demasiado, que mantengas las cosas simples y de ese modo llegarás a tu destino.

Bueno, ¿y si tu camino no es una línea recta?

¿Qué pasa si tu camino parece ser más largo y tomar más tiempo que el de los demás?

¿Qué pasa si no es tan simple para ti?

¿Qué pasa si las cosas fueron más fáciles hace mucho tiempo, pero ahora son más desafiantes?

Tu camino en la vida, tu trabajo y tu trayectoria no siempre son como te gustaría que fueran. Hay giros y vueltas. Subidas y bajadas. Comienza y se detiene.

Y eso está bien. Es apenas normal.

El siguiente es un secreto que a los consumidores de jugo de limón no les gusta admitir:

No hay camino más corto. No existe.
Puedes buscarlo por siempre y nunca lo encontrarás.
Si hubiera un camino más corto,
todos irían por él y estarían triunfando en la vida.

No importa la edad que tengas. Puedes sentir como si ya hubieras superado todos los hitos importantes, propios de cada cumpleaños, pero nunca es demasiado tarde para hacer tus sueños realidad. Siempre es posible empezar a construir una vida con sabor a limonada en cualquier momento.

Entonces, si tu camino no es una línea recta, ¿qué puedes hacer?

Si te encuentras en esta situación, estás en buena compañía, junto con multimillonarios, celebridades, empresarios y triunfadores osados que encontraron su propia distancia más corta, la cual les funcionó mejor a cada uno de ellos.

Y tú también lo harás, si tienes presente estas siete premisas:

1. Recuerda el arte de la limo/economía
2. Nunca es demasiado tarde para encontrar tu receta secreta
3. Por qué Kevin Hart vende estadios
4. Lo que realmente quieres hacer cuando seas grande
5. La evolución del pitillo

6. Camina siempre con una brújula
7. Lo que tú, JFK y Charles de Gaulle tienen en común

Recuerda el arte de la limo/economía

¿De la limo… qué?

Traducción: vamos a deconstruir un puesto de limonada.

Cuando eras niño, si querías ganar dinero durante el verano, montabas un puesto de limonada —un plan simple y directo—. Casi a todo el mundo le apetece una limonada helada en medio de un caluroso día de verano.

¿Cuál es la fórmula para montar un puesto de limonada exitoso? Se requieren, mínimo, cuatro componentes:

- Ubicación: encontrar la calle más indicada
- Marketing: hacer un gran letrero de venta de limonada
- Producto: preparar una deliciosa limonada
- Atención al cliente: asegurarte de sonreír

Si haces estas cuatro cosas, tendrás un puesto de limonada exitoso. Ganarás dinero, te sentirás realizado y harás felices a los demás. Bastante fácil. El siguiente es el desglose de lo que ganaste en tu puesto de venta de limonada de la infancia:

- Dinero: alto margen de ganancias
- Logro: orgullo y autoconfianza
- Emprendimiento: construiste tu propio negocio
- Felicidad: llenaste de alegría a los demás

Ahora, avancemos rápido y lleguemos hasta el día de hoy. Ya eres mayor. Es posible que tenga tiernos recuerdos de tu negocio de limonada en tu infancia y que decidas que quieres abrir otro puesto de limonada hoy. Sin embargo, si simplemente siguieras esos mismos cuatro pasos (encontrar la calle más adecuada, hacer un gran letrero de venta de limonada, preparar un delicioso producto y asegurarte de sonreír), lo más probable es que no tendrías un puesto de limonada exitoso.

Esto, por varias razones, pero la principal es que ya no eres un niño. Un negocio en una calle no sería suficiente y un buen inmueble para montarlo no sería gratuito. Un aviso de cartón tampoco sería suficiente. Los clientes esperarían galletas recién horneadas y una deliciosa limonada recién exprimida. Ir de aquí para allá a lo largo la acera tampoco atraería a los clientes que quisieras tener en este punto de tu vida.

Como puedes ver, tener éxito hoy ya no es tan simple como seguir aquellos cuatro pasos de la infancia. Los tiempos han cambiado; tú has cambiado. El puesto de limonada representa un tipo de vida que tenía sentido durante tu infancia, pero que ya hoy no te llena. Así que tienes que ser más innovador y creativo. Lo más probable es que debas adaptarte a un nuevo paradigma. A medida que te adaptas, el cambio será incómodo. ¿Cómo mantienes la continuidad? Tienes un conjunto consistente de valores. Si tu base es sólida, el cambio no la quebrantará. Las estructuras y los sistemas sólidos se construyen no solo para resistir el cambio, sino también para adaptarse y crecer. Si estás construyendo una casa, necesitas unos cimientos que resistan todo tipo de climas, ¿verdad? Pues, lo mismo ocurre con tu sistema de creencias y valores. Tus cimientos deben fortalecerte para resistir la vida. No solo las partes estables, las partes felices, las partes exitosas, sino todo lo que ocurra en ella.

No importa cuál sea tu camino o tu viaje. El hecho es que debes elegir y escribir de 5 a 10 valores que quieras que gobiernen tu vida. Cuanto antes te comprometas con ellos, mejor. Una vez escrita, guarda tu lista en un lugar seguro para que puedas consultar tus valores hasta que los hayas memorizado. Estos te acompañarán a lo largo del camino hacia tus éxitos y también en tus fracasos, pruebas y tribulaciones. Cuando no tienes una base o un plan de juego, es fácil permitir que el caos te abrume. Sin embargo, cuando tienes una lista de valores y principios por los cuales regirte y vivir, tu mundo se vuelve más estable y ordenado. Tendrás el bote salvavidas listo para llegar de manera segura hasta la orilla.

Tus valores te ayudarán a adaptarte de manera más organizada y reflexiva. Es por eso que es imperativo que, cuando sea el momento de hacer el cambio, puedas consultar estos valores que anotaste en un momento más tranquilo. Las circunstancias cambian, pero los valores no.

Con tus valores en su lugar, adaptar tu plan de juego es una tarea más fácil. No hay un momento "perfecto" para activar el interruptor. La vida puede interponerse en el camino. El tiempo puede pasar. Las oportunidades no parecen disponibles. El diferenciador más importante entre los triunfadores y todos los demás es que ellos encienden el interruptor.

Nunca es demasiado tarde para encontrar tu receta secreta

Conoce a Harland[2].

Harland tuvo muchos empleos antes de encontrar su vocación en la vida. Entre otras cosas, Harland fue conductor de tranvía, bombero de ferrocarril, vendedor de seguros, operador de ferry de vapor, fabricante de iluminación, abogado y vendedor de neumáticos.

Más tarde, se convirtió en chef y operó un motel y un restaurante en Kentucky que les servía pollo, jamón y bistecs a sus clientes. A los 50 años, Harland creó una receta para freír pollo en una freidora a presión que cocinaba el pollo más rápido que en una sartén.

Desafortunadamente, Harland vio cómo su negocio se desmoronaba cuando se reubicó el cruce de la autopista que pasaba frente a su restaurante. Ahora, la nueva carretera interestatal pasaba demasiado lejos de donde él tenía su negocio.

Temiendo lo peor, Harland vendió su restaurante asumiendo las pérdidas, así que se vio obligado a vivir de los ahorros que le quedaban y del cheque mensual del Seguro Social por un valor de $105 dólares.
Sin embargo, ante el fracaso, Harland tenía un plan. Si los clientes no podían acudir a él por su pollo frito, él se los llevaría a domicilio.

Armado con ollas a presión y bolsas de condimentos, Harland comenzó a recorrer carreteras. A menudo, durmiendo en la parte trasera de su automóvil; así, viajó por el país, restaurante por restaurante, con el fin de freír su pollo y tratar de negociar los derechos de franquicia con cada operador de cada restaurante que encontrara en el camino. No fue sino hasta que Harland cumplió 62 años que concedió su receta secreta por primera vez como franquicia al operador del restaurante de Salt Lake City, Utah, Pete Harman.

Durante los siguientes 12 años, Harland construyó un imperio de restaurantes llamado así por su famoso pollo, *Kentucky Fried Chicken*, con más de 600 ubicaciones, antes de finalmente vender la empresa.

El camino de Harland Sanders fue todo, menos recto. Sin embargo, él fue un osado triunfador que tomó su propio camino más corto hasta encontrar su vocación como chef y empresario, construyendo así uno de los grandes conceptos de restaurantes de comidas rápidas.

Harland no está solo. Tú también puedes ser un triunfador a cualquier edad. Apréndelo de pioneros que triunfaron después de sus 40 años de edad[3].

Vera Wang, una de las diseñadoras más talentosas del mundo, no diseñó su primer vestido, sino hasta sus 40 años.

Samuel L. Jackson ha realizado más de 120 películas[4], pero tuvo su gran oportunidad de debutar en el cine a los 43 años.

Rodney Dangerfield es uno de los comediantes más divertidos de todos los tiempos, pero ganó gran fama hasta que apareció en *The Ed Sullivan Show* a sus 46 años.

Julia Child escribió su primer libro de cocina a los 50 años.

Charles Darwin publicó *On the Origen of Species*[5] también a los 50 años.

Betty White tuvo su gran oportunidad hasta que apareció en *The Mary Tyler Moore Show* cuando tenía 51 años.

Nuestra cultura de gratificación instantánea pone un enorme peso sobre nuestros hombros. Creemos que, si no somos aceptados en la "mejor" universidad, no encontraremos las mejores oportunidades laborales; pensamos que, si no obtenemos esa pasantía en la mejor empresa, nuestras perspectivas de construir una carrera brillante deberán ser mínimas; que, si no ingresamos a la mejor facultad de derecho, nuestra carrera legal se verá empañada; que, si nuestro primer trabajo no es el trabajo de nuestros sueños, nunca llegaremos lejos a nivel profesional; que, si no "lo logramos" a los 30 años, estamos fritos.

Suponemos que existe una lista de verificación de vida que debemos completar a cierta edad. Entonces, creamos la falsa sensación de urgencia de que debemos tenerlo todo resuelto ya mismo. Si no lo hacemos, seremos marginados de quienes sí lo lograron.

Sin embargo, la vida no se mueve a un ritmo universal. No todos nos movemos juntos al unísono. Tu vida se mueve a tu ritmo, a tu tiempo. Tus padres, amigos, compañeros de clase y vecinos se mueven a su propio ritmo. Algunos se mueven en formación cerrada. Otros comienzan y se detienen. Hay quienes toman caminos sinuosos, se pierden en el bosque, son perseguidos por un oso, piden ayuda, son rescatados, se vuelven a perder, se les descompone el automóvil y luego siguen su camino. La belleza de este baile es que todos podemos participar en él. No tiene que ser un baile elegante o perfecto. No se trata de un musical en el que la cantidad de sillas es limitada. Si quieres participar en el baile y terminarlo, apresúrate a aprender los movimientos y baila a tu propio ritmo hasta llegar al final. Siempre y cuando te estés moviendo, está bien si te tomas más tiempo para dar los pasos correctos.

Es cuestión de que te asegures de reconocer la diferencia entre tomar más tiempo en tu viaje a medida que te autodescubres *versus* descubrirte a ti mismo por adelantado y no elegir un viaje que refleje quién eres realmente. Piensa en el "Día de tu Profesión" y verás por qué.

En el jardín de infantes, participar en el "Día de tu Profesión" siempre fue simple. Podrías ser lo que quisieras: astronauta, oficial de policía, bombero, médico, jugador de béisbol. Cualquier profesión que eligieras, todo lo que tenías que decir era: "Cuando sea grande, voy a ser...". Era así de simple y directo. Sin vacilaciones, ni dudas. Para muchas personas, aquella fue la declaración más directa, segura y deliberada que jamás hicieron con respecto a su campo de acción elegido.

Estando en la universidad, un amigo me dijo que él iba a estudiar Derecho, pero que no quería ser abogado. Esto fue lo que sucedió:

> Voy a ir a la facultad de Derecho para ser abogado, pero no quiero ser abogado. Primero, trabajaré en un gran bufete de abogados. Allí aprenderé sobre fusiones y adquisiciones, pero no quiero ser un abogado corporativo. Después, conseguiré un trabajo en un banco de inversión, así puedo ser banquero de inversión y hacer grandes fusiones y adquisiciones. Pero no quiero ser un banquero de inversiones. Si me va bien en la banca, entonces, podré posicionarme para que me contraten en una gran firma de capital privado. De ese modo, invertiré en empresas directamente, en lugar de asesorarlas. Pero no quiero trabajar en capital privado. Si tengo éxito en el sector de capital privado, será posible que me contraten en un fondo de cobertura. Entonces, invertiré en los mercados públicos y ganaré mucho dinero. Al fin, tendré el trabajo de mis sueños.

¿Qué?

En la escuela de negocios, una amiga me dijo que iba a trabajar como consultora. Esto es lo que ella dijo:

> Primero, trabajaré en una gran firma de consultoría. Allí, aprenderé sobre estrategia. Eso no significa que quiera ser consultora. Luego, voy a conseguir un trabajo en una empresa de productos de consumo y me convertiré en gerente de marca. Trabajaré en grandes marcas globales, pero no quiero ser gerente de marca. Si me va bien en la empresa de productos de consumo, entonces, buscaré que me contraten en una startup, con el fin de trabajar en un producto nuevo e innovador. Pero no quiero trabajar en la startup de otra persona. Lo que realmente quiero es montar mi propia empresa y ya tengo la idea de lo que se tratará.

¿Qué está esperando ella? ¿Qué estás esperando tú? Si sabes lo que quieres, ve ahora mismo a buscar el trabajo que quieres. No se necesitarás hacer tres carreras diferentes para llegar allí.

Tu destino puede estar mucho más cerca de lo que crees.

Por qué Kevin Hart vende estadios

Un momento, tú puedes estar inspirado.

Puede que se te ocurra la idea del siglo. Que te quedes despierto toda la noche y trabajes febrilmente para producir algo basado en esa inspiración. ¿Y adivina qué? Al día siguiente, puede que no vayas a ninguna parte. Y el día después de ese, tampoco. ¿Ves a dónde voy con esto? La inspiración no siempre conduce de la noche a la mañana a tener el producto que te hará ganar $1.000 millones de dólares. Podría tomarte días, semanas, meses, años de arduo trabajo, de pruebas y refinamientos para llegar a donde quieres estar. No todo éxito es instantáneo. Habrá períodos en los que apenas te mantendrás a flote y en que sentirás que no vas a llegar a ninguna parte.

A muchas personas les gusta consumir contenido inspirador, ya sean citas motivacionales o un buen libro que las anime y las prepare para conquistar el mundo.

Y luego, no hacen nada.

Luego, ven un clip de YouTube y vuelven y se emocionan. Y luego, otra vez no hacen nada.

Siguen practicando los mismos malos hábitos. Hacen girar sus ruedas sin hacer ningún progreso.

Sin embargo, eso termina hoy para ti. Este libro es tu plan de juego. Es tu plataforma para entrar en acción. Recupera el control de las cosas y deja de fingir lo grandiosa que es tu vida, lo increíble que es tu trabajo y lo maravilloso que te sientes todos los días.

Haz algo al respecto. Nadie más lo hará, excepto tú.

El truco es mantenerte motivado y saber conservar esa inspiración, incluso en momentos en los que no te sientes ni motivado, ni emocionado.

Necesitas canalizar esa chispa, esa pasión y ese entusiasmo inicial que sentiste el primer día y llevarlos contigo en medio de los altibajos que tengas que enfrentar hasta alcanzar tu meta.

Los buscadores de cambios no saben cómo mantener el impulso. Ellos quieren que su éxito sea rápido, pero no están dispuestos a seguir sus rutinas. Si no ganan ese premio gordo desde el principio, pierden la inspiración que los llevó a actuar. Necesitan gratificación instantánea. Por esa razón, renuncian a sus sueños cuando comienza el verdadero trabajo, cuando nadie quiere invertir en sus ideas, cuando los nuevos prospectos no responden a sus llamadas de ventas, cuando tienen que presentar su negocio una y otra vez para encontrar nuevos clientes. En otras palabras, se dirigen a la puerta de salida desde antes que comenzara el verdadero trabajo que hay que hacer para triunfar. La economía en demanda redujo su capacidad de espera al clic de un botón.

Hoy, tú puedes pedir lo que quieras, cuando quieras. En el proceso, todos nos hemos ido condicionando a demandar una gratificación instantánea, ya sea que se trate de comida, películas, televisión, ropa, transporte o limpieza en seco, todo lo que necesitamos es un clic. Si no lo conseguimos al instante, decimos que ese es un mal servicio al cliente. Si no encontramos un significado inmediato en nuestras relaciones, estas no funcionan y se acaban. Si todos no nos aman en el trabajo desde el primer día, es hora de renunciar.

Tu vida no es una serie de gratificaciones inmediatas. Los días son largos y arduos por una razón: la vida no se gana, ni se pierde el primer día. A Dios le tomó seis días crear el Cielo y la Tierra, de modo que tú no vas a lograrlo más rápido. Si no tienes la paciencia y la tenacidad para alcanzar tus metas a lo largo de los giros y vueltas que dará tu vida, te estás perdiendo de la verdadera importancia de tu viaje, ya que este es más que llegar a un fin o a un sentimiento de autoafirmación. La vida es una encarnación de tu crecimiento y maduración, un refinamiento de tu propósito y una redirección de tus intenciones.

No te preocupes por el tiempo que te tardarás en llegar a la meta. De lo que se trata es del trabajo que harás para llegar a ella. Puedes encender todos los interruptores; puedes tener la mejor actitud del mundo y tratar de hacer las cosas bien. Sin embargo, si no trabajas para hacer limonada todos los días, nunca serás lo que aspiras ser.

Te diré algo más: los problemas que encuentres en tu camino no desaparecerán, ni se resolverán mágicamente. No basta con desear que se vayan. Cada día que no los resuelvas significará que el problema persistirá y que incluso se hará más grande. La inacción tiene un costo. No es gratis. No puedes simplemente omitir el pago de tus cuentas y esperar que el saldo disminuya. No puedes quejarte sin cesar de tu entorno de trabajo negativo y esperar que cambie la cultura de la empresa a la que perteneces. Depende de ti abordar los problemas. Es tu turno de actuar, de corregir los errores, de cambia tus circunstancias. ¿Qué estás esperando? No necesitas el permiso, ni la aprobación de nadie. Esto no es tercer grado. Es tu vida.

Kevin Hart no vende estadios por todo el mundo porque un día se volvió divertido hacerlo. Oprah no se convirtió al azar en una empresaria multimillonaria y en una querida mega estrella de los medios. Dwayne Johnson no se convirtió de repente en una de las estrellas de cine más grandes de todos los tiempos. Magic Johnson no nació siendo el mejor armador de la Historia del Baloncesto. Jeff Bezos no cambió el mundo del comercio minorista, porque se le ocurrió una idea poderosa y la ejecutó en un solo día. Todos y cada uno de estos triunfadores se esforzaron para llegar hasta donde están hoy.

La vida no te regalará nada. Sí, puede que tengas suerte, pero la suerte no es una estrategia. Tienes que querer cumplir tus metas con todas tus fuerzas y más que los demás. Tienes que trabajar para llegar a donde quieres ir. Es fácil olvidar a Steve Jobs trabajando en un garaje o a Jeff Bezos usando una puerta como escritorio o a Tyler Perry durmiendo en su auto. Todos lo lograron, por eso es fácil olvidar cuánto tiempo tardaron en llegar a la cima y cómo fue su camino, pero ellos también recorrieron una larga jornada para construir su realidad.

Tú también puedes planificar, generar estrategias, posicionarte, debatir, analizar y reflexionar acerca de tus metas. A fin de cuentas, lo único que importa es si haces o no tu limonada. Tienes que actuar. ¿Cuál es el resultado? Lo que el mundo ve. Hay otras cosas que te importan internamente, como tu esfuerzo, tus valores y tu ética de trabajo. Esos son aspectos importantes para ti y contribuirán a tu experiencia y a tu crecimiento internos. Pero lo que los demás ven es el impacto que causas en quienes te rodean. No confundas estas dos cosas. Cuando estás trabajando en ti mismo, el recorrido que haces es importante y te ayudará a ser mejor a medida que navegas por la vida. Cuando estás trabajando para construir un negocio o tu carrera, lo que importa es el producto terminado que ofrezcas. Serás evaluado por tu producto final y por el impacto que este genere.

¿Cómo se llega allí?

No importa cuántos pasos retrocedas. Importa cuántos pasos das hacia adelante. Pregúntate: ¿Estoy avanzando o estoy estancado? Esa es la primera decisión que tomas. Si estás estancado y al margen, estás fuera del juego. Si decides retomar y avanzar, estarás un paso más cerca de donde quieres estar. Es posible que estés moviéndote en la dirección equivocada o que debas avanzar más rápido. Tú puedes ajustar el paso; también puedes reorganizar tus prioridades y cambiar de estrategia, pero no seas duro contigo mismo si no encuentras el trabajo de tus sueños el primer día que salgas a buscarlo. Esa es la trampa de la gratificación instantánea.

Demasiadas personas se dan por vencidas antes de haber llegado a su destino o se quedan gritando desde las gradas y nunca entran al campo de juego. El primer paso es entrar al campo. Allí es donde tiene lugar toda la acción. Cuando estás en el juego, tienes la opción de ver más oportunidades.

Muchas personas renuncian a sus sueños si no obtienen el 100% de lo que esperaban obtener. Esperan que todo haga clic en la primera semana o en el primer mes de estar trabajando en sus metas. Y cuando no es así, piensan que fracasaron y quieren renunciar. Es bueno ser ágil y dar los pasos más adecuados, pero no caigas en la trampa de convertirte en un buscador de cambios. Nadie te culpará de luchar por obtener triunfos diarios más pequeños.

Si das un paso hacia tu meta, estás un paso más cerca de la grandeza que cualquier experto en excusas.

Los conformistas empedernidos se quedan atrapados en la mentalidad de que, si no son contratados por el mejor bufete de abogados de la facultad de derecho, y no se convierten en socios en 10 años, no triunfaron y se quedarán cortos en el cumplimiento de sus sueños.

Están pensando en que todo les salió mal. Pero recuerda, no son los grandes saltos los que te definen.

Por el contrario, 100 días obteniendo ganancias del 1% te llevan al mismo lugar que un día con una ganancia del 100%.

Llega a tus metas en tus propios términos, incluso cuando otros no vean cuál y cómo ha sido tu camino.

Lo que realmente quieres hacer cuando seas grande

Las entrevistas de trabajo suelen comenzar sin mayores pretensiones y los entrevistadores proceden a hacer una serie de preguntas como estas:

"¿Cuántas pelotas de golf caben dentro de un 747?"

"¿Cuántas señales de alto hay en Estados Unidos?"

"¿Podrías venderme este lápiz?"

Luego, estas dan un giro y ellos lanzan esta pregunta:

"¿Qué es lo que realmente quieres hacer cuando seas grande?"

Si ya antes has escuchado esto, no estás solo:

"Bueno, Frank, gracias por venir. Revisé tu currículum, pero guau, has tenido pocos trabajos. En buenas empresas, pero ¿solo tres trabajos y en diferentes campos en cuestión de 10 años? Un trabajo en marketing, otro en ventas y otro en operaciones. ¿Qué es lo que realmente quieres hacer cuando seas grande?".

Esta pregunta omnipresente ha circulado durante entrevistas tanto en la Ciudad de Nueva York, de Londres hasta en Sídney y más allá. Por lo general, los reclutadores de personal y los gerentes la hacen como una manera de indagar por qué un aspirante a un empleo se ha desempeñado en varios trabajos o industrias diferentes. A menudo, la hacen a manera de comentario o como una pregunta en tono condescendiente, acompañado de una sonrisa e incluso de risa.

Lo que esta sugiere es que saltas de un trabajo a otro sin un enfoque claro. Existe una suposición subyacente de que tu decisión de no tener un trabajo en la misma empresa durante un período prolongado te hace menos confiable o inseguro en cuanto al rumbo que llevas en la vida.

Desglosemos la pregunta en dos partes para comprender mejor su absurdo:

"¿Qué quieres hacer realmente...?": Esta primera mitad de la pregunta sugiere que tus elecciones laborales no han sido serias hasta la fecha. La insinuación es que cualquier cosa que hayas hecho hasta el momento es de alguna manera una simulación o una especie de broma (observa el hecho de incluir "realmente").

"¿...cuando seas grande?": Ahora, como si tus supuestas "pobres" elecciones laborales no fueran suficientes, también resulta que eres inmaduro. Según esto, todavía no eres lo suficientemente mayor o inteligente como para pensar de forma independiente o tomar decisiones viables.

Por supuesto, la pregunta es una total tontería. Por lo general, quien la hace es un entrevistador experto en excusas o un conformista empedernido que no logra entender la lógica o el contexto de la toma de decisiones de otras personas cuando esas decisiones difieren de las suyas. Una pregunta más lógica y útil sería por qué el entrevistado eligió una determinada carrera y qué aprendió de esa experiencia.

Existe una tendencia social a encasillar a las personas en función de su pedigrí, principalmente, en lo que tiene que ver con su educación y sus empleadores. Se da muy poco espacio para la explicación o el contexto, así como para la exploración y la experimentación. La vida de las personas se reduce a una hoja de papel de 8½ x11, en la cual se espera que ellas expliquen sus elecciones de vida. Para algunos este método es una forma eficiente de revisar las credenciales de los candidatos a un empleo. El problema es que se pierde lo verdaderamente importante: el recorrido. Lo que cada uno aprendió en el camino a medida que fue encontrando su propio rumbo es más importante que dónde trabajó o cuánto tiempo trabajó en cada lugar.

Si encuentras tu vocación en la vida cuando tienes siete años y sabes que quieres ser bombero, entonces, tu decisión laboral fue fácil para ti. Si desde cuando eres estudiante de tu primer año de estudios universitarios sabes que la medicina es el campo de acción indicado para ti, entonces, ya tienes un camino claro desde el cual realizar tu sueño.

Todos los demás a lo mejor han escuchado de sus padres, hermanas, hermanos, abuelos, suegros, amigos y de quienes los rodean sobre por qué ellos deberían ingresar a este o aquel campo de acción o aceptar ese trabajo específico.

"Si quieres ser millonario, ve a trabajar en Wall Street".
"Si quieres ser multimillonario, ve a trabajar a Silicon Valley".
"Si eres inteligente y bueno en ciencias, sé médico".
"Si eres inteligente y no eres bueno en ciencias, sé abogado".

Estos asesores saben una y solo una cosa: lo que les funcionó a ellos. No a ti, a ellos. Quizá, tienen la experiencia, junto con las arrugas y las canas para demostrarla. Sin embargo, no saben cuál es tu pasión o dónde tienes puesto tu corazón.

Entonces, cuando escuchas la pregunta "¿Qué es lo que realmente quieres hacer cuando seas grande?", la respuesta apropiada es: "Nunca trabajar para ti". Ahora, piensa en Frank. La gente hará suposiciones sobre ti toda tu vida. La realidad es que Frank aprendió más en esos tres trabajos que si hubiera pasado esos 10 años en solo uno de ellos. A este punto de su vida, Frank ya sabe lo que es trabajar en ventas, marketing y operaciones, así que podría decirse que esto lo convierte en un mejor candidato, porque él ha experimentado múltiples aspectos de un negocio y entiende cómo estos se conectan. También sabe lo que le gusta y lo que no le gusta. No tuvo miedo de saltar y encontrar lo mejor para él.

A veces, la distancia más corta es la elección más fácil. Es la opción perezosa. La que no te permite romper el molde y encontrar el camino correcto para ti. No tengas miedo si encontrar tu vocación te toma más tiempo que a otros. Algunas personas encuentran su vocación a los 7 o a los 17 años. Otras la encuentran a los 27, 37 o a los 47. Lo cierto es que no sabrás cuánto te llevará saber qué es aquello que quieres hacer en el campo laboral a menos que sigas las siguientes 5 Es:

Las 5 Es

Explorar	Mientras más oportunidades explores, más oportunidades generarás
Emprender	A veces, el camino a recorrer puede no ser el más corto. Cuando decides emprender, estás enfocándote en tu propio recorrido.
Experimentar	Sigue experimentando hasta encontrar la fórmula adecuada, la solución perfecta y la elección perfecta para ti.
Enfocar	Enfócate y aprovecha las oportunidades, la gente y los obstáculos que se te presenten desde el comienzo hasta el fin.
Esfuerzo	Comprométete en todo lo que hagas con todo tu ánimo y con el 100% de dedicación.

Cuando haces estas cinco cosas, estás en la jugada. Te está moviendo y vas camino a encontrar tu vocación y a invertir por completo en ella. Durante esa jornada, cada experiencia es una oportunidad para agregarle otra herramienta a tu caja de herramientas.

Entonces, a medida que se llena esa caja de herramientas, tendrás la sabiduría y la confianza necesarias para saber que no deberás trabajar con alguien que te pregunte qué es lo que realmente quieres hacer cuando seas grande. La respuesta a esa pregunta será simple: has estado haciendo, estás haciendo y seguirás haciendo lo que realmente quieres hacer.

Incluso si te toma más tiempo, quiero que recuerdes dos cosas: el progreso lleva tiempo, pero eso no significa que cuando sucede, también puede suceder a toda velocidad.

La evolución del pitillo

Durante los últimos 5.000 años, ha habido dos cambios principales en el pitillo clásico. Un inventor lo hizo más resistente. El otro lo hizo más flexible. Ha habido otras variaciones a lo largo de los años (incluida la más reciente, el pitillo reutilizable), pero podría decirse que estos son los dos avances más significativos de este invento. Cuando pensamos en la innovación tecnológica a lo largo de 5.000 años, imaginamos avances revolucionarios que mejoraron la vida de cada generación. Sin embargo, el pitillo ha experimentado pocos cambios durante varios milenios.

Los primeros pitillos[6] se remontan al año 3.000 a. C. y fueron fabricados por los sumerios. El primer pitillo que se conoció, encontrado en una tumba sumeria y que probablemente se usaba para beber cerveza, era un tubo de oro decorado con lapislázuli, una piedra preciosa azul.

Cambio #1. No fue sino hasta el siglo XIX que ocurrió el primer gran cambio. Mientras se relajaba con un julepe de menta en su casa de Washington, DC, Marvin Chester Stone notó que su pitillo de hierba de centeno, la preferida en ese momento, estaba prácticamente disuelta en su bebida. Aunque el residuo resultante en el fondo de su vaso era algo normal, a Stone no le gustaba el sabor a hierba que se mezclaba con su bourbon, así que experimentó con uno hecho en papel, lo que lo llevó a inventar una máquina que producía pitillos de papel manila. Al agregar una capa de cera de parafina, Stone evitaba que este se disolviera en la bebida. Entonces, en 1888, nació el pitillo moderno.

Cambio #2. El segundo gran hito en la evolución del pitillo ocurrió en la década de 1930, en Varsity Sweet Shop, un salón con fuente de refrescos en San Francisco. Joseph B. Friedman, el hermano del dueño de la tienda, vio a su hija pequeña, Judith, luchando por beber su batido a través de un pitillo de papel, mientras permanecía sentada en el mostrador. Inspirado en ayudarle a resolver su dilema, insertó un tornillo en la parte superior de uno de los pitillos y usó hilo dental para envolver el papel en las roscas del tornillo. Cuando quitó el tornillo, el pitillo se volvió flexible. De modo que, en 1937, nació el pitillo flexible.

En síntesis, a pesar de usar pitillos durante 5.000 años, sus dos cambios más significativos ocurrieron con 50 años de diferencia. Ambos inventores aumentaron sustancialmente la utilidad práctica del producto, pero ni Stone, ni Friedman inventaron el primer pitillo. Lo que ellos hicieron fue basarse en la infraestructura ya existente e introducir dos pequeños cambios, pero trascendentales en el uso del pitillo.

Los ajustes más simples pueden generar los mayores beneficios. A veces, te parecerá que no estás en el camino correcto. Sentirás como si estuvieras flotando en el agua, atrapado en un laberinto, perdido. Sin embargo, antes de hacer cambios masivos, recuerda lo que ocurrió con la evolución del pitillo. El cambio conlleva tiempo. Puede haber períodos con poco o ningún progreso, seguidos de períodos de avances rápidos; también puede ser que ya vayas por la vía más rápida y ni siquiera te hayas dado cuenta. Es posible que solo necesites ajustar tu dirección, alzar tus velas o cambiar tu ritmo.

Al igual que la evolución del pitillo, habrá ciertos momentos en tu vida que requerirán de ti, de que seas estable, mientras que otros te exigirán flexibilidad. El caso es que necesitas ser lo suficientemente resistente para soportar los obstáculos que surjan a lo largo de tu camino, pero lo suficientemente flexible para hacer desvíos cuando este no sea una línea recta.

Cuando llegues allí, y lo harás, tómate el tiempo para disfrutar de una deliciosa limonada o de un sorbo de menta.

Camina siempre con una brújula

La durabilidad y la flexibilidad son esenciales para tu éxito, pero los seres humanos también somos criaturas de hábitos y rutinas. Es fácil quedarse atascado realizando las mismas tareas día tras día. Pronto, se nos habrán pasado días, semanas e incluso meses y años, sin que lo notemos. Y nos preguntamos: ¿Dónde se ha ido el tiempo?

Nos despertamos, vamos a trabajar, trabajamos, regresamos a casa, dormimos y, al día siguiente, vuelve y juega. La misma rutina. El mismo ciclo continuo. Las rutinas son útiles y la automatización suele ser más eficiente y productiva, pero no debes vivir en piloto automático. Te perderás de maravillosos caminos, de oportunidades y de la espontaneidad que hacen que la vida sea más satisfactoria. ¿Cómo romper ese ciclo y analizar detenidamente tu rutina diaria para evaluar si estás viviendo lo mejor posible? El mejor consejo que recibí el día de mi boda fue este: tómate un momento durante la noche para tomar la mano de tu amada y salir juntos del salón de baile. Luego, mira hacia adentro y disfruta del momento. Es una perspectiva completamente diferente cuando te alejas de la acción y estás afuera mirando hacia adentro. Es importante estar en la acción, pero es igualmente importante poder hacer una pausa, alejarse y asimilarlo todo. Es lo mismo cuando estás caminando en un parque o incluso por la calle. La próxima vez que salgas a caminar, lleva una brújula. No necesitas una real. Usa tu brújula mental. Toma nota de tu forma de caminar. ¿Caminas rápido o lento? ¿Vas distraído o atento a todo lo que ocurre a tu alrededor? ¿Estás mirando hacia abajo o al cielo? ¿Haces contacto visual con quienes pasan? ¿Caminas con un rumbo específico?

La brújula representa las cuatro direcciones en tu vida y es posible que no estés aprovechando todo el poder que estas te brindan. La mayoría de la gente se enfoca hacia el frente. Cree que esa es la distancia más corta. Entonces, sigue ciegamente lo que está frente a sí. Directo al trabajo. Directo a casa. Directo al gimnasio. Directo a casa. Directo a la tienda. Directo a casa. Directo a la cama. El ciclo se repite. Pareciera que la acción tuviera lugar solo en línea recta.

Si cuando caminas únicamente miras hacia adelante, te estás perdiendo del panorama completo. ¿Con qué frecuencia volteas a ver a izquierda y derecha cuando no estás cruzando la calle? ¿Con qué frecuencia observas hacia arriba o hacia atrás? Es indiscutible que, cuando miras en todas las direcciones, estás más informado sobre cuál sería la mejor manera de avanzar.

Las cuatro direcciones de tu brújula mental son diferentes de una brújula real: adelante, atrás, arriba y abajo.

Adelante. El frente es hacia donde te diriges. Este es el camino ancho y abierto. El lienzo en blanco de tu vida. El frente es un ángulo de 180 grados que capta tu izquierda, tu derecha y en línea recta. Incluye tu visión periférica; no solo lo que está directamente frente a ti.

Depende de ti el camino que tomarás y cómo llegarás a donde te dirijas.

Atrás. La parte de atrás es donde has estado. Son tus triunfos y fracasos. Es lo bueno y lo malo.

Depende de ti cómo canalizar lo vivido a lo largo de tu viaje.

Arriba. Arriba es donde aquellos a quienes admiras han llegado antes que tú. Los admiras. Los emulas. Ellos son tus mentores y maestros.

Depende de ti cómo y qué aprendes de ellos.

Abajo. Abajo es donde viven los escépticos que te rodean. Los detractores, los incrédulos. Los que no quieren que sigas adelante. Los que disfrutan de tu fracaso.

Depende de ti el papel que ellos juegan en tu vida.

La próxima vez que salgas a caminar, observa en las cuatro direcciones. De frente no es donde tiene lugar toda la acción. No entenderás al 100% lo que tienes delante a menos que entiendas la interconectividad de las otras tres direcciones.

Cuando entiendes lo que hay detrás de ti, sabes de dónde vienes y lo que te costó llegar ahí, al punto en que estás.

Cuando comprendes lo que está por encima tuyo, tienes personas a las cuales emular y objetivos que lograr.

Cuando entiendes lo que hay debajo de ti, tienes a los escépticos que te ayudan a recordarte tu grandeza.

Recuerda esto la próxima vez que camines, incluso si es por un aeropuerto. Es increíble, pero un aeropuerto puede enseñarte más sobre el camino de tu vida que cualquier otro lugar. Lo que notarás es que tu viaje puede no ser con tantas escalas, ni está retrasado, como pensabas que estaba; también verás que el recorrido no es tan largo, ni tan atípico como alguna vez pensaste que era.

Lo que tú, JFK y Charles de Gaulle tienen en común

No todos los días te comparan con JFK o con Charles de Gaulle.

O, en este caso, con los aeropuertos que llevan sus nombres.

La próxima vez que estés en el JFK, de la Ciudad de Nueva York, en el Charles de Gaulle, de París, o en el aeropuerto de la ciudad en que vives, recuerda que el secreto para comprender el camino que llevas en la vida se refleja en el movimiento que ves allí, donde encontrarás las duras verdades sobre tu viaje por la vida.

Los vuelos salen sin ti. Si llegas tarde a la puerta de embarque, es posible que tu vuelo ya haya salido. Si no te presentas, la fiesta empieza sin ti. No esperes que la gente te espere.

Los vuelos se retrasan. Mal tiempo. Problemas mecánicos. No todo empieza a tiempo. Es posible que otras personas no estén listas para ti. También puede ocurrir que tú no estés listo para ellas.

Los vuelos se cancelan. La gente cambia de opinión. Habrá gente que cancelará su encuentro contigo por cualquiera que sea el motivo. Las oportunidades tienen fechas de vencimiento. Lo inesperado sucede y sucederá.

El tráfico al aeropuerto. Intentarás llegar a tu destino en medio del tráfico de algún fin de semana, de días festivos. En medio de una obra de construcción. Rara vez, es fácil transitar por el camino. Algunos te estarán bloqueando o se atravesarán sin querer, así que encuentra maneras de evitarlos.

Te adaptas. A la fila de salida. Al último asiento en clase ejecutiva. Al mismo asiento en medio de un vuelo de larga distancia. A veces, tienes suerte y te toca uno bien ubicado.

Quedas en el asiento del medio. Felicidades, somos solo nosotros tres durante las próximas 14 horas de vuelo. A veces, tienes mala suerte.

Tu equipaje no cabe. El compartimento es demasiado pequeño. Tu equipaje es demasiado voluminoso. No hay más espacio que el asignado. A veces, no cargas con el equipaje adecuado, no importa cuánto lo intentes.

Tienes tiempo de sobra. A veces, llegas temprano a tomar tu vuelo. Alcanzas a leer todas las revistas, a explorar todas las tiendas y buscar entre todas las opciones de comidas disponibles. No perderás puntos por llegar temprano y preparado.

El tiempo está en tu contra. A veces, llegarás tarde. Irás corriendo a través de la terminal. No encontrarás aquella en la que sale tu vuelo. Pero, cuando lees las señales y pides ayuda, encuentras el rumbo indicado.

La línea de seguridad es larga. La línea de espera es de millas. A veces, tienes que esperar tu turno o encontrar otra forma de pasar para llegar a la meta.

La línea de seguridad es corta. No apareció nadie más que tú.

El vuelo está lleno de baches. Habrá turbulencia. Puede suceder.

El vuelo es suave. Sin turbulencias. También sucede.

La zona de comidas está cerrada. Tú apareciste, pero los demás no. Es posible que tus expectativas y las de ellos no coincidan. Lugar correcto, momento equivocado.

No hay zona de comidas. Tienes hambre y estás listo, pero la zona de comidas está en la otra terminal. Lugar equivocado, momento adecuado.

Tu equipaje salió primero. La cinta transportadora comienza a girar y ahí va tu equipaje. A veces, haces todo bien y suceden cosas buenas.

Perdieron tu equipaje. La cinta transportadora arranca y tu equipaje no está por ninguna parte. A veces, haces todo bien, pero suceden cosas malas.

Las salidas pueden ser emocionantes. Esas vacaciones a México.

Las salidas pueden ser decepcionantes. El vuelo de regreso de esas vacaciones a México.

Las salidas pueden ser molestas. El viaje de trabajo de último minuto que dura un solo día.

Las salidas pueden dar miedo. Despedirte de tus seres queridos no siempre es fácil.

Las llegadas pueden ser emocionantes. Bienvenido a casa. Tu familia y tus amigos te esperan con globos y abrazos.

Las llegadas pueden ser decepcionantes. Bienvenido a casa. Solo estás tú.

Las llegadas pueden ser molestas. No logras recordar dónde estacionaste tu auto.

Las llegadas pueden dar miedo. Todo parece desconocido cuando bajas del avión.

A veces, estás en la puerta de salida #47 y tu vuelo es trasladado de un momento a otro a la puerta #1. La distancia más corta no siempre significa recorrer 46 puertas hasta llegar a tu destino. A veces, tienes que recorrer pasillos y otras terminales antes de llegar al punto final. Otras veces, hay un servicio de transporte en la puerta #45 que te lleva justo a la #1.

De alguna manera, a pesar de todos los altibajos del viaje, de los retrasos y las cancelaciones, de los tramos llenos de baches y de las pérdidas de equipaje, la gente aún llega a donde necesita llegar. A lo mejor, sea más tarde de lo esperado. Quizás, el viaje fue frustrante. Puede que muchos no quieran volver a hacerlo. Pero eventualmente, llegan allí, a su destino. Es posible que te hayan puesto de mal humor, que hayas perdido la calma, que te hayan dicho que no, que no te hayan ayudado o que te hayan tratado irrespetuosamente.

Lo cierto es que, independiente a si el vuelo es directo o con tres escalas, o tengamos que tomar un tren y un autobús, todos encontramos la manera de llegar a la meta. La vida también es así. La cuestión es de perspectiva y de cómo elegimos experimentar nuestro viaje. Es necesario encontrar el mejor rumbo para ir del punto A al punto B. A pesar de cómo te sientas en algún momento, tu último vuelo no es realmente tu último vuelo. No importa cuán terrible o apasionante haya sido, siempre hay más viajes por hacer, más lugares para ver, más experiencias por vivir, más aventuras por disfrutar. Y siempre estás mejor preparado de lo que crees.

El interruptor de movimiento

Cada uno de nosotros tenemos nuestra propia distancia más corta por recorrer para alcanzar nuestras metas. Encuentra tu distancia más corta. No la que los conformistas empedernidos, ni la "sociedad", ni tus amigos o familiares te digan que es la distancia más corta, porque esa rara vez funciona. A menudo, experimentas giros y vueltas únicos y personales a lo largo del camino. Por ejemplo, comenzaste tarde o tardaste más en llegar a tu destino. Los triunfadores entienden esto y es por eso que ellos mismos encuentran su propia distancia más corta.

El camino más largo a veces puede conducir a descubrimientos revolucionarios y los triunfadores se sienten cómodos aventurándose por el camino más corto para ver adónde los conducirán. Si tu camino es diferente al de otra persona, aún así es posible llegar al mismo destino, pero en tus términos. Es posible que descubras que terminas adelantando a otros viajeros, incluso si cruzas la línea de meta por otra parte.

El camino a recorrer no siempre es recto, ni simple. Esto disuade a muchos incluso de intentarlo y prefieren darse por vencidos demasiado pronto.

Para aquellos dispuestos a invertir tiempo y energía, recuerden esto: después de la lucha, hay grandeza al final del camino.

*Al principio, muchos sueños parecen imposibles.
Luego, parecen improbables.
Y luego, cuando reunimos la voluntad para ir tras ellos,
se vuelven inevitables.*

—Christopher Reeve

CONCLUSIÓN

CONSTRUYE UNA VIDA CON SABOR A LIMONADA
DISFRUTA DE LA VIDA QUE QUIERES VIVIR

Todo el mundo está buscando su felicidad y el significado de su vida. Así que tú no estás solo en este viaje.

¿Cómo encuentra la felicidad un experto en excusas? Con las quejas y las críticas. *Felicidad es el arte de quejarse.*

¿Cómo encuentra la felicidad un conformista empedernido? A través de un currículum y de la seguridad que perciba. *Felicidad es el arte de mantener las apariencias.*

¿Cómo encuentra la felicidad un buscador de cambios? De su siguiente intento. *Felicidad es el arte de cazar.*

Por su parte, un verdadero triunfador no necesita de cosas externas para alcanzar la felicidad. *Tanto tu felicidad como tu realización personal provienen de tu interior.*

Recuerda: tu mayor felicidad ya está en tu interior. Tú puedes lograr lo que quieras, cuando quieras, cuando dejes que tu felicidad brote de adentro. Tu capacidad para crear, lograr, amar, esforzarte, arriesgarte y atreverte es la que impulsa tu felicidad. Dicen que te vuelves más sabio a medida que envejeces. Sin embargo, no quiero que esperes hasta que seas mayor. Quiero que seas más sabio ahora mismo. Comienza a hacer estos cambios hoy. Empieza a mover todos los interruptores de los que te he hablado a lo largo de estas páginas.

Solo tú puedes accionar los cinco interruptores que cambiarán tu vida.

Cuando lo hagas, escaparás de una vida con sabor a limón y comenzarás a construir y a disfrutar una vida con sabor a limonada.

Los cinco interruptores que cambiarán tu vida

P = Perspectiva
R = Riesgo
I = Independencia
S = *Self-Awareness* (Autoconciencia)
M= Movimiento

Interruptor #1: P de Perspectiva

Cambia tu perspectiva y cambiarás tus posibilidades

Tu nueva forma de pensar te ayudará a abrirte camino hacia tu transformación. Tu perspectiva ampliada redefinirá tu visión del mundo y te guiará a cambiar todo lo que sea posible cambiar en tu vida. Todo comienza con una nueva perspectiva, así que tu nueva mentalidad positiva será tu base sólida.

Interruptor #2: R de Riesgo

Activa tu capacidad de tomar riesgos y cambiarás tu capacidad de tomar decisiones

Tu nueva capacidad para eliminar obstáculos internos te despejará el camino de modo que puedas aprovechar tus capacidades. Ahora que abordas la vida a través de los lentes duales del riesgo y las recompensas tendrás una comprensión más clara de todo lo que está en juego en tu vida.

Interruptor #3: I de Independencia

Evita la mentalidad de rebaño y actuarás con libertad de elección

Cuanto antes escapes de la mentalidad de rebaño, más pronto podrás tomar las decisiones más adecuadas para ti. La mentalidad de rebaño se centra en los demás. Tu vida debe estar centrada en ti. Ya no necesitas la comodidad de la manada. Tu mentalidad independiente te hará más atrevido y audaz. No tengas miedo de equivocarte o de ir contra la corriente. La independencia es tu mejor camino hacia la libertad y ahora tú eres quien marcas tu propio ritmo, vas por tu propio camino y en tus propios términos.

Interruptor #4: S de *Self-Awareness* (Autoconciencia)

Domínate a ti mismo y dominarás tu vida

Tu capacidad de autoconciencia te conectará de manera cada vez más profunda con la persona que hoy eres y con la persona en la que quieres convertirte. Cuanto mejor te entiendas a ti mismo, mejor equipado estarás para comprender cómo navegar por la vida y conquistar el mundo. Ahora, ves cosas que necesitas ver y no necesariamente las que quieres ver. Oyes cosas que necesitas oír y no necesariamente las que quieres oír.

Interruptor #5: M de Movimiento

Haz limonada y cambiarás tus circunstancias

Lograrás tener éxito con las habilidades y herramientas que ya tienes. Sin embargo, las herramientas sobran si no hay acción. Este es tu momento de brillar y solo tú controlas tu capacidad de enfoque. Encuentra tu propio camino, haz limonada y lánzate. Sigue moviéndote. Nadie lo hará por ti, excepto tú mismo.

¡Ah, los días de gloria!

Piensa en un momento de tu vida que aprecies. En el que todo estuvo en paz. En el cual la vida era fácil. En tus días de gloria. Todos tenemos esa clase de recuerdos. ¿Te remontas a cuando eras niño? ¿A tus días en la escuela o en la universidad? ¿A hace cinco años?

A los padres y abuelos les encanta recordar sus días de gloria. "Cuando yo tenía tu edad, solíamos... Esos fueron días de gloria".

¿Qué sentimientos evocan en ti esos recuerdos? Te apuesto que te llevan a un lugar feliz. Te apuesto que te inspiran. Te apuesto que todo en el universo parecía estar perfecto. Ahora, cuando piensas en tu vida hoy, ¿qué ves? ¿Estás viviendo días de gloria ahora? No se trata de una pregunta capciosa, ni tienes que elegir entre tus mejores recuerdos. A lo mejor, tienes múltiples etapas de días de gloria, cuando todo estaba en paz y la vida era más fácil. El hecho es que, cualesquiera que sean los sentimientos felices que guardes en tu interior con respecto a esos tiempos, lo más importante es que los conectes con tu vida hoy.

Los días de gloria no tienen que ser un estado temporal o un recuerdo lejano, que es como la mayoría de la gente se refiere a ellos.

Los expertos en excusas son los primeros en decir: "Bueno, lo que pasa es que ahora los tiempos son diferentes".

Según algunos estándares, eso es cierto. Es posible que ya no tengas vacaciones de verano como cuando eras niño. El estado de tu economía también pudo haber cambiado. El vecindario quizás haya sido remodelado.

Por su parte, los conformistas empedernidos suelen decir: "Mis días de gloria fueron durante la escuela secundaria".

Claro, tenían mucho tiempo libre, sin responsabilidades reales. "Rompí el récord de popularidad de todos los tiempos en mi escuela y todos querían pasar tiempo conmigo".

Los buscadores de cambios opinan: "En lo que más invertí y gané dinero en la década de 1980 fue en aquellos brazaletes que brillaban en la oscuridad".

Podemos enumerar un millón de excusas por las cuales pareciera que ya no habrá más días de gloria: la vida es más complicada hoy, las cosas se hacen de otra manera, ya nada es tan fácil como solía ser.

Ahora, imagina qué ocurriría si le preguntaras al director ejecutivo de una empresa cómo le va a su negocio hoy en comparación con hace 20 años. Estas serían algunas de sus posibles respuestas:

"Ahora hay más competencia en el extranjero y nuestros precios han tenido que bajar".

"Nuestra tecnología no se mantuvo al día".

"Los bienes raíces son demasiado caros, motivo por el cual tuvimos que cerrar varias sucursales".

"No tenemos una verdadera estrategia de redes sociales, ya que hasta ahora no las habíamos necesitado".

"Las preferencias de los consumidores han cambiado".

¿Qué le dirías a este CEO? Primero, ¿comprarías tú un producto o servicio en una empresa como esta? Segundo, ¿te generaría confianza este CEO? En tercer lugar, estoy seguro que te preguntarías cómo irá a adaptarse esta empresa a un entorno que cambió. Los tiempos también cambiaron. ¿Cambiará también la empresa? La clave está en cómo te adaptas y respondes a nuevas circunstancias.

Tus días de gloria no tienen por qué quedar limitados al pasado. Si todavía piensas en la época en que hiciste historia, entonces, eres un conformista. Tu nuevo entorno te comerá vivo; cada vez más, serás devorado por alguien más hambriento. ¿De verdad quieres ser un conformista de los que se sientan en su porche a contarle a la gente sobre sus buenos viejos tiempos? ¿Quieres ser un experto en excusas y quejarte de cómo los días de gloria se fueron de tu vida para siempre? ¿O quieres seguir viviendo tus días de gloria también hoy?

Aprovecha cada nueva circunstancia y enfréntala como si tuvieras algo que demostrar. Como si el universo entero te estuviera observando. Corre como si estuvieras haciendo una prueba para hacer parte del equipo de atletismo de tu escuela secundaria. No te distraigas en el cumplimiento de tus metas. Usa la sabiduría de un veterano para avanzar con velocidad, pero con la fuerza de un principiante. Haz de este tu mejor año y no te conformes con solo sentarte a recordar tus victorias.

Tus días de gloria no tienen que ser solamente aquellos momentos memorables del pasado.

¿Qué vas a hacer *ahora* para reinventarte?

¿Qué vas a hacer *hoy* para adaptarte?

¿Qué vas a hacer *mañana* para asegurarte de seguir viviendo más días de gloria? No *aquellos* días de gloria, sino estos, tus *nuevos* días de gloria.

Piensa en tus días de gloria de hoy —y de mañana.

Cuando llegas a la cumbre

La vida con sabor a limonada no es un destino.

Llegar allí es solo el primer paso. Es un viaje continuo durante el cual vas construyendo tu mejor yo, al mismo tiempo que vas alcanzando tu máximo potencial, día tras día. La mejor versión de ti no es tu mejor amigo, ni tu hermano mayor, ni tu estrella de Hollywood favorita. Sí, tú puedes incorporar elementos de otras personas, pero la mejor versión de ti siempre serás tú mismo.

Los triunfadores alcanzan la meta de construir la vida que soñaron, pero ellos no paran, ni dejan de seguir avanzando hacia otras metas. Para ellos, no se trata de llegar a una meta, se trata de saber liderar su vida. Cada meta es solo el camino que los llevará hacia una vida cada vez más plena.

Siempre es posible aprender de cualquier persona, incluso de los amargados que consumen jugo de limón. Los buscadores de cambios carecen de sustancia, pero en ellos se aprecia su perspectiva de querer "alcanzar las estrellas" (incluso si son arrogantes). Los expertos en excusas se quejan sin cesar, pero su aversión al riesgo puede salvarlos de pérdidas significativas (incluso si también limitan su potencial). Los conformistas quizás estén atrapados en una rutina, pero en ellos se aprecia su enfoque en tener estabilidad (incluso si ellos definen su éxito según los criterios de otras personas). Por lo tanto, a medida que construyas una vida con sabor a limonada y te alejes de la vida que llevabas con sabor a limón, nunca dejes pasar la oportunidad de aprender, pensar y crecer.

El 29 de mayo de 1953, a las 11:30 horas, Edmund Hillary[1] y el alpinista de Nepal Tenzing Norgay se convirtieron en los primeros escaladores confirmados en llegar a la cima del monte Everest.

Un conformista pensaría que, una vez que conquistas el Everest, ya has llegado a la cima. Sin embargo, no es tan así. Después de conquistar el Everest, Hillary llegó hasta el Polo Sur en un tractor, emprendió un viaje en lancha motora a 1.500 millas por el río Ganges y viajó al Polo Norte con el astronauta Neil Armstrong.

Los triunfadores no llegan a la cima de la montaña y luego se dan por vencidos. Ellos siguen subiendo.

Se siguen atreviendo.

Siguen alcanzando picos.

Esta debe ser tu nueva forma de vida.

Cuando llegues a la cumbre, encuentra la siguiente y escálala.

Y saca siempre tiempo para disfrutar de un vaso de limonada fría.

Preguntas de discusión

1. ¿Qué significa para ti llevar una vida con sabor a limonada? ¿Cómo puedes aplicar esos principios a tu vida, a tu trabajo, a tus relaciones y a tu perspectiva de la vida?

2. ¿Cuál de los cinco interruptores te impactó más?

    P de Perspectiva: Cambia tu perspectiva y cambiarás tus posibilidades.
    R de Riesgo: Comprende las recompensas del riesgo y tomarás mejores decisiones.
    I de Independencia: Evita la mentalidad de rebaño y ganarás libertad de elección.
    S de *Self-Awareness* (Autoconciencia): Domínate a ti mismo y dominarás tu vida.

M de Movimiento: Haz limonada y cambiarás tus circunstancias.

3. ¿Por qué crees que los triunfadores logran sus metas? ¿Cómo puedes aplicar las características de los triunfadores a tu propia vida, tanto en casa como en el trabajo?

4. La vida con sabor a limonada consiste en vivir bajo tus propios términos, con propósito y posibilidad. ¿Qué significa para ti generar propósito y posibilidad en tu vida?

5. ¿Crees que el éxito lleva a la felicidad o que la felicidad lleva al éxito? ¿Pueden ambos ser verdad?

6. ¿Cuál es tu rutina favorita para comenzar cada día? Si no tienes una, ¿estás más dispuesto a adoptar una después de haber leído este libro? ¿Cuál elegirías?

7. ¿Has experimentado lo que es estar en medio de una pirámide de idiotas en el trabajo? ¿De qué manera esto afectó la cultura empresarial de tu lugar de trabajo? Si el equipo de liderazgo senior no enfrentó la situación, ¿qué pasos proactivos diste o pudiste haber dado?

8. ¿Conoces a algún multimillonario y su ritmo de vida? ¿Por qué crees que la gente pretende seguir el ritmo de vida de los Jones? ¿Cuál crees que sería el método más eficaz para dejar de seguir este ritmo de vida falso?

9. ¿Los líderes de tu organización fomentan las ideas creativas y las preguntas que implican investigación y sondeo? Si no, ¿qué puedes hacer para crear una atmósfera más abierta?

10. ¿Cuál crees que es el concepto erróneo más grande sobre el espíritu empresarial? ¿Qué crees que los consumidores de limonada opinan sobre el riesgo y la independencia que los consumidores de jugo de limón no entienden?

11. ¿Por qué crees que los consumidores de jugo de limón finalmente no encuentran su mejor yo? ¿Qué tienen los amantes de la limonada que les permite llevar una vida llena de propósito y posibilidades?

12. ¿Alguna vez te has encontrado viviendo en el abismo del "no puedo"? ¿Cómo eso afectó tu vida laboral y familiar? ¿Cuáles son los mayores obstáculos que te han frenado? ¿Cuál crees que es la mejor estrategia para liberarte de ellos y avanzar?

13. ¿Cuándo fue la última vez que analizaste tu manada? ¿Qué tipo de personas quieres que hagan parte de ella?

14. Los patrones juegan un papel crítico en nuestra vida. ¿Cómo has utilizado el poder de los patrones para lograr tus objetivos de vida?

15. Este libro analiza varias formas sencillas en las que puedes generar felicidad en tu vida. ¿Cuáles son tus estrategias favoritas para lograr este fin y, si pudieras elegir una para agregarla a tu vida diaria, cuál elegirías?

16. ¿Cuáles son las siete maravillas de tu mundo? ¿Cómo el hecho de tener un diario de gratitud te ayudará a aumentar la felicidad cada mañana?

17. Si pudieras tener una relación contigo mismo de dar y recibir, ¿cuáles son algunas de las cosas a las que podrías renunciar para poder obtener algo que deseas?

18. Este libro enfatiza la importancia de tener un propósito de vida y comprender el por qué detrás del qué. ¿Por qué crees que es fundamental tener una misión subyacente? ¿Cuál es tu propósito de vida?

19. Como aprendimos con la evolución del pitillo, el cambio conlleva tiempo. ¿Cuáles crees que son los elementos más importantes de la gestión del cambio? ¿Qué papel puede

jugar la tecnología? ¿Cómo pueden inspirar los líderes a los empleados, clientes, accionistas y a quienes los rodean?

20. ¿Cuál es un hábito o comportamiento positivo que aprendiste de esta lectura y que planeas incorporar a tu vida diaria? ¿Qué pasos proactivos tomarás para asegurarte de que este nuevo hábito se convierta en parte de tu rutina?

21. ¿Cómo puedes aplicar la Regla 5X en el trabajo y en casa?

22. ¿Por qué es tan importante tomarlo como algo personal y aceptar siempre un no por respuesta? ¿Puedes pensar en un momento de tu vida en el trabajo en el que implementaste estos principios y te ayudaron? ¿Cómo aplicarás estos principios en el futuro?

AGRADECIMIENTOS

Gracias, gracias, gracias.

Mi corazón está lleno de gratitud.

En primer lugar, gracias por leer mi libro. Hay muchas cosas que podrías estar haciendo en este momento, así que estoy agradecido de que hayas elegido dedicarle tu tiempo a esta lectura. Espero que te inspire y te ayude a encontrar más felicidad, más grandeza y más éxito en tu vida.

Este libro tiene mi nombre en la portada, pero muchas personas talentosas detrás de escena lo hicieron posible y estoy agradecido con cada una de ellas.

A mis amigos y familiares, gracias por todo el cariño. Gracias a mis padres, Stuart y Judy Friedman, por inculcarme la importancia de leer y escribir, y por criarme bien. A mi hermano, Josh, por su humor y amistad de toda la vida. A mis suegros, Larry y Barb King, por su apoyo, y a Danny King, por ser mi otro hermano menor. A mis maravillosos abuelos, sé que están sonriendo.

He sido bendecido con muchas amistades genuinas a lo largo de los años. A todos mis amigos, ustedes me han inspirado y animado desde nuestra infancia. De Beverly a Harvard a Wharton, y en todo, antes y en el medio, gracias sinceramente por su amistad. Ustedes saben quiénes son. He aprendido mucho de cada uno de ustedes.

A mi esposa Sarah, gracias por ser mi mejor amiga y mi inspiración. Eres paciente, solidaria y amable como ningún otro ser humano sobre la tierra. Eres una fuerza positiva para expandir el bien en el mundo. Me siento bendecido de que seas mi esposa. Gracias por tu gracia. Te quiero. Gracias a Charlie y Drew, ustedes son el sol de mi vida.

Gracias por hacer cada día más brillante. Ustedes contagian felicidad estén donde estén, especialmente, en casa. Soy muy afortunado de ser su padre y los amo.

Desde la escuela primaria hasta la escuela de negocios, he tenido la suerte de aprender de algunos de los mejores maestros. Gracias a todos nuestros maestros por todo lo que hacen todos los días por sus estudiantes y por inculcarme la pasión por aprender. Gracias especialmente a Ira Moskow, Jill Cunningham, Mike Bartkoski, Bill Hiatt, Chuck Kloes, Ed Mandel, Joe Cooper, Joel Grossman, Milton Cummings Jr. y a tantos otros. Al difunto Gil Chesterton, mi asesor del periódico de la escuela secundaria, gracias por la oportunidad.

Gracias a David Gergen: su clase de liderazgo en Harvard continúa inspirándome y sus sabias palabras se han quedado conmigo todos estos años. Michael Waldman, tu clase de escritura de discursos en Harvard me ayudó a perfeccionar mi escritura. Al difunto Ted Sorensen, gracias por compartir tu don de narración y escritura (y por las historias de JFK).

Gracias, Peter Malkin, por tu amistad, orientación y espíritu generoso.

Gracias, Monseñor Robert T. Ritchie, rector de la Catedral de San Patricio, por tu sabiduría y guía.

Hay tantos autores que escriben con autenticidad y propósito. Admiro su trabajo e impacto y, especialmente, les agradezco a Simon Sinek, Brené Brown, Gretchen Rubin, Dan Pink, Kim Scott, Gary Vaynerchuk, Seth Godin, Adam Grant, Susan Cain, Malcolm Gladwell, Shawn Achor y a Marshall Goldsmith.

Gracias a todos los que alguna vez me han dicho que no, que el asunto no funcionaba como yo lo proponía.

Gracias por difundir el mensaje de *La vida es una limonada* a los lectores de todo el mundo. Hay más felicidad en el mundo gracias a ustedes.

Para aquellos que comparten este libro con un ser querido, amigo o colega, con alguien que ustedes crean que puedan sentirse inspirado a través de esta lectura, gracias. Espero con ansias las muchas nuevas amistades de todo el mundo que están por venir.

Nueva York, marzo 2019

NOTAS

Introducción

1. En 2016: Robert W. Wood, "El almuerzo con Warren Buffett costó $3,45 millones de dólares, pero podías incluirlo en tus impuestos", *Forbes*, 11 de junio de 2016, https://www.forbes.com/sites/robertwood/2016/06/11/lunch-with-warren-buffett-costs-3-45m-but-you-can-write-it-on-your-taxes.

2. seis años: Patricia Sellers, "El secreto de Warren Buffett para mantenerse joven: "Yo como como un niño de seis años"", *Fortune*, 12 de mayo de 2017, http://fortune.com/2015/02/ 25/warren-buffet-diet-coke/.

3. principios que han guiado sus decisiones: Benjamin Graham y David L. Dodd, *Security Analysis*, 6ª ed. (Nueva York: McGraw-Hill Education, 2008).

4. misma casa desde 1958: Nathaniel Lee, "Warren Buffett vive en una casa modesta que vale el 0,001 % de su riqueza total —Así es como luce su casa", *Business Insider*, 4 de diciembre de 2017, http://www.businessinsider.com/warren-buffett-modest-home-bought-31500-looks-2017-6.

Capítulo 2. Identifica a los consumidores de jugo de limón

1. cuántos millonarios, billonarios: Abigail Hess, "Los 10 millonarios y billonarios famosos que no terminaron sus estudios universitarios", CNBC, 10 de mayo de 2017, https://www.cnbc.com/2017/05/10/10-ultra-succesful-millionaire-and-billionaire-college-dropouts.html.

2. con tal de "no perder": Daniel Kahneman y Amos Tversky, "Opciones, valores y marcas", *American Psychologist* 39, núm. 4 (enero de 1984): 341–50, http://dx.doi.org/10.1037/0003-066X.39.4.341.

3. **FOMO:** Dan Herman, "Introducción de marcas a corto plazo: Una nueva herramienta de marca para una nueva realidad del consumidor", *Journal of Brand Management* 7, núm. 5 (2000): 330–40: http://doi:10.1057/bm.2000.23; y *The Harbus*, "Teoría social en HBS: los dos FO de McGinnis", 10 de mayo de 2014, http://www.harbus.org/2004/social-theory-at-hbs-2749/.

Capítulo 3. Cuando la vida te da limones

1. **"Cómete una rana viva":** "Cómete una rana viva todas las mañanas y nada peor te sucederá el resto del día", Quote Investigator, 3 de abril de 2013, https://quote researcher.com/2013/04/03/eat-frog/.

2. **guarda tu rana para el final de tu jornada:** Francesca Gino y Bradley Staats, "Tu deseo de hacer las cosas puede socavar tu eficacia", *Harvard Business Review*, 22 de marzo de 2016, https://hbr.org/2016/03/your-desire-to-get-things-done-can-undermine-your-effectivenss.

3. **La rutina favorita de comienzo de día de Ben Franklin:** Kevan Lee, "Las rutinas de inicio de día de la gente más exitosa", *Fast Company*, 30 de julio de 2014, https://www.fast company.com/3033652/the-morning-routines-of-the-most-successful-people.

4. **"¿Qué bien haré hoy?":** Lee, "Rutinas de comienzo del día".

5. ***ikigai*:** Toshimasa Sone et al., "Sentido de la vida que vale la pena vivir (Ikigai) y Mortalidad en Japón: Estudio Ohsaki," *Psychosomatic Medicine* 70, núm. 6 (2008):709–15, https://doi:10.1097/PSY.0b013e31817e7e64.

6. **Investigadores de la Universidad de Carolina del Norte:** Karen M. Grewen et al., "El contacto cálido con la pareja está relacionado con una menor reactividad cardiovascular", *Behavioral Medicine* 29, núm. 3 (2003): 123–30, https://doi.org/10.1080/08964280309596065; Harland Sanders, Col. Harland Sanders: *The Autobiography of the Original Celebrity* (KFC Corporation: Louisville, 2012).

7. Los investigadores han descubierto que escribir en un diario: Robert A. Emmons y Michael E. McCullough, "Contar bendiciones versus preocupaciones: Una investigación experimental de la gratitud y el bienestar subjetivo en la vida diaria", *Journal of Personality and Social Psychology* 84, núm. 2 (2003): 377–89, https://greatergood.berkeley.edu/images/application_uploads/Emmons-CountingBlessings.pdf.

8. Maximizarás los beneficios de la gratitud: Jessica Stillman, "La ciencia afirma que tú puedes potencia tu felicidad con la simple práctica de la gratitud", *Inc.com*, 6 de abril de 2017, https://www.inc.com/jessica-stillman/you-can-supercharge-your-happiness-with-this-simple-gratitude-practice-science-s.html.

9. la calidad de tu escritura es menos importante que tu sinceridad: Betsy Mikel, "El secreto mejor guardado para escribir notas de agradecimiento cortas y significativas", *Inc.com*, 27 de julio de 2018, https://www.inc.com/betsy-mikel/do-you-really-need-to-send-a-thank-you-note-heres-what-science-has-to-say.html.

10. Según una investigación de la Universidad de Chicago: Amit Kumar y Nicholas Epley, "Infravaloración de la gratitud: Los que malinterpretan las consecuencias de mostrar aprecio", *Psychological Science* 29, núm. 9 (1 de septiembre de 2018): 1423–35, https://doi.org/10.1177/0956797618772506.

11. Las investigaciones muestran que subestimamos: Brenda H. O'Connell, Deirdre O'Shea y Stephen Gallagher, "Sentir agradecimiento y dar gracias: Un ensayo controlado aleatorio que examina si y cómo funciona la gratitud orientada socialmente en el lugar de trabajo", *Journal of Clinical Psychology* 73, núm. 10 (6 de marzo de 2017): 1280–1300, https://doi.org/10.1002/jclp.22469.

12. a alguien que mencionas en tu diario de agradecimientos: Kira M. Newman, "Cómo mejorar tu práctica de la gratitud", *Greater Good Magazine*, 4 de abril de 2017, https://greatergood.berkeley.edu/article/item/how_to_upgrade_your_gratitude_práctice.

13. ofrece múltiples beneficios positivos para la salud: Rollin McCraty et al., "El impacto de un nuevo programa de autogestión emocional sobre el estrés, las emociones, el ritmo cardíaco, la DHEA y el cortisol", *Integrative Physiological and Behavioral Science* 33, núm. 2 (1998): 151-70, https://doi.org/10.1007/BF02688660; Fuschia M. Sirois y Alex M. Wood, "La gratitud predice de manera única una depresión más baja en las poblaciones con enfermedades crónicas: Un estudio longitudinal de la enfermedad inflamatoria intestinal y la artritis", *Health Psychology* 36, núm. 2 (2016): 122-32, https://doi.org/10.1037/hea0000436; Marta Jackowska et al., "El impacto de una sencilla manifestación de gratitud en el bienestar subjetivo, la biología y el sueño", *Journal of Health Psychology* 21, núm. 10 (2016): 2207-17, https://doi.org/10.1177/1359 105315572455; Randolph Wolf Shipon, "Gratitud: Efecto sobre las perspectivas y la presión arterial en ciudadanos afro americanos hipertensos", *Dissertation Abstracts International Sección B: The Science and Engineering* 68, núm. 3-B (2007): 1977; Laura S. Redwine et al., "Estudio piloto aleatorio basado en un diario de gratitud sobre HRV y biomarcadores inflamatorios en pacientes con insuficiencia cardíaca en etapa B", *Psychosomatic Medicine* 78, núm. 6 (2016): 667-76, https://insights.ovid.com/crossref?an=00006842-201607000-00005; y Alex M. Wood et al., "La gratitud influye en el sueño a través del mecanismo de las cogniciones previas al sueño", *Journal of Psychosomatic Research* 66, núm. 1 (2009): 43-8, https://doi.org/10.1016/j.jpsychores.2008.09.002.

14. la ciencia de la gratitud: "La gratitud es una buena medicina", UC Davis Health Medical Center, 25 de noviembre de 2015, https://health.ucdavis.edu/medicalcenter/features/2015-2016/11/20151125_gratitud.html.

15. Discurso de graduación que pronunció en Stanford: "Steve Jobs' 2005 Stanford Commencement Address", video de YouTube, publicado por Stanford, 7 de marzo de 2008, https://www.youtube.com/watch?v=UF8uR6Z6KLc; y Stanford Report, citando a Steve Jobs, "'Tienes que encontrar lo que amas', dice Jobs", *Stanford News*, 14 de junio de 2005, https://news.stanford.edu/news/2005/june15/jobs-061505.html.

16. sicólogos y neurocientíficos: Múltiples sicólogos, neurocientíficos y otros han estudiado la felicidad. Martin E. P. Seligman, sicólogo, autor y educador, es el principal abanderado de la que se conoce como sicología positiva. Seligman y sus colegas han estudiado y escrito extensamente sobre la felicidad, el bienestar, la sicología positiva y la indefensión aprendida, entre otros temas.

17. la felicidad te impulse hacia el éxito: Shawn Achor, *The Happiness Advantage* (Nueva York: Corona, 2010), 3–4.

18. la mayor ventaja competitiva: Dan Schawbel, "Shawn Achor: Lo que debes hacer antes de experimentar la felicidad", *Forbes*, 10 de septiembre de 2013, https://www.forbes.com/sites/danschawbel/2013/09/10/shawn-achor-what-you-need-to-do-before-experiencing-happiness.

19. un aumento del 31% en la productividad: Schawbel, "Shawn Achor".

20. estudios e investigaciones demuestran que un efecto positivo: Kathy Caprino, "Cómo la felicidad afecta directamente tu éxito", *Forbes*, 6 de junio de 2013, https://www.forbes.com/sites/kathycaprino/2013/06/06/how-happiness-directly-impacts-your-success.

21. Los investigadores Sonja Lyubomirsky, Laura King y Ed Diener: Sonja Lyubomirsky, Laura King y Ed Diener, "Los beneficios del afecto positivo frecuente: ¿La felicidad conduce al éxito?" *Psychologal Bulletin* 131, núm. 6 (2005): 803–55, https://doi.org/10.1037/0033-2909.131.6.803.

22. incluyendo su vida laboral: Julia K. Boehm y Sonja Lyubomirsky, "¿Promueve la felicidad el éxito profesional?", *Journal of Career Assessment* 16, núm. 1 (2008): 101–16, https://doi.org/10.1177/1069072707308140.

23. la felicidad es el resultado del éxito: Lisa C. Walsh, Julia K. Boehm y Sonja Lyubomirsky, "¿Promueve la felicidad el éxito profesional? Revisando la evidencia", *Journal of Career Assessment* 26, núm. 2 (2018): 199–219, https://doi.org/10.1177/1069072717751441.

24. Los amantes de la limonada piensan que la vida funciona así: Para obtener más información sobre la felicidad y la satisfacción con

la vida, consulta Christopher Peterson, Nansook Park y Martin E. P. Seligman, "Orientaciones hacia la felicidad y la satisfacción con la vida: una vida plena versus una vida vacía", *Journal of Happiness Studies* 6, núm. 1 (2005): 25–41, https://doi.org/10.1007/s10902-004-1278-z; y Sonja Lyubomirsky, Kennon M. Sheldon y Schkade, "Persiguiendo la felicidad: La arquitectura del cambio sostenible", *Review of General Psychology* 9, núm. 2 (2005): 111–31,
   http://dx.doi.org/10.1037/1089-2680.9.2.111.

25. Cuando eres feliz: Esto se basa en el trabajo de Seligman, Achor, Lyubomirsky, King, Diener y otros cuya investigación ha demostrado que la felicidad produce éxito y que el modelo tradicional de éxito-felicidad es incompleto o inverso. La gente exitosa cree que la felicidad comienza hoy y, al vivir con felicidad, crean resultados positivos en su vida.

26. según las sicólogas Tara Kraft y Sarah Pressman: Tara L. Kraft y Sarah D. Pressman, "Sonríe y resiste: La influencia de la expresión facial intencional como respuesta al estrés", *Psychological Science* 23, núm. 11 (2012): 1372–78, https://doi.org/10.1177/0956797612445312.

27. las Siete Maravillas del Mundo Antiguo: Joshua J. Mark, "Las Siete Maravillas", *Ancient History Encyclopedia*, 2 de septiembre de 2009, https://www.ancient.eu/The_Seven_Wonders/.

28. gratitud, que es un sentimiento considerado: Robert A. Emmons y Cheryl A. Crumpler, "La gratitud como fortaleza humana: Evaluación de la evidencia", *Journal of Social and Clinical Psychology* 19, núm. 1 (2000): 56–69, https://doi.org/10.1521/jscp.2000.19.1.56.

29. Investigadores de la Universidad de Cornell: Amit Kumar, Matthew A. Killingsworth y Thomas Gilovich, "Esperando Merlot Anticipatory Conquisition de compras experienciales y materiales", *Psychological Science* 25, núm. 10 (2014): 1924–31, https://doi.org/10.1177/0956797614546556.

30. actos de bondad: Keiko Atake et al., "Las personas felices se vuelven más felices a través de la bondad: Un acto de bondad que vale la pena contar", *Journal of Happiness Studies* 7, núm. 3 (2006): 361-65, https://doi.org/10.1007/s10902-005-3650-z.

31. fortaleces tu alma: Elizabeth W. Dunn, Lara B. Aknin y Michael I. Norton, "Gastar dinero en otros promueve el sentimiento de felicidad", *Science* 319, núm. 5870 (2008):1687-88, http://science.sciencemag.org/content/319/5870/1687.

32. la alegría de dar dura más que la alegría de recibir: Ed O'Brien y Samantha Kassirer, "La gente tarda en adaptarse al cálido resplandor del acto de dar", *Psychological Science*, 2018, https://doi.org/10.1177/0956797618814145.

33. adaptación hedónica: O'Brien y Kassirer, "La gente tarda en adaptarse".

34. En un experimento, los investigadores les dieron a los participantes: O'Brien y Kassirer, "La gente tarda en adaptarse".

35. El padre de Dolly Parton: Dolly Parton, "Carta de Dolly", Imagination Library, https://imaginationlibrary.com/letter-from-dolly/.

36. The Imagination Library: Maureen Pao, "Dolly Parton obsequia un regalo que contribuye a la alfabetización: Una biblioteca de 100 millones de libros", nprED, 1 de marzo de 2018, https://www.npr.org/sections/ed/2018/03/01/589912466/dolly-parton-gives-the-gift-of-literacy-a-library-of-100-million-books.

Capítulo 4. Escapa del abismo del "no puedo"

1. somos el promedio de las cinco personas: Aimee Groth, "Eres el promedio de las cinco personas con las que pasas más tiempo", *Business Insider*, 24 de julio de 2012, http://www.businessinsider.com/jim-rohn-youre-the-average-of-the-five-people-you-spend-the-most-time-with-2012-7.

2. tu grupo más importante de personas influyentes: Sigal G. Barsade, "El Efecto Ondulatorio: Contagio emocional y su influencia en el comportamiento del grupo", *Administrative Science Quarterly* 47, núm. 4 (2002): 644-75, http://dx.doi.org/10.2139/ssrn.250894.

3. Un estudio de más de 300 mil adultos: Julianne Holt-Lunstad, Timothy B. Smith y J. Bradley Layton, "Relaciones sociales y riesgo de mortalidad: una revisión metaanalítica", *PLOS Medicine* 7, núm. 7 (2010): e1000316, https://doi.org/10.1371/journal.pmed.1000316.

4. tiende a aumentar nuestra longevidad en un 50%: Katherine Harmon, "Los lazos sociales aumentan la supervivencia en un 50%", *Scientific American*, 28 de julio de 2010, https://www.scientificamerican.com/article/relationships-boost-survival/.

5. estar en la manada equivocada: Erin Hutkin, "Relaciones poco saludables causan cuerpos no saludables", *San Diego Union-Tribune*, 23 de septiembre de 2014, https://www.sandiegouniontribune.com/news/health/sdut-unhealthy-relationships-unhealthy-bodies-2014sep23-htmlhistoria.html; y Theresa Tamkins, "Infelices para siempre: Por qué los malos matrimonios dañan la salud de las mujeres", CNN, 6 de marzo de 2009, http://www.cnn.com/2009/HEALTH/03/06/marriage.women.heart/index.html

6. Cuando Jim Carrey: "Lo que Oprah aprendió de Jim Carrey", Oprah's Life Class/Oprah Winfrey Network, video de YouTube de la entrevista del 17 de febrero de 1997, publicado el 12 de octubre de 2011 por OWN, https://www.youtube.com/reloj?v=nPU5bjzLZX0.

7. "Bueno, tengo estos [papeles]": "Lo que Oprah aprendió de Jim Carrey".

8. un anticipo de $20 millones: Richard Natale, "¿Es Rich and Richer Dumb and Dumber?: Películas: La tarifa de $20 millones de Jim Carrey por *The Cable Guy* alarma a algunos en la industria, mientras que sus gerentes lo llaman un movimiento 'genial' de Sony", *Los Ángeles Times*, 22 de junio de 1995, http://articles.latimes.com/1995-06-22/entertainment/ca-15726_1_jim-carrey.

9. James Dyson pasó 15 años: Nadia Goodman, "James Dyson y cómo usar el fracaso para generar éxito", *Entrepreneur*, 5 de noviembre de 2012, https://www.entrepreneur.com/article/224855.

10. es un proceso iterativo: Madison Malone-Kircher, "James Dyson y 5.126 aspiradoras que no funcionaron y la que finalmente funcionó", *Nueva York*, 22 de noviembre de 2016, http://nymag.com/vindicated/2016/11/james-dyson-on-5-126-vacumms-that-didnt-work-and-1-that-did.html.

11. los ingresos anuales de la tienda, pasan de $72,000 dólares a $250,000: Nicholas Graves, "1945: Sam Walton compra su primer tienda", The Walmart Digital Museum, https://walmartmuseum.auth.caphosting.com/blog/1945_sam_walton_buys_his_first_store/.

12. no tenía una cláusula de renovación: Samuel Moore Walton con John Huey, *Sam Walton: Made in America* (Nueva York: Doubleday, 1992).

13. que provocó que los compradores gastaran más dinero: Sandra S. Vance y Roy V. Scott, *Wal-Mart: A Story of Sam Walton's Retail Phenomenon*, Twayne's Evolution of Modern Business Series, núm. 11 (Nueva York: Twayne, 1994), 11–12

14. para reducir los costos de nómina: Richard S. Tedlow, *Giants of Enterprise: Seven Business Innovators and the Empires They Built* (Nueva York: HarperBusiness, 2001), 315–86.

15. Después de 19 años: Tedlow, *Giants of Enterprise*, 335.

Capítulo 5. Acepta las recompensas del riesgo

1. Sé como el inventor de la máquina de palitos de paleta: Alana Horowitz, "Los genios desconocidos detrás de diez de los inventos más útiles de la Historia", *Business Insider*, 3 de marzo de 2011, http://www.businessinsider.com/ten-inventions-you-never-knew-had-inventors-2011-3.

2. Ernie Fraze: "Ermal Fraze", Ohio History Central, http://www.ohiohistorycentral.org/w/Ermal_Fraze; "Ermal Fraze", Lemelson-MIT, https://lemelson.mit.edu/resources/ermal-fraze.

3. Sam Born: "Our History", sitio web de Just Born, consultado el 1 de marzo de 2019, https://www.justborn.com/who-we-are/our-history.

4. Hymen Lipman: Pagan Kennedy, "¿Quién hizo ese borrador incorporado?" *The New York Times*, 13 de septiembre de 2013, https://www.nytimes.com/2013/09/15/revista/who-made-that-built-in-eraser.html.

5. Ya en 1875, la Corte Suprema de los Estados Unidos: Reckendorfer v. Faber, 92 U.S. 347 (1875).

6. Charles Brannock: "Acerca de nosotros", sitio web de Brannock, https://brannock.com/pages/about-us.

7. Bette Nesmith Graham: "Bette Nesmith Graham", Lemelson-MIT, https://lemelson.mit.edu/resources/bette-nesmith-graham.

Capítulo 6. Tu vida laboral depende del alfabeto griego

1. Jack Ma era un maestro: "Entrevista de Jack Ma con Charlie Rose, 2015", Foro Económico Mundial, video de YouTube, publicado por Alibaba Group, 28 de enero de 2015, https://www.youtube.com/watch?v=LWgwApN_Ef8.

2. Pero Ma sabía cómo aprovechar las oportunidades: Calum MacLeod, "Jack Ma de Alibaba: de 'loco' al hombre más rico de China", *USA Today*, 17 de septiembre de 2004, https://www.usatoday.com/story/tech/2014/09/17/alibaba-jack-ma-profile/15406641/; y Jillian D'Onfro, "Cómo Jack Ma pasó de ser un pobre maestro de escuela a convertir a Alibaba en un gigante de $168 mil millones", *Business Insider*, 7 de mayo de 2014, http://www.businessinsider.com/jack-ma-founder-alibaba-2014-5.

3. A mediados de la década de 1960, Don Fisher: "Don Fisher, 1928–2009", sitio web de Gap, http://www.gapinc.com/content/dam/gapincsite/documents/DonFisher_Bio.pdf; y "Doris and

Donald Fisher", Museo de California, consultado el 1 de marzo de 2019, http://www.californiamuseum.org/inductee/doris-donald-fisher.

4. **Lawrence Wien:** Deirdre Carmody, "Un filántropo deja su huella", *The New York Times*, 8 de agosto de 1982, http://www.nytimes.com/1982/08/09/nyregion/un-filantropo-deja-su-marca.html; y Alfonso A. Narvaez, "Lawrence A. Wien, 83, Is Dead; y un abogado dieron millones a organizaciones benéficas", *The New York Times*, 12 de diciembre de 1988, http://www.nytimes.com/1988/12/12/obituaries/lawrence-a-wien-83-is-dead-lawyer-gave-millions-to-charity.html.

5. **aproximadamente la mitad de los gerentes no confía en sus líderes:** Robert F. Hurley, "La decisión de confiar", *Harvard Business Review*, septiembre de 2006, https://hbr.org/2006/09/the-decision-to-trust.

6. **el estilo de gestión su jefe:** Shannon G. Taylor et al., "¿Tener un mal jefe hace más probable que tú también lo seas?". *Harvard Business Review*, 23 de enero de 2019, https://hbr.org/2019/01/does-having-a-bad-boss-make-you-more-likely-to-be-one-yourself.

7. **consecuencias financieras para las organizaciones:** Michael Housman y Dylan Minor, "Trabajadores tóxicos", documento de trabajo 16–057, *Harvard Business School*, 2015, https://news.harvard.edu/wp-content/uploads/2015/11/16 -057_d45c0b4f-fa19-49de-8f1b-4b12fe054fea.pdf.

8. **La investigación muestra que la descortesía:** Christine Porath y Christine Pearson, "El precio de la incivilidad", *Harvard Business Review*, enero-febrero de 2013, https://hbr.org/2013/01/the-price-of-incivility.

9. **En su discurso de despedida:** Richard Nixon, "Los comentarios finales del Presidente Richard Nixon en la Casa Blanca" (discurso, Washington, DC, 9 de agosto de 1974), CNN, http://www.cnn.com/ALLPOLITICS/1997/gen/resources/watergate/nixon.farewell.html.

10. generar significado en el trabajo: Monique Valcour, "Haz que tu trabajo sea más significativo", *Harvard Business Review*, 16 de agosto de 2013, https://hbr.org/2013/08/make-your-work-more-meaningful.

11. la lotería de *Hamilton*: Kelli B. Grant, "Tony Nods puede hacer que obtener tiquetes de *"Hamilton* sea aún más difícil", CNBC, 2 de mayo de 2016, https://www.cnbc.com/2016/05/02/getting-hamilton-tickets-takes-patience-and-money.html.

12. Jeff Bezos, sentarse en su primer escritorio, que era, literalmente una puerta: Ali Montag, "El primer escritorio de Jeff Bezos en Amazon era una puerta de 4x4 sobre sus piernas. He aquí por qué todavía lo es hoy", CNBC, 23 de enero, 2018, https://www.cnbc.com/2018/01/23/jeff-bezos-first-desk-at-amazon-was-made-of-wooden-door.html; y Jillian D'Onfro y Eugene Kim, "La vida y la genialidad del fundador y director ejecutivo de Amazon, Jeff Bezos", CNBC, 11 de febrero de 2016, http://www.businessinsider.com/the-life-of-amazon-founder-ceo-jeff-bezos-2014-7.

13. Quiero que conozcas a Brian: Brian Chesky, "7 objeciones", Medium, 12 de julio de 2015, https://medium.com/@bchesky/7-rejections-7d894cbaa084.

14. Kevin O'Leary, Mr. Wonderful de *Shark Tank*: "La historia de Kevin O'Leary" (entrevista en *Dragon's Den*), video de YouTube, publicado el 20 de abril de 2013, https://www.youtube.com/watch?v=mnCmmHs_XO8.

15. "En cuestión de minutos, iba en mi bicicleta: "La historia de Kevin O'Leary".

16. en sociedad con Michael Perik: Kevin O'Leary, "El inversionista de *Shark Tank*, Kevin O'Leary, explica cómo un préstamo de $10,000 dólares de su madre lo ayudó a construir una compañía de $4 mil millones de dólares", *Business Insider*, 17 de abril de 2015, http://www.businessinsider.com/the-best-money-kevin-oleary-ever-spent-2015-4; y Lawrence M. Fisher, "Mattel decide poner a la venta unidad de software comprada en mayo", *The New York Times*, 4 de abril de 2000, https://www.nytimes.com/2000/04/04/business/mattel-decides-to-put-on-sale-software-unit-bought-in-may.html.

17. Mattel adquirió Learning Company: Catherine Clifford, "La estrella de *Shark Tank*, Kevin O'Leary dijo: "No hay ni la menor posibilidad de que yo invierta en tu emprendimiento si tú todavía tienes un empleo", CNBC, 15 de junio de 2017, https://www.cnbc.com/2017/06/15/shark-tank-star-kevin-oleary-wont-invest-in-founders-with-day-jobs.html.

Capítulo 7: Cómo ganar $110,237 dólares en menos de una hora

1. capacidad de reconocer patrones la que nos ayuda a leer: Gary Everding, "Los niños aprenden a deletrear, leer con la ayuda y el uso del reconocimiento de patrones", *The Source*, Washington University en St. Louis, 25 de abril de 2003, https://source.wustl.edu/2003/04/children-learning-to-spell-read-aide-by-pattern-recognition-use/.

2. comprender el lenguaje: Evan Kidd y Joanne Arciuli, "Las diferencias individuales en el aprendizaje estadístico predicen la comprensión de la sintaxis de los niños", *Child Development* 87, núm. 1 (2016): 184, https://doi.org/10.1111/cdev.12461.

3. aprender música: Mark P. Matson, "El procesamiento de patrones superior es la esencia del cerebro humano evolucionado", *Frontiers in Neuroscience* 8, núm. 265 (2014), https://doi.org/10.3389/fnins.2014.00265.

4. reconocer los rostros que nos son familiares: Knvul Sheikh, "Cómo salvamos las apariencias: Los investigadores descifran el código de reconocimiento facial del cerebro", *Scientific American*, 1 de junio de 2017, https://www.scientificamerican.com/article/how-we-save-faces-researchers-crack-the-brains-facial-recognizion-code/; y R. Jenkins, A. J. Dowsett y A. M. Burton, "¿Cuántas caras conoce la gente?" *Proceedins of the Royal Society B: Biological Sciences* 285, núm. 1888 (2018), https://doi.org/10.1098/rspb.2018.1319.

5. una secuencia como la del alfabeto: Yusef Perwej y Ashish Chaturvedi, "Redes neuronales para el reconocimiento del alfabeto escrito a mano en inglés", *International Journal of Computer Applications* 20, núm. 7 (abril de 2011), https://arxiv.org/ftp/arxiv/papers/1205/1205.3966.pdf.

6. **un conductor de camión de helados de Ohio llamado Michael Larson:** Garin Pirnia, "11 datos sin complicaciones sobre *Press Your Luck*", *Mental Floss*, 26 de septiembre de 2016, http://mentalfloss.com/article/76656/11-whammy-free-facts-about-press-your-luck.

7. ***Press Your Luck* fue un programa de juegos diurno:** "*Press Your Luck*", IMDB, consultado el 1 de marzo de 2019, https://www.imdb.com/title/tt0136655/.

8. **De los más de 700 episodios del programa:** *Press Your Luck*.

9. **Entonces, ¿cómo lo hizo?:** *Big Bucks: The Press Your Luck Scandal*, documental de televisión, dirigido por James P. Taylor Jr. (Los Ángeles, CA: GSN, 2003); Zachary Crockett, "El hombre que no tuvo golpes", *Priceonomics*, 14 de septiembre de 2015, https://priceonomics.com/the-man-who-got-no-whammies/; y Chris Higgins, "El hombre que probó suerte... y ganó", *Mental Floss*, 7 de mayo de 2013, http://mentalfloss.com/article/28588/man-who-pressed-his-luck-and-won;"*Press Your Luck*, de Michael Larson, partes 1 & 2 (Créditos completos)", transmitido por KTXH-DT el 20, 31 de julio de 2016, video publicado por Jordan Baker, 1 de agosto de 2016, https://www.youtube.com/watch?v=WltjaxiowW4.

10. **Este procedimiento cerebral funciona así:** Kyle S. Smith y Ann M. Graybiel, "Formación de hábitos", *Dialogues in Clinical Neuroscience 18*, núm. 1 (2016): 33–43, https://www.ncbi.nlm.nih.gov/pmc/articles/PMC4826769/.

11. **el secreto para romper un mal hábito:** Kyle S. Smith et al., "Control reversible en línea del comportamiento habitual por perturbación optogenética de la corteza prefrontal medial", *Proceedings of the National Academy of Science* 109, núm. 46 (2012): 18932–37, https://doi.org/10.1073/pnas.1216264109.

12. **En *The Power of Habit*:** Charles Duhigg, *The Power of Habit: Why We Do What We Do in Life* (Nueva York: Random House, 2012).

13. **aprendes a cambiar los malos hábitos:** Robert Taibbi, "Cómo erradicar los malos hábitos", *Psychology Today*, 15 de diciembre de 2017,

https://www.psychologytoday.com/us/blog/fixing-families/201712/how-break-bad-habits.

14. es el por qué detrás del mal hábito: William James, *The Principles of Psychology*, vol. 1 (Nueva York: Cosimo, 1890).

15. La juez Judy: "Biografía de la juez Judy", sitio web de Judge Judy, consultado el 1 de marzo de 2019, http://www.judgejudy.com/bios.

16. el sicólogo Solomon Asch: Solomon E. Asch, "Estudios de independencia y conformidad: I. Una minoría de uno contra una mayoría unánime", *Psychological Monogrphs: General and Applied* 70, núm. 9 (1956): 1–70, http://dx.doi.org/10.1037/h0093718; Solomon E. Asch, "Opiniones y presión social", *Scientific American* 193, núm. 5 (1955): 31–5, http://dx.doi.org/10.1038/scientificamerican1155-31; y Saul McLeod, "Solomon Asch— Experimento de conformidad", *Simply Psychology*, actualizado el 28 de diciembre de 2018, https://www.simplypsychology.org/asch-conformity.html.

17. Asch encontró que, en múltiples ensayos clínicos: McLeod, "Solomon Asch".

18. influencia normativa: Erin L. Mead et al., "Comprender las fuentes de la influencia normativa sobre el comportamiento: El ejemplo del tabaco", *Social Science & Medicine* 115 (2014): 139–43, https://doi.org/10.1016 /j.socscimed.2014.05.030.

19. influencia informativa: Morton Deutsch y Harold B. Gerard, "Un estudio de las influencias sociales normativas e informativas sobre el juicio individual", *Journal of Abnormal and Social Psychology* 51, núm. 3 (1955): 629–36, http://dxdoi.org/10.1037/h0046408.

20. *12 Angry Men*: *12 Angry Men*, película dirigida por Sidney Lumet (Los Ángeles, CA: United Artists, 1957).

21. La próxima vez que estés en esa reunión: James R. Detert, "Cultivando el coraje todos los días", *Harvard Business Review*, noviembre–diciembre de 2018, https://hbr.org/2018/11/cultivating-everyday-courage.

22. buena voluntad y credibilidad con sus colegas: Detert, "Cultivando el coraje todos los días".

23. El sociólogo y economista noruego-estadounidense: Thorstein Veblen, *The Theory of the Leisure Class: An Economic Study of Institutions* (Nueva York: Macmillan, 1899).

24. Arthur R. ("Pop") Momand acuñó la frase: William Safire, "Sobre el lenguaje; asciende en la escala", *The New York Times Magazine*, 15 de noviembre de 1998, https://www.nytimes.com/1998/11/15/magazine/on-language-up-the-down-ladder.html.

25. Mantenerse al mismo nivel de sus vecinos: Don Markstein, "Mantenerse al nivel de sus vecinos", Toonopedia, 2002, http://www.toonopedia.com/joneses.htm.

26. Daddy Warbucks: Don Markstein, "Annie, la pequeña huérfana", *Toonopedia*, http://www.toonopedia.com/annie.htm.

27. Las apariencias engañan: Mihaly Csikszentmihalyi, "ISi somos tan ricos, ¿por qué no somos felices? *American Psychologist* 54, núm. 10 (1999): 821–27, http://dx.doi.org/10.1037/0003-066X.54.10.821.

Capítulo 8. Tómalo a título personal

1. una estatua de bronce de John Harvard: "Hechos históricos", Universidad de Harvard, consultado el 1 de marzo de 2019, https://www.harvard.edu/about-harvard/harvard-glance/history/historical-facts.

2. la estatua de las tres mentiras: "Las 3 mentiras de Harvard", Universidad de Harvard, consultado el 1 de marzo de 2019, https://www.summer.harvard.edu/inside-summer/3-lies-harvard.

3. Harvard es la institución de educación superior más antigua: "Ranking universitario: Las 20 mejores universidades del mundo",*Telegraph*, 23 de junio de 2017, https://www.telegraph.co.uk/education/0/revealed-worlds-top-20-universities.

4. John Harvard legó su biblioteca: Jennifer Tomase, "Relato del libro sobreviviente de John Harvard", *Harvard Gazette*, 1 de noviembre de 2007, https://news.harvard.edu/gazette/story/2007/11/tale-of-john-harvards-surviving-book/.

5. murió de tuberculosis: "Relato del libro sobreviviente de John Harvard".

6. French usó como modelo: Sherman Hoar: Sebastian Smee, "Antes de que esculpiera a Lincoln", *Boston Globe*, 27 de octubre de 2016, https://www.bostonglobe.com/arts/art/2016/10/26/before-sculped-lincoln/Op5dJrjLt0RdQRVkPc0TsJ/story.html.

7. "No lo tomes como algo personal": F. Diane Barth, "No lo tome como algo personal", *Psychology Today*, 3 de julio de 2010, https://www.psychologytoday.com/us/blog/thecouch/201007/dont-take-it-personally.

8. Berthold der Schwarze: Michael Jinkins, "La prueba del espejo", Louisville Seminary, 27 de mayo de 2014, http://www.lpts.edu/about/our-leadership/president/thinking-out-loud/thinking-out-loud/2014/05/27/the-mirror-test (la página ya no está disponible).

9. uno de los mayores cambios corporativos de la Historia: Bill Taylor, "Cómo se reinventó Domino's Pizza", *Harvard Business Review*, 28 de noviembre de 2016, https://hbr.org/2016/11/how-dominos-pizza-reinvented-itself.

10. De manera poco convencional: Adam Sternbergh, "El arte del anuncio que ofreció disculpad", *New Republic*, 3 de agosto de 2010, https://newrepublic.com/article/76719/art-apology-ad-bp-toyota-dominos.

11. Doyle decidió publicar algunos anuncios: Paul Farhi, "Detrás de la campaña publicitaria Mea Culpa de Domino's", *Washington Post*, 13 de enero de 2010.

12. El análisis FODA: Albert Humphrey, "Análisis FODA para consultoría de gestión", *SRI Alumni Newsletter*, 7–8, 2005.

13. la parte central deberán ser tus fortalezas personales: Peter F. Drucker, "Sobre la autogestión", en *HBR's 10 Must Reads On Managing Yourself* (Cambridge: Harvard Business School Press, 2010), 13–32.

14. análisis de retroalimentación: Drucker, "Sobre la autogestión"; y Joe Maciariello, "Diario de Joe: Comentarios a lo largo de las épocas", Instituto Drucker, 31 de enero de 2012, http://www.druckerinstitute.com/2012/01/feedback-through-the-ages/.

15. la Ciudad de Nueva York: Mindy Fetterman, "Buscando un lugar tranquilo en una nación llena de ruido", *The Pew Charitable Trusts* (blog), 16 de abril de 2018, http://www.pewtrusts.org/en/research-and-analysis/blogs/stateline/2018/04/16/seeking-a-quiet-place-in-a-nation-of-noice.

16. en esta parte de Manhattan: Fetterman, "Buscando un lugar tranquilo".

17. la Unión Europea: Fetterman, "Buscando un lugar tranquilo".

Capítulo 9. Recibe un no por respuesta

1. un no por respuesta: Winston Churchill, *My Early Life: A Roving Commission* (Londres: Thornton Butterworth, 1930), 60.

2. nunca rendirnos y seguir insistiendo: Harvey Deutschendorf, "7 hábitos de la gente altamente efectiva", *Fast Company*, 1 de abril de 2015, https://www.fast company.com/3044531/7-habits-of-highly- persistent-people; Glen Geher, "5 razones por las que nunca deberías rendirte", *Psychology Today*, 4 de marzo de 2015, https://www.psychologytoday.com/us/blog/darwins-subterranean-world/201503/5-reasons-you-should-never-give-up.

3. pregúntale a Ray Kroc: Ray Kroc, *Grinding It Out*: The Making of McDonald's (Nueva York: St. Martin's Press, 1977); Eric Pace, "A los 81 años, muere Ray A. Kroc, el constructor de la cadena McDonald's", *The New York Times*, 5 de enero de 1984, https://archive.nytimes.com/www.nytimes.com/learning/general/onthisday/bday/1005.html; y "Ray

Kroc", *Entrepreneur*, 9 de octubre de 2008, https://www.entrepreneur.com/article/197544.

4. A diferencia del restaurante *drive-in* tradicional: "McDonald's: Nuestra Historia", consultado el 1 de marzo de 2019, https://www.mcdonalds.com/us/en-us/about-us/our-history.html.

5. una actitud de "yo puedo hacerlo": Annabelle Thorpe, "Cómo desarrollar una actitud de 'yo puedo'", *Guardian*, 5 de mayo de 2001, https://www.theguardian.com/money/2001/may/05/jobsadvice.carreras2.

6. ser honesto contigo mismo: Celia Moore et al., "La ventaja de ser uno mismo: El papel de la autoverificación del solicitante en las decisiones de contratación organizacional", *Journal of Applied Psychology* 102, núm. 11 (2017): 1493–1513, http://dx.doi.org/10.1037/apl0000223.

7. autoverificación: Moore et al., "La ventaja de ser uno mismo".

8. incluso si esta percepción es negativa: Henry Bodkin, "Ser honesto acerca de las debilidades propias es clave para conseguir los mejores trabajos, según un nuevo estudio", *Telegraph*, 22 de junio de 2017, https://www.telegraph.co.uk/science/2017/06/22/honest-weaknesses-key-landing-top-jobs-new-study-finds/.

9. Investigaciones anteriores han demostrado: Julia Levashina y Michael A. Campion, "Medición de las falsedades durante una entrevista de trabajo: Desarrollo y validación de una escala de conducta de simulación en las entrevistas laborales", *Journal of Applied Psychology* 92, núm. 6 (2007): 1638–56, https://psycnet.apa.org/doiLanding?doi=10.1037%2F0021-9010.92.6.1638.

10. sesgo de negatividad: Tiffany A. Ito et al., "La información negativa pesa más en el cerebro: El sesgo de negatividad en las categorizaciones evaluativas", *Journal of Personality and Social Psychology* 75, núm. 4 (1998): 887–900, http://dx.doi.org/10.1037/00223514.75.4.887.

11. un propósito en la vida te ayuda a sobrevivir a tus contemporáneos: Patrick L. Hill y Nicholas A. Turiano, "Propósito en la vida como predictor de mortalidad en la edad adulta", *Psychological Science* 25, núm. 7 (2014): 1482–86, https://doi.org/10.1177/0956797614531799.

12. Las personas con sentido de propósito también reportan: Patrick L. Hill et al., "El valor de una vida con propósito: El sentido del propósito predice mayores ingresos y valor neto", *Journal of Research in Personality* 65 (2016): 38–42, https://doi.org/10.1016/j.jrp.2016.07.003.

13. Cuando combinas tus dones únicos: Martin E. P. Seligman, *Authentic Happiness: Using the New Positive Psychology to Realize Your Potential for Lasting Fulfillment* (Nueva York: Free Press, 2002), 249.

Capítulo 10. Nunca tengas un plan de respaldo

1. es lo que afirma la sabiduría popular: Mariana Simoes, "Instant MBA: Ten siempre un plan de respaldo", *Business Insider*, 19 de marzo de 2013, https://www.businessinsider.com/siempre-ten-un-plan-b-2013-3.

2. Nunca tengas un plan alternativo: Jihae Shin y Katherine L. Milkman, "Cómo los planes de respaldo tienden a dañar la consecución de las metas: La inesperada desventaja de estar preparado para el fracaso", *Organizational Behavior and Human Decision Processes* 135 (2016): 1–9, https://doi.org/10.1016/j.obhdp.2016.04.003.

3. Los profesores Katherine Milkman y Jihae Shin: Katherine Milkman y Jihae Shin, "Tener un 'Plan B' puede dañar tus posibilidades de éxito", *Scientific American*, 19 de julio de 2016, https://www.scientificamerican.com/article/having-a-plan-b-can-hurt-your-chances-of-success.

4. Un episodio de Oprah: "Biografía de Tyler Perry", Biography.com, actualizado el 31 de enero de 2019, https://www.biography.com/people/tyler-perry-361274.

5. Tyler Perry: "Biografía de Tyler Perry"; "Las múltiples facetas de Tyler Perry", *CBN*, consultado el 1 de marzo de 2019, http://www1.

cbn.com/700club/many-faces-tyler-perry; y "Tyler Perry y su éxito con las obras de teatro", Biography.com, consultado el 1 de marzo de 2019, https://www.biography.com/video/tyler-perry-success-with-plays-14938179730.

6. Sylvester Stallone: "'*Rocky* no se basa en mí', dice Stallone, 'pero los dos hicimos un gran recorrido hasta alcanzar la cima'", *The New York Times*, 1 de noviembre de 1976, https://archive.nytimes.com/www.nytimes.com/packages/html/movies/bestpictures/rocky-ar.html; "La historia de *Rocky* contada por Sly, parte 1 de 4", entrevista, video de YouTube, publicado por Michael Watson, 8 de diciembre de 2007, https://www.youtube.com/watch?v=PJvPD2u3YBI; Tom Ward, "La asombrosa historia de cómo se hizo *Rocky*", *Forbes*, 29 de agosto de 2017, https://www.forbes.com/sites/tomward/2017/08/29/the-amazing-story-of-the-creation-of-the-making-of-rocky/; Eric Raskin, "'Wepner, el verdadero Rocky, venciendo finalmente", *ESPN.com*, 25 de octubre de 2011, http://www.espn.com/boxing/story/_/page/SoyChuckWepner/chuck-wepner-recognized-rocky-fame; "La historia de *Rocky* Parte 1 de 9", video de YouTube, publicado por Michael Watson, 3 de enero de 2012, https://www.youtube.com/watch?v=IAsACXArEc4; y Chris Nashawaty, "Cómo *Rocky* se convirtió en la mejor película", *Entertainment Weekly*, 19 de febrero de 2002, http://ew.com/article/2002/02/19/how-rocky-nabbed-best-picture/.

7. reemplazar su sombrero de grumete: Oficina de Asuntos Públicos de la Academia Naval de los Estados Unidos, "Historia y tradiciones de la escalada del Monumento Herndon", sitio web de la USNA, consultado el 1 de marzo de 2019, https://www.usna.edu/PAO/faq_pages/herndon.php.

8. Herndon Monument: Dan Zak, "La escalada sin camisa del monumento de la Academia Naval es el mejor deporte para espectadores de Estados Unidos", *Washington Post*, 23 de mayo de 2016, https://www.washingtonpost.com/news/arts-and-entertainment/wp/2016/23/05/the-shirtless-monument-climb-at-the-naval-academy-is-americas-best-spectator-sport/.

9. Trabaja en retrospectiva desde tu meta: Jooyoung Park, Lu Fang-Chi y William Hedgecock, "Efectos relativos de la planificación en retrospectiva y a futuro del cumplimiento de metas", *Psychological Science* 28, núm. 11 (2017): 1620–30, https://doi.org/10.1177/0956797617715510.

10. comienzan con la experiencia del cliente: Steve Jobs, "Estrategia comercial: Comienza con tu cliente y trabaja en retrospectiva hasta un producto o servicio", de Apple World Wide Developers Conference, 1997, video, 6 de agosto de 2017, https://www.youtube.com/watch?v=48j493tfO-o.

11. ingeniería inversa: Daniel Lyons, "Comenzamos con el cliente y trabajamos en restrospectiva", *Slate*, 24 de diciembre de 2009, https://slate.com/news-and-politics/2009/12/jeff-bezos-on-amazon-s-success.html.

Capítulo 11. Ignora la distancia más corta

1. del matemático griego Arquímedes: Robert Tubbs, *What Is a Number? Mathematical Concepts and Their Origins* (Baltimore: Johns Hopkins University Press, 2009), 159–60.

2. Conoce a Harland: Harland Sanders, Col. *Harland Sanders: The Autobiography of the Original Celebruty Chef* (Louisville: KFC Corporation, 2012); y William Whitworth, "Kentucky Fried", *New Yorker*, 14 de febrero de 1970, https://www.newyorker.com/magazine/1970/02/14/kentucky-fried.

3. pioneros que triunfaron después de los 40 años de edad: Richard Feloni, "24 personas que se volvieron altamente exitosas después de los 40 años de edad", *Business Insider*, 23 de junio de 2015, http://www.businessinsider.com/24-people-who-became-highly-successul-aferage-40-2015-6.

4. más de 120 películas: Seth Abramovitch, "120 películas, $13 billones en taquilla: Cómo Samuel L. Jackson se convirtió en la estrella más rentable de Hollywood", *Hollywood Reporter*, 9 de enero de 2019, https://www.hollywoodreporter.com/how/samuel/jackson/became/holylwoods-bankable-star-1174613.

5. On the Origen of Species: Charles Darwin, *On the Origen of Species* (Londres: John Murray, 1859).

6. Los primeros pitillos: Derek Thompson, "La asombrosa historia y la extraña invención del pitillo flexible", *Atlantic*, 22 de noviembre de 2011, https://www.theatlantic.com/business/archive/2011/11/the-amazing-history-and-the-strange-invention-of-the-bendy-straw/248923/; Kat Eschner, "Por qué deberías apreciar la invención del pitillo flexible", Smithsonian.com, 28 de septiembre de 2017, https://www.smithsonianmag.com/smart-news/why-appreciate-bendy-straw-180965014/; Alexis Madrigal, "América desechable", *Atlantic*, 21 de junio de 2018, https://www.theatlantic.com/technology/archive/2018/06/desechable-america/563204/; Catherine Hollander, "La breve historia del pitillo", *Bon Appétit*, 23 de octubre de 2014, http://www.bonappetit.com/entertaining-style/trends-news/article/history-of-the-straw; y "La verdadera historia de los pitillos", Lemelson Center for the Study of Invention and Automation, Smithsonian National Museum of American History, 1 de junio de 2002, http://invention.si.edu/straight-truth-about-flexible-drinking-straw.

Conclusión

1. Edmund Hillary: Dennis McClellan "Muere Edmund Hillary, primero en escalar el Monte Everest" , *Los Angeles Times*, 11 de enero de 2008, http://www.latimes.com/local/obituaries/la-me-hillary11jan11-story.html; "Sir Edmund Hillary: Alpinista que conquistó el Everest y luego dedicó su vida al pueblo sherpa de Nepal",*Independent*, 12 de enero de 2008, https://www..independent.co.uk/news/obituaries/sir-edmund-hillary-mountaineer-who-conquered-everest-and-devoted-his-later-life-to-the-sherpa-people-769765.html; Jennifer Latson, "La pareja de bajo perfil que conquistó el Everest", *Time*, 29 de mayo de 2015, http://time.com/3891554/hillary-norgay-everest-history;"Edmund Hillary", Biography.com, actualizado el 20 de febrero de 2016, https://www.biography.com/people/edmund-hillary-9339111; y "Sir Edmund Hillary", Academy of Achievement, última revisión el 6 de febrero de 2019, http://www.achievement.org/achiever/sir-edmund-hillary.

SOBRE EL AUTOR

Zack Friedman es el fundador y director ejecutivo de Make Lemonade, una empresa líder en finanzas personales que le permite vivir una mejor vida financiera. Es un orador muy solicitado que ha inspirado a millones de personas a través de sus poderosas ideas. Cuenta con más de catorce millones de lectores en *Forbes* que siguen y aplican sus consejos. Fue director financiero de una compañía energética internacional e inversionista de fondos de cobertura. Trabajó en Blackstone, Morgan Stanley y en la Casa Blanca. Zack ha obtenido sus títulos en Harvard, Wharton, Columbia y Johns Hopkins. Vive en Nueva York con su esposa e hijos.

www.ingramcontent.com/pod-product-compliance
Lightning Source LLC
Chambersburg PA
CBHW030513080526
44586CB00011B/177